ミネルヴァ教職専門シリーズ12

広岡義之 / 林泰成 / 貝塚茂樹
監修

特別活動

上岡 学
編著

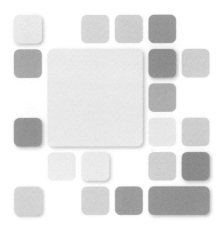

ミネルヴァ書房

監修者のことば

　21世紀に入って，すでに20年が過ぎようとしています。すべての児童生徒に
とって希望に満ちた新世紀を迎えることができたかと問われれば，おそらくほ
とんどの者が否と言わざるを得ないのが現状でしょう。顧みてエレン・ケイは，
1900年に『児童の世紀』を著し，「次の世紀は児童の世紀になる」と宣言して，
大人中心の教育から子ども中心の教育へ移行することの重要性を唱えました。
それからすでに120年を経過して，はたして真の「児童の世紀」を迎えること
ができたと言えるでしょうか。

　そうした視点から学校教育を問い直し，いったい何が実現・改善され，何が
不備なままか，あるいは何が劣化しているかが真摯に問われなければなりませ
ん。このようなときに，「ミネルヴァ教職専門シリーズ」と銘打って，全12巻
の教職の学びのテキストを刊行いたします。教職を目指す学生のために，基本
的な教育学理論はもとより，最新知見も網羅しつつ，新しい時代の教育のある
べき姿を懸命に模索するシリーズとなりました。

　執筆者は大学で教鞭をとる卓越した研究者と第一線で実践に取り組む教師で
構成し，初学者向けの教科書・入門的概論書として，平易な文章で，コンパク
トに，しかも教育的本質の核心を浮き彫りにするよう努めました。すべての巻
の各章が①学びのポイント，②本文，③学習課題という3点セットで統一され，
学習者が主体的に学びに取り組むことができるよう工夫されています。

　3人の監修者は，専門領域こそ違いますが，若き少壮の研究者時代から相互
に尊敬し励まし合ってきた間柄です。その監修者の幹から枝分かれして，各分
野のすばらしい執筆者が集うこととなりました。本シリーズがみなさんに的確
な方向性を与えてくれる書となることを一同，心から願っています。

　2020年8月

広岡義之／林　泰成／貝塚茂樹

i

は じ め に

「特別活動」とは何でしょうか。初めて学ぶ人は皆目見当がつかないことも
あるようです。私は，まずはじめに「学校で行う教育活動から時間割表に載っ
ている勉強を引き算して残った教育活動がほとんど特別活動です」と説明しま
す。すると運動会や学芸会を思い出してもらえます。ほかにも色々挙げてもら
い「それらのほとんどが特別活動です」と伝えます。

　次にもう少し詳しくみてみましょう。特別活動は学校教育のなかで次のよう
な資質・能力を育成することを目指しています。

「集団活動の意義を理解する」「集団活動の仕方を身に付ける」「集団・自
己・人間関係をよりよく形成しようとする」「集団・自己・人間関係の課題を
見いだす」「課題解決のために話し合う」「合意形成や意思決定できるようにす
る」「自主的・実践的な集団活動を行う」「集団活動を通して生き方について考
えを深める」「自己実現を図ろうとする態度を養う」。これらは2017（平成29）
年・2018（平成30）年告示の学習指導要領の特別活動の目標から抜粋あるいは
要約したものです。これらをみると，「集団活動」「人間関係」「話し合う」「生
き方」「自己実現」という言葉に象徴される教育活動であることがわかります。

　それでは特別活動とは具体的にどのような内容でしょうか。冒頭で引き算を
した教科教育以外（時間割の勉強以外）の教育活動はたくさんあります。それら
を分類・整理し，次のように小学校で４つ，中学校・高等学校で３つに分けま
した。小学校の４つは，①学級活動，②児童会活動，③クラブ活動，④学校行
事です。これらを総称して特別活動といいます。中学校・高等学校は③クラブ
活動を除く３つとなります。

　学級活動（高等学校では「ホームルーム活動」）は，学級という集団を単位とし
て学級生活をよりよくするために様々な課題を解決したり，楽しんだりします。
（第Ⅱ部）

　児童会活動（中学校・高等学校では「生徒会活動」）は学級活動の学校版です。

学校という集団を単位として学校生活をよりよくするために様々な課題を解決したり，楽しんだりします。（第Ⅲ部）

　クラブ活動は小学校のみで行われ，全員必修で時間割内に設定する同好の集団による主体的な文化・スポーツ活動です。中学校・高等学校の部活動はクラブ活動とは異なります。部活動は必修ではなく自由意志で時間割外に行うため教育課程には位置づけられていません。（第Ⅳ部）

　学校行事はもともと学校主体で行われ，特別活動には含まれていませんでしたが，児童生徒の主体的参加の必要性から特別活動に含まれるようになりました。（第Ⅴ部）

　本書の特徴は，現在，特別活動を研究している最前線の研究者と実践者によって，最新の研究や情報が初学者に理解しやすいように書かれていることです。そして，特別活動を理解しやすくするために学習指導要領の特別活動の構成に合わせて章を設定しました。

　本書には様々な事例が登場しますので，自身の経験と重ねて読んでいただきたいのですが，経験のないものもあるかもしれません。なぜかといえば，特別活動は例示された内容をすべて網羅しなくてはいけないというものではないからです。たとえば「運動会」は，やらなければいけないと指定された行事ではありません。体育的行事のなかから何かを行えばよいのです（球技大会だけでもよいのです）。ですから運動会のない学校が存在することは問題ではありません。それにもかかわらず，多くの学校で運動会が行われているのは，学校も保護者も児童生徒も，学校行事として大切なものと捉えているからでしょう。

　特別活動は学校の裁量で創意工夫できます。その意味で学校の特色を出す大きなチャンスの領域です。そのため各学校では独自の特別活動を学習指導要領の範囲内で工夫して行っています。本書を読まれる皆さんの卒業した学校にはどのような特別活動があったでしょうか。それらを思い出しながら，本書を読み，理論的背景や実践方法を学んでください。

　2020年12月

　　　　　　　　　　　　　　　　　　　　　　　編著者　上岡　学

目　次

監修者のことば

はじめに

第Ⅰ部　特別活動の理論と学び方

第 1 章　特別活動の構造と原理——特別活動とは何か

第Ⅱ部　学級活動・ホームルーム活動

第Ⅰ部

特別活動の理論と学び方

第Ⅰ部　イントロダクション

　　第Ⅰ部では，特別活動を学ぶにあたり，まずその全体像をつかみましょう。第1章では「特別活動」とは何かについて，構造と原理を学びます。学校教育には教科教育と教科外教育があり，その教科外教育の中心となるのが特別活動です。学校では教科の勉強ではないけれど，様々な教育活動が行われています。合唱祭，文化祭，運動会，修学旅行，生徒会，等々。これらはすべて特別活動です。これらをどのように分類し，どのような考え方（原理）で行われているのかを学びます。

　　第2章では「教職課程コアカリキュラム」をはじめとする資料をもとに，「大学での学び方」を示します。ここで登場する耳慣れない「教職課程コアカリキュラム」とは，文部科学省が示したもので，「大学の教職課程で共通的に修得すべき資質・能力」について書かれたものです。つまり大学の教職課程で何を学ぶかを要約したものです。難しい文章もありますが，特別活動の何を学べばよいのかが簡潔に整理されて書かれているので，今後の学習の指針となります。

特別活動の構造と原理
——特別活動とは何か——

本章では，特別活動を学校教育の実践や学習指導要領から概観・整理し，特別活動とは何かという全体像を捉える。そしてどのような内容にまとめられ，そこにはどのような原理があるのかを考察していこう。

1 学校教育における様々な活動と構造

（1）公立小学校の学校公開から

　2019年某日，東京都公立小学校の学校公開の授業を中国の留学生（大学院生）と参観した。校門をくぐると彼は自国の学校との違いを質問してきた。「なぜ，地域に学校公開をしているのか。自分の国では学校公開（授業公開としての）は保護者に対してもない（行事への参加は多少ある）。学校公開があるだけでも不思議なのだが，さらに保護者と関係ない地域住民にも公開するというのはどのような意図があるのか。セキュリティーは大丈夫か」と。

　公開内容は45分授業が 2 コマであった。すべての学年で 1 コマが国語や算数の教科であり， 1 コマがセーフティー（安全）教室（警察官が来て悪い人についていかないといったことを教える授業）である。 2 コマの授業参観後，留学生は，「セーフティー教室はとてもよい教育活動だと思う。しかし，自分の国ではやっていないし，やらないと思う。学校の範疇ではないのではないか。教員は教科以外のことも教えるのか」と尋ねてきた。

　私からの回答は次の通り。まずは学校公開であるが，これは日本の伝統的な**学校行事**であった学校参観の発展形である。学校参観は，これまでは保護者のみに，年に数回授業を参観するという形で行われていた。ただし，これは世界

的には珍しく，留学生や帰国子女に聞いても行事への参加はあるが，授業を参観するという行事のある国は聞いたことがない。

　その学校参観をさらに発展させ，保護者のみならず地域の人々へも公開した形が学校公開である。学校と地域とが協力して教育を行っていこうということから，保護者だけでなく地域の人々にも公開して，学校の教育を理解してもらおうというものである。ただし，地域への公開の歴史は新しく，ここ20年の試みである。中央教育審議会答申において1996年には「開かれた学校」のあり方が提言され，1998年には学校評議員の設置が提言された。それを受けて，2000年の学校教育法施行規則改正により学校評議員制度が導入された（江川，2003：10～11）。学校公開はその時期より始まった行事である。

　セキュリティーに関しては，受付で氏名と住所や所属を記入し，入構証（ネックストラップ）を受け取り，常時提示状態にすることで保っている。ただし，現在の一般社会の水準からすると課題はまだ数多く存在し，今後改善しなければならないと思われる，とその留学生に話した。

（2）学校教育における学習的活動と生活的活動

　前述の留学生の疑問や感想は，学校公開とセーフティー教室との2つについてであった。この2つは日本の教育の特色であり，諸外国の教育との違いでもある。学校公開もセーフティー教室も学校行事の一つである。そして，セーフティー教室のように児童生徒への教育である学校行事は「**特別活動**」の一つである。

　ここで初めて「特別活動」という用語が登場した。実は特別活動という用語はいくつかの教育内容を総称しているため，教育の表にはあまり出てこない名称である。特別活動は小学校では4つ（学級活動・児童会活動・クラブ活動・学校行事），中学校・高等学校では3つ（学級活動（高等学校ではホームルーム活動）・生徒会活動・学校行事）の内容の総称である。その内容の一つが学校行事というわけである。

　特別活動の内容を端的にいえば，学校での様々な教育活動から教科教育を除いた活動の大部分である。ただし，総合的な学習の時間，外国語活動（小学校

表 1 - 1　教科，特別の教科，教科外の関係

	教　　科	特別の教科	教科外
小学校	国語，社会，他全10教科	道徳	総合的な学習の時間 外国語活動 特別活動
中学校	国語，社会，他全 9 教科	道徳	総合的な学習の時間 特別活動
高等学校	国語，地理歴史，他全10教科	なし	総合的な探究の時間 特別活動

出所：小学校は「学校教育法施行規則別表第一（第51条関係）」，中学校は「学校教育法施
　　　行規則別表第二（第73条関係）」，高等学校は「学校教育法施行規則別表第三（1）
　　　（第83条関係）」をもとに筆者作成。

のみにあり，教科「外国語」とは異なる）は教科教育以外に分類されるので特別活動と合わせて小学校では 3 つ（中学校・高等学校では 2 つ）が教科以外の活動といえる。また，特別の教科である道徳は，その中間的存在である。ここまでを整理すると表 1 - 1 のようになる。

（3）どのように内容が整理されているか

　本章では，特別活動の構造や原理を歴史的に確認することで特別活動の本質を理解していく。先の留学生が感じていた疑問は日本の教育で大切にされている部分である。これらの領域を教育に位置づけ，「特別活動」という名称で明確化したことは，日本の教育の大きな功績であり，特色であるといえる。

　前項で「学校公開は学校行事」「セーフティー教室は学校行事でありかつ特別活動である」と記述し，特別活動について説明した。あらためて表 1 - 1 からは「セーフティー教室」が特別活動に入ることを確認したい。

① 　学校行事（小学校・中学校・高等学校）

　日本の学校教育において，教科教育以外の教育活動は多数存在する。4 月の新学年・新学期が始まると，2 年生以上が入学式の準備と練習を行い，入学式を挙行する。その後，遠足がある。5 月に運動会を行う学校は，運動会の練習・準備がある。6 月にはプール開きなどがある。夏休みに林間学校，臨海学校を実施している学校も多い。秋や冬にも様々な教育活動がある。これらはす

表 1-2　特別活動の学校種別内容

小学校	①学級活動	②児童会活動	③クラブ活動	④学校行事
中学校	①学級活動	②生徒会活動	—	③学校行事
高等学校	①ホームルーム活動	②生徒会活動	—	③学校行事

出所：筆者作成。

べて児童生徒のための学校行事であり，それは特別活動の一つなのである。

②　学級活動（小学校・中学校）・**ホームルーム活動**（高等学校）

それでは学校行事以外の特別活動には何があるのか。一つは学校生活を向上させるための話し合い活動や係活動，レクリエーションなどである。これら「学級」単位で行う活動を学級活動（高等学校ではホームルーム活動）という。

③　児童会活動（小学校）・**生徒会活動**（中学校・高等学校）

そして学校生活を「学校」単位で向上させる活動を児童会活動（中学校・高等学校では生徒会活動）という。学級活動に関しては，基本的に週1時間，時間割に組み込まれている。児童会活動に関しては，昼休みや放課後あるいは，定期的に特設時間割として示されることがある。

④　クラブ活動（小学校）

もう一つの特別活動がクラブ活動である。これは小学校にのみ存在する。全員が必修であり，時間割上に位置づけられている。中学校や高等学校の「**部活動**」はこれとは異なり，教育課程外に位置づけられている。クラブ活動と部活動の違いは，全員参加（クラブ活動）か任意参加（部活動）かの違いである。

これらをまとめると前述の通り，小学校では4つの内容，中学校・高等学校では3つの内容であり，表1-2のようになる。

（4）特別活動の構造

表1-2は，特別活動の内容を2017（平成29）年・2018（平成30）年告示の**学習指導要領**の特別活動の章（小学校は第6章，中学校・高等学校は第5章）における「第2　各活動・学校行事の目標及び内容」のなかで述べられている順にまとめたものである。前項の本文においては学校行事を冒頭で述べたが，表1-2においては最後尾に記述した。その理由は，学習指導要領で列挙されている

順に並べ替えたからである。

　この並び順の理由には2つある。一つは歴史的経緯である。1968（昭和43）年改訂の学習指導要領まで，学校行事は特別活動とは別とされていた。1968（昭和43）年改訂により学校行事が特別活動のなかに位置づけられ，最後部に置かれたのである。もう一つの理由は，集団規模による順序である。学級単位の学級活動から始まり，複数学年単位の児童会活動，クラブ活動，そして学校全体の学校行事という順序になる。

2　特別活動の原理を考える

（1）特別活動の原点から原理を考える

　特別活動の原点は昭和20年代の教育課程に位置づけられていた「**自由研究**」であるといわれている（現在学校で夏休みの宿題の定番である自由研究（教育課程に位置づけられていない）とは異なる）。その根拠は1947（昭和22）年告示「小学校学習指導要領一般編（試案）」の「第3章　教科課程」のなかの「2　小学校の教科課程と時間数」（4）の記述による。

　そこには，教育のプロセスが段階的に示されており，その段階は3つあるとみることができる。3段階はそれぞれ，①総合学習の原理，②クラブ活動の原理，③学級（ホームルーム）活動・児童会（生徒会）活動・学校行事の原理に相当すると考えることができるだろう。

① 　第1段階（総合学習の原理）

> 　たとえば，音楽で器楽を学んだ児童が，もっと器楽を深くやってみたいと要求するようなことが起るのがそれである。……このような場合に，何かの時間をおいて，児童の活動をのばし，学習を深く進めることが望ましいのである。ここに，自由研究の時間のおかれる理由がある。

　第1段階として，学習というものは自らの興味から主体的に行うものであるということが書かれている。これは現在の総合的な学習の時間の理念に通じる。

② 第2段階（クラブ活動の原理）

> こうして，児童青年の個性を，その赴くところに従って，のばして行こうという
> のであるから，そこには，さまざまな方向が考えられる。……このような場合に，
> 児童が学年の区別を去って，同好のものが集まって，……すなわちクラブ組織を
> とって，この活動のために，自由研究の時間を使って行くことも望ましいことであ
> る。（下線は筆者による。）

　第2段階として，さらに興味を広げていくと，その内容は教科の延長あるい
は教科外にまで及ぶ。そして，活動集団も同好集団となり，学級から学校とい
う枠での集団づくりとなる。それがクラブ組織であると書かれている。

③ 第3段階（学級（ホームルーム）活動・児童会（生徒会）活動・学校行事の原理）

> なお，児童が学校や学級の全体に対して負うている責任を果たす――たとえば，
> 当番の仕事をするとか，学級の委員としての仕事をするとか――ために，この時間
> をあてることも，その用い方の一つといえる。（下線は筆者による。）

　第3段階として，主体性の尊重の対象は学習だけではなく生活全般にわたり，
それがクラス運営や学校運営という社会性につながる。ゆえにその時間も自由
研究の時間に行ってよいと書かれている。

　第1段階は教科教育に関する記述であり，現在の総合的な学習の時間に近い
存在である。第2段階は現在，特別活動の内容の一つになっており，その内容
は現在の小学校でのみ行われている「クラブ活動」である。第3段階は現在，
特別活動のクラブ活動以外の内容と関連している。すなわち，「学級活動」（高
等学校では「ホームルーム活動」）と「児童会活動」（中学校・高等学校では「生徒会
活動」）と「学校行事」と関連している。

　この第2段階と第3段階に特別活動の原理を見出すことができる。それは個
としての学習活動の先にある，集団における**教科外教育**である。個における学
習はやがて興味・関心を同じくした学級，学年の同好，そして学年を超えた同
好で集まり，教科外において学びを深めてゆく。そしてその領域は，社会や生
活にも拡がり，主体的な自治的・組織的運営を学習する。この過程を学校にお
いて，教え，育てる領域を特別活動と呼ぶのである。

表1-3 特別活動の名称の変化

	1947(昭和22)年	1949(昭和24)年	1951(昭和26)年	1958(昭和33)年	1968(昭和43)年
小学校	自由研究	自由研究	教科以外の活動	特別教育活動	特別活動
中学校	自由研究	特別教育活動	特別教育活動	特別教育活動	特別活動
高等学校	—	—	特別教育活動	特別教育活動	特別活動

出所:各年の学習指導要領をもとに筆者作成。

つまり,「**集団活動**を通して,クラブ活動において教科外の自発的な学びを行うとともに学級活動や児童会活動において社会性や自治的・主体的意識を育てること」(武田,1951)が1947年の時点での特別活動の原理であり,原点でもあった。

(2)特別活動の変遷から原理を考える

特別活動の原点は「自由研究」であるが,構造的理論の原点は1958(昭和33)年告示の学習指導要領である。1958(昭和33)年の学習指導要領の構造は現代の学習指導要領の構造につながるものであり,各教科・道徳・**特別教育活動**・学校行事の4領域で構成されている。そこで注目すべき点は2つある。

① 名称の変化

一つは現在の特別活動にあたるものが「特別教育活動」と呼ばれていることである。1958年の1つ前の1951(昭和26)年の改訂においては,表1-3のように小学校では「教科以外の活動」という名称であり,中学校・高等学校では「特別教育活動」という名称として学校行事以外の内容が示されている。

② 特別活動と学校行事との分離

もう一つは学校行事が別領域に位置づけられていることである。学校行事が学習指導要領に登場したのは1958年であり,それ以前の学習指導要領には登場しない。前項において記述した通り,学校行事は一部児童会活動に含まれていた。戦後の教育行政に携わった教育学者である武田一郎は,その著書『小学校特別教育活動の実際 教科外活動』の「第4章 教科外活動の実際」において,児童会に87ページ(章全体の65%),学級会に10ページ(7%),クラブ活動に37ページ(28%)を割いている(武田,1951)。この割合から,学校行事を含めた

児童会の活動を重視し，期待していたことがわかる。また児童会では，学校の自治活動とともに各種の学校行事を児童に計画・運営するように実践例を示し，強調している。したがって，戦後しばらくの間は，学校行事の一部は児童会のなかに位置づけられていたということがわかる。

　それでは1958（昭和33）年の段階での特別教育活動の原理とは何か。1960（昭和35）年『小学校特別教育活動指導書』（「指導書」は現在の「学習指導要領解説」に当たる。1989（平成元）年までは「指導書」の名称で発行された）に改定の方針として次のように書かれている（文部省，1960：3）。

> (1)　「特別教育活動」は，児童会・クラブ活動等児童の自発的，自治的活動を中心とし，個性の伸長，社会性の育成を目標とする指導領域をさすものとし，その指導領域の種類・範囲を明らかにすること。
> (2)　「特別教育活動」は，児童の発達段階に応じ，地域・学校の事情等をじゅうぶん考慮して，これを行なうものとすること。

　(1)の文章からは「**自発的・自治的活動**集団のなかで個人の伸張と社会性の育成をはかること」が特別教育活動であるということが明らかである。これは現在の学級活動，児童会活動，クラブ活動に通じる。

　以下の1960（昭和35）年『小学校特別教育活動指導書』（文部省，1960：9）は，先述の1951（昭和26）年改訂「学習指導要領一般編（試案）」よりおよそ10年後の資料である。この段階で，おそらくそれまで児童会という枠組みに位置づけられていた一部の学校行事を学校で行っていた行事と集約し，「学校行事」という名称で一領域とし，教育活動として明確にするという目的があったのではないかと考えられる。そのため学校行事を学校の年間計画という実質的な特徴から捉え，内容的な特徴としての自主的・自治的活動である特別教育活動とは分離して異なる領域としている。

> 　従来しばしば運動会や学芸会などの学校行事が特別教育活動の一部分として行なわれてきたが，このことがすでに特別教育活動と学校行事等との密接な関係を物語っているといえよう。現在，学校行事等の性格は，「学校が計画し，実施する活動」となっていて，児童が自発的，自治的に行なう特別教育活動における行事的な

活動とは一応区別されている。

③　特別活動と学校行事との融合

　その後，もう一度学校行事を含めた領域として捉え直した考え方は1968（昭和43）年から始まる。その際，名称を新たに特別活動と変更して現在まで50年余り続いている。その内容は，児童活動（児童会活動・学級会活動・クラブ活動），学校行事（儀式・学芸的行事・保健体育的行事・遠足的行事・安全指導的行事），学級指導の３つであった。それでは学校行事を含めた特別活動の原理とは何かといえば，これまでの自主的・自治的活動という内容的視点は維持しつつも，集団活動という活動形態を取り入れた包括的概念であるといえる。集団活動という概念から捉えると，学級活動・児童会活動・クラブ活動・学校行事は１つの領域としてまとめられる。そして，名称を特別教育活動から特別活動へと変更することで新たな領域として捉え直したのである。

　学校行事の変遷をまとめると，昭和20年代に学校行事は学習指導要領上にはとくに位置づけられず，児童会（生徒会）と学校とで分担していた。昭和30年代に学校行事という名称で明確化するとともに特別教育活動と分離させた。昭和40年代には特別活動のなかに位置づけた，という流れである。

　学校現場では，校務分掌を特別活動と学校行事の２つに分けている学校が少なくない。その理由は，1968年以前からの名残ということもあるが，それよりも学校行事は学校全体に関わるという点で，ほかの特別活動とは異なるからだといわれている。

（3）2017（平成29）年告示「学習指導要領」の特別活動から原理を考える

　2017（平成29）年告示「学習指導要領」を考えるうえで重要なことは，すべてにわたって目標が**資質・能力**という概念で作られているということである。これまでは各教科・領域固有の目標で構成されていたのだが，より広く汎用性のある概念として目標を捉えるようになった。

　具体的には，「知識・技能」「思考力・判断力・表現力」「学びに向かう力・人間性」という観点で教育内容を考えている。そして，特別活動では，そう

いった観点からどのような力を身につけるのかを明確にし，それらの力を習得することを目標にするのである。

　たとえば，学級会を実施する時の目標は，これまでは話し合いの方法を学ぶということでよかったのだが，2017（平成29）年告示「学習指導要領」では，話し合いの方法を学ぶなかでいかに思考力や判断力を身につけるかを考え，様々な場面で活用できるような汎用性のある能力とする，というところまで考えることが必要とされるようになった。

　次の目標を比較してみれば明らかなように，2008（平成20）年と2017（平成29）年の学習指導要領では，目標に関する構成も構造もまったく異なっている。

○2008（平成20）年告示「小学校学習指導要領」「第6章　特別活動」「第1　目標」
　望ましい集団活動を通して，心身の調和のとれた発達と個性の伸長を図り，集団の一員としてよりよい生活や人間関係を築こうとする自主的，実践的な態度を育てるとともに，自己の生き方についての考えを深め，自己を生かす能力を養う。

○2017（平成29）年告示「小学校学習指導要領」「第6章　特別活動」「第1　目標」
　集団や社会の形成者としての見方・考え方を働かせ，様々な集団活動に自主的，実践的に取り組み，互いのよさや可能性を発揮しながら集団や自己の生活上の課題を解決することを通して，次のとおり資質・能力を育成することを目指す。
⑴　多様な他者と協働する様々な集団活動の意義や活動を行う上で必要となることについて理解し，行動の仕方を身に付けるようにする。
⑵　集団や自己の生活，人間関係の課題を見いだし，解決するために話し合い，合意形成を図ったり，意思決定したりすることができるようにする。
⑶　自主的，実践的な集団活動を通して身に付けたことを生かして，集団や社会における生活及び人間関係をよりよく形成するとともに，自己の生き方についての考えを深め，自己実現を図ろうとする態度を養う。

3　特別活動の原理

　前節においては学習指導要領の変遷をたどり，その時代ごとの特別活動の原理を探ってきた。第3節ではそれらに共通する原理を次の8点にまとめ，特別活動の一般原理を総括する。

① 　活動の単位は**集団**である

　個別の活動ではなく，集団活動を行うということが特別活動の根本原理である。学級活動，児童会活動，クラブ活動，学校行事すべてにおいてその活動単位は集団である。最終的には個への教育につながるのだが，集団活動を通して教育を考えるところに特別活動の意義がある。

② 　学習形態は**活動**である

　学級（ホームルーム）活動，児童会（生徒会）活動，クラブ活動にはすべて「活動」の文字がついている。学校行事は表記こそないが，内容はすべて活動である。英語において特別活動は extra curricular activities と訳される。特別活動はアメリカの哲学者であり教育学者でもあるデューイ（John Dewey）の言葉である「Learning by doing（なすことによって学ぶ）」を大切にしている。「なす」が doing であり，activity なのである。

③ 　学校生活に関わる**自主的，自治的，実践的活動**である

　スイスの教育実践家であるペスタロッチ（Johann Heinrich Pestalozzi）の言葉に「生活が陶冶する」とあるが，特別活動においても同様で，子どもたちは学校生活において自主的・自治的・実践的に活動することで多くのことを学ぶと日本の教育者は考えている。それは自分たちの学校生活をよりよくするために行う活動を実践することが，社会や社会生活をよりよくする行動にもつながると考えられてきたからである。その結果，特別活動は教育課程と教職課程に位置づいているのである。

④ 　集団活動の**意義を理解し，行動の仕方を身につける**

　子どもたちは集団活動（生活，人間関係，文化）を通して，集団について学ぶ。集団活動は，生活の基盤（インフラ）をつくり，人と人を結びつけ（人間関係），

生活を豊か（文化）にする，という意義を理解し，集団における行動の仕方を身につけるのである。ただし，集団主義ではない。あくまでも個を大切にし，多様な考えを認める集団活動である。

⑤　**課題を見出し，解決する**ことができるようにする

　子どもたちが互いに課題を見出し，話し合い，合意形成や意思決定を行うようにする。学校生活や集団活動は多様な他者との集合体である。集団としての課題や，個と集団との関係における課題など，解決すべき課題が数多くある。それらを見出し，様々な方法を用いて解決することができるようになることを目指す。

⑥　**個性の伸長，社会性の育成**を図る

　集団活動が集団の育成にのみ終わってはいけない。集団活動が育てるものは集団と個人との両面である。多様な他者との集団活動を通して集団の社会性を育てるとともに，個人の社会性を育てる。個を尊重した集団活動でなくてはいけない。これは，市民性教育に通じる。

⑦　**自己の生き方を考え，自己を生かす能力を育成し，自己実現を目指す**

　子どもたちが集団活動を通して，自己を見つめ，自己の生き方を考え，自己実現を図れるようにすることが目標である。特別活動のすべての活動を通して向かうところは自己である。集団活動から自己を捉え，自己について考え，行動するように導く。

⑧　**民主主義教育，市民性教育**の基本を育てる

　学校生活において，自主的，実践的，自治的な集団活動とは，話し合いを重視し，平等で公平・公正な集団をつくるために行われる。それは社会における民主的集団であり，市民性を重視する活動に通じる。個とは何か，集団とは何か，社会とは何かを考え，行動する主体を育てることを目指す。

学習課題	①	特別活動の構造とはどのようなものだろうか。
	②	特別活動の原理にはどのようなものがあるのか。
	③	特別活動はどのようにできたのだろうか。

引用・参考文献

江川玟成ほか編著『最新教育キーワード137　第10版』時事通信社，2003年。

武田一郎編『小学校特別教育活動の実際　教科外活動』明治図書出版，1951年。

文部省『小学校特別教育活動指導書』1960年（現在は，文部省『文部省学習指導書　第28巻』大空社，1991年で閲覧可能）。

特別活動の根拠と学び方

　本章では，特別活動の指導法について示された教職課程コアカリキュラムの内容，学習指導要領，指導要録，具体的な大学での授業の実際などを根拠として，大学での特別活動の学び方のポイントを明らかにする。小学校・中学校・高等学校の教師にとって，学習指導要領は児童生徒に指導する際の根拠となるものである。また指導要録は児童生徒の学習に関する記録を作成する際の根拠となるものである。そして教師を目指すみなさんも教職課程コアカリキュラムを知っておくと，大学での特別活動の講義や演習で，学びの見通しを持ちやすくなるだろう。なお，教職課程コアカリキュラムは学生が修得するべき資質・能力を示したものであり，学習指導要領は各学校が教育課程を編成するための基準であり，指導要録は児童生徒の学習等の記録の原本である。

1　教職課程コアカリキュラムから学ぶ

　第 1 章でみたように，特別活動は小学校・中学校・高等学校で内容が異なる。しかし，教職課程コアカリキュラムでは，小学校・中学校・高等学校を区分されず，共通の内容となっている。学習指導要領や指導要録が小学校・中学校・高等学校によって区分されていることと比較すると，特徴的といえる。
　教職課程コアカリキュラムでは，「特別活動の指導法」として見出しが設けられている。そのなかで，将来教師となる学生が目指す目標は，他の科目と同じように，**全体目標**，**一般目標**，**到達目標**の 3 つに分類されている（図 2-1）。ただし，教職課程コアカリキュラムには教師を目指す学生にとっての目標が書かれているので，具体的な指導法にはどのようなものがあるのか，を教える役割は大学に任されているのである。各目標について詳しくみていこう。

特別活動の指導法

全体目標：　特別活動は，学校における様々な構成の集団での活動を通して，課題の発見や解決を行い，よりよい集団や学校生活を目指して様々に行われる活動の総体である。学校教育全体における特別活動の意義を理解し，「人間関係形成」・「社会参画」・「自己実現」の三つの視点や「チームとしての学校」の視点を持つとともに，学年の違いによる活動の変化，各教科等との往還的な関連，地域住民や他校の教職員と連携した組織的な対応等の特別活動の特質を踏まえた指導に必要な知識や素養を身に付ける。

＊養護教諭及び栄養教諭の教職課程において「道徳，総合的な学習の時間及び特別活動に関する内容」を単独の科目として開設する場合は，（1）を習得し，そこに記載されている一般目標と到達目標に沿ってシラバスを編成する。なお，その場合は学習指導要領の内容を包括的に含むこと。

（1）特別活動の意義，目標及び内容

一般目標：　特別活動の意義，目標及び内容を理解する。

到達目標：　1）学習指導要領における特別活動の目標及び主な内容を理解している。
　　　　　　2）教育課程における特別活動の位置付けと各教科等との関連を理解している。
　　　　　　3）学級活動・ホームルーム活動の特質を理解している。
　　　　　　4）児童会・生徒会活動，クラブ活動，学校行事の特質を理解している。

（2）特別活動の指導法

一般目標：　特別活動の指導の在り方を理解する。

到達目標：　1）教育課程全体で取り組む特別活動の指導の在り方を理解している。
　　　　　　2）特別活動における取組の評価・改善活動の重要性を理解している。
　　　　　　3）合意形成に向けた話合い活動，意思決定につながる指導及び集団活動の意義や指導の在り方を例示することができる。
　　　　　　4）特別活動における家庭・地域住民や関係機関との連携の在り方を理解している。

図2-1　教職課程コアカリキュラム
出所：教職課程コアカリキュラムの在り方に関する検討会（2017：21）。

　全体目標には，指導に必要な知識や**素養**を身につけることが示されている。その知識や素養は，①学校教育全体における特別活動の意義の理解，②「**人間関係形成**」・「**社会参画**」・「**自己実現**」の３つの視点，③「**チームとしての学校**」の視点，④学年の違いによる活動の変化，⑤各教科等との往還的な関連，⑥地域住民や他校教職員と連携した組織的な対応等，の６点についての内容である。

　この全体目標を受けて，一般目標が２つ設定されている。それは，「特別活動の意義，目標及び内容を理解する」と「特別活動の指導の在り方を理解する」というものである。そして，２つの一般目標はそれぞれ，４つの到達目標に具体化されている。

　到達目標は全体目標につながるように設定されているため，その対応関係を筆者が整理したものが表２‐１である。みなさんが特別活動の指導法を学ぶ際にもこの関係を意識してほしい。

　具体的には，全体目標の①学校教育全体における特別活動の意義の理解は，到達目標の「学習指導要領における特別活動の目標及び主な内容を理解している」や「教育課程における特別活動の位置付けと各教科等との関連を理解している」「特別活動における取組の評価・改善活動の重要性を理解している」と関連が深い。

　全体目標の②「人間関係形成」・「社会参画」・「自己実現」の３つの視点は，到達目標の「**合意形成**に向けた話合い活動，**意思決定**につながる指導及び集団活動の意義や指導の在り方を例示することができる」と関連が深い。

　全体目標の③「**チームとしての学校**」の視点は，到達目標の「児童会・生徒会活動，クラブ活動，学校行事の特質を理解している」と関連が深い。これは，児童会活動・生徒会活動，クラブ活動，学校行事の内容がとくに教職員組織全体で運営されるためである。

　全体目標の④学年の違いによる活動の変化は，到達目標の「学級活動・ホームルーム活動の特質を理解している」と関連している。これは，学級活動・ホームルーム活動が学年や学級・ホームルーム別に実施されるためである。

　全体目標の⑤各教科等との往還的な関連は，到達目標の「教育課程における

表 2-1　特別活動の指導法の整理

一般目標	到達目標	全 体 目 標					
		①意義の理解	②3つの視点	③チーム学校	④学年の違い	⑤各教科等との往還	⑥地域・学校との連携
意義、目標、内容の理解	目標・内容の理解	○					
	各教科等との関連の理解	○				○	
	学級活動・ホームルーム活動の特質の理解				○		
	児童会・生徒会，クラブ活動，学校行事の特質の理解			○			
指導の在り方の理解	指導の在り方の理解					○	
	評価・改善活動の理解	○					
	合意形成，意思決定につながる指導		○				
	家庭・地域住民，関係機関との連携						○

注：全体目標と到達目標でとくに関連が深いと判断した部分に○をつけた。
出所：筆者作成。

特別活動の位置付けと各教科等との関連を理解している」や「教育課程全体で取り組む特別活動の指導の在り方を理解している」と関連が深い。

　全体目標の⑥地域住民や他校教職員と連携した組織的な対応等は，到達目標の「特別活動における家庭・地域住民や関係機関との連携の在り方を理解している」と関連している。

2　学習指導要領の学び方のポイント

（1）教職課程コアカリキュラム（1）特別活動の意義，目標及び内容を理解する

　学習指導要領をもとに学ぶ場合は，教職課程コアカリキュラム，とくに一般目標との対応を意識するとよい。ここでは小学校の内容を中心として説明し，必要に応じて中学校や高等学校の内容を活用することにする。

　まず一般目標の「特別活動の意義，目標及び内容を理解する」について，「目標」と「内容」は学習指導要領に記載されている。しかし特別活動の「意義」については明確には示されていない。2017（平成29）年告示の小学校学習指導要領を例に挙げ，「第6章　特別活動」で「意義」についてどのような記述があるか確認しよう。

　まず「第1　目標」のなかには「集団活動の意義」がある。続く「第2　各活動・学校行事の目標及び内容」においては，〔学級活動〕の「2　内容」のなかで「それぞれの活動の意義」「働くことの意義」「協議することの意義」「学ぶことの意義」という言葉が登場し，〔児童会活動〕〔クラブ活動〕〔学校行事〕でも「2　内容」で「それぞれの活動の意義」という記述がある。つまり，主として「内容」の一部に「意義」の単語が使用されている。

　それでは，**学習指導要領解説**ではどうであろうか。『小学校学習指導要領（平成29年告示）解説　特別活動編』（以下，『解説』。文部科学省，2018）では，特別活動の「意義」について，「第2章　特別活動の目標」「第2節　特別活動の基本的な性格と教育活動全体における意義」の2で述べられている。

　そこでは，「(1)特別活動の特質を踏まえた**資質・能力の育成**」「(2)学級経営の充実と特別活動」「(3)各教科等の学びを実践につなげる特別活動」「(4)学級や学校の**文化**を**創造**する特別活動」の4つの意義が示された。なお，ここでの「特別活動の特質を踏まえた資質・能力の育成」は，「**知識及び技能**」「**思考力，判断力，表現力等**」「**学びに向かう力，人間性等**」を指している。これらをまとめると図2 - 2のようになる。

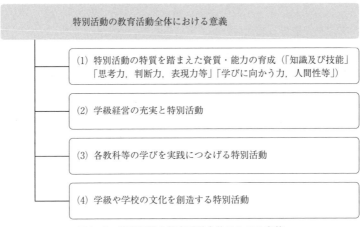

図 2-2　特別活動の教育活動全体における意義

出所：文部科学省（2018：30〜32）をもとに筆者作成。

　教職課程コアカリキュラムの「特別活動の意義，目標及び内容を理解する」の 4 つの到達目標との対応についてみていこう。4 つの到達目標のうち「学習指導要領における特別活動の目標及び主な内容を理解している」「**学級活動・ホームルーム活動**の特質を理解している」「**児童会・生徒会活動，クラブ活動，学校行事**の特質を理解している」は「目標及び内容」に関するものである。これは，「特別活動の意義」についての総括的な言及とは捉えにくい。一方で，「教育課程における特別活動の位置付けと各教科等との関連を理解している」は，『解説』による特別活動の意義のうち図 2-2 の「(3)各教科等の学びを実践につなげる特別活動」と関連するものである。

　『解説』と教職課程コアカリキュラムの到達目標との比較からは次のことを指摘することができる。教職課程コアカリキュラムの到達目標は『解説』と連携するものの一致するわけではない。また，『解説』では，特別活動の意義として「(2)学級経営の充実と特別活動」について指摘されているため，これらも大学で学ぶ際に意識するとよい。たとえば，学級活動の**学級会**で児童が目標を設定する場面の模擬授業などがこれにあたる。生活集団であり学習集団でもある学級の経営に有効に活用できることは特別活動の大きな特徴であるからだ。

　さらに，先述したように『解説』では，特別活動の意義として「(4)学級や学校の文化を創造する特別活動」が挙げられているため，これについても意識しておこう。たとえば，児童会活動・生徒会活動，クラブ活動，学校行事の**模擬授業**などがそれにあたる。というのも，楽しく豊かな学級や学校文化を創造するためには，児童生徒の自発的，自治的な活動が欠かせない。学生にとっては将来着任する学校の伝統に左右される要素もあるものの，協働的な実践的活動を充実させるには，これらの具体的な活動があることを知っておくことは重要である。

（2）教職課程コアカリキュラム（2）特別活動の指導の在り方を理解する

　「指導」という用語は学習指導要領では数多く使用される用語である。小学校の『解説』では1000カ所以上も「指導」という表現が使用されている。一方で，教職課程コアカリキュラムで指摘されている「指導の在り方」という表現は，学習指導要領やその『解説』ではほぼ使用されていない。そのため，一般目標「特別活動の指導の在り方を理解する」と学習指導要領との関連を，一般目標ではなく到達目標から探っていくこととする。

　前述の通り，一般目標「特別活動の指導の在り方を理解する」には4つの到達目標がある。「教育課程全体で取り組む特別活動の指導の在り方を理解している」については，『解説』でも「特別活動が各教科等の学びの基盤となる」（文部科学省，2018：6）という指摘があり，共通点であるといえる。現在までの学習指導要領では，特別活動は教育課程全体で取り組む教育活動とは位置づけられておらず，学習指導要領と教職課程コアカリキュラムとの間に相関がみられる。ゆえに，教育課程全体との関連を意識して特別活動の指導に取り組むという程度の解釈で指導方法を学んでいくのがよいのではないだろうか。

　到達目標の「特別活動における取組の評価・改善活動の重要性を理解している」については，『解説』でも「第4章　指導計画の作成と内容の取扱い」のなかに第5節として「特別活動における評価」がある。

　到達目標の「合意形成に向けた話合い活動，意思決定につながる指導及び集団活動の意義や指導の在り方を例示することができる」については，それが適

したものであったのかを判断するためのよりどころが必要である。学生の時には，例示が適したものであるかどうかの判断は難しいかもしれないが，実際に教師となった場合は，例を考えて，実践し，評価をすることとなる。評価については，学習指導要領では，「第1章　総則」の「第3　教育課程の実施と学習評価」で「よい点や進歩の状況などを積極的に評価」することとしている。そして『解説』では，より詳しく，活動の結果とともに活動の過程での努力や意欲の評価も重視すべきであり，具体的な評価の観点の設定なども必要であると指摘している。しかし，その具体的な評価の観点とはどのようなものかについては示されていない。そのため，別に文部科学省が示した指導要録の観点やその趣旨についても並行して学び，評価の方法についての理解を補充するとよい。

　到達目標の「特別活動における家庭・地域住民や関係機関との連携の在り方を理解している」については，学習指導要領でも家庭との連携について工夫が求められている。教職課程コアカリキュラムにおける**地域住民**は学習指導要領では「地域の人々」とよばれている。「地域の人々」との連携については，学習指導要領「第6章　特別活動」の「第2　各活動・学校行事の目標及び内容」で示された「(3)一人一人のキャリア形成と自己実現」の活動で，専門的な立場にある「地域の人々」の話を聞くことなどもできる。また，クラブ活動の発表や学校行事を「地域の人々」に公開する活動，「地域の人々」にクラブ活動の指導についての協力を得ること，勤労生産・奉仕的行事で「地域の人々」と連携することなどが実施できる。

3　指導要録の学び方のポイント

　特別活動はほかの教育活動と同様に「**指導に関する記録**」として，指導要録に記録が残される。指導要録の根拠は**学校教育法施行規則**で，「校長は，その学校に在学する児童等の指導要録（学校教育法施行令第31条に規定する児童等の学習及び健康の状況を記録した書類の原本をいう。以下同じ）を作成しなければならない」（学校教育法施行規則第24条第1項）とされている。指導要録の作成者は校長

で，保存期間は指導要録の「学籍に関する記録」は20年，「指導に関する記録」は５年である。特別活動は「指導に関する記録」に該当するため，５年間記録が保存される。

　指導要録の参考書式は文部科学省から各都道府県教育委員会教育長等に対して「小学校，中学校，高等学校及び特別支援学校等における児童生徒の学習評価及び指導要録の改善等について（通知）」に示されている。そして，「別紙４　各教科等・各学年等の評価の観点等及びその趣旨（小学校及び特別支援学校小学部並びに中学校及び特別支援学校中学部）」や「別紙５　各教科等の評価の観点及びその趣旨（高等学校及び特別支援学校高等部）」として評価の観点とその趣旨も公開されている。小学校及び中学校を例とすると，特別活動の記録をする際の評価の観点及びその趣旨は表２-２のようになる。

　教職課程コアカリキュラムという大学で学生が学ぶ内容と，小学校・中学校などで教師が児童生徒を評価して指導要録を作成する際の評価の観点及びその趣旨とを比較してみよう。

　教職課程コアカリキュラムは教師を目指す学生が，そこに記載されている目標が達成でき，記載されていることを理解できることが期待されている。大学で学ぶことで内容は理解できるかもしれないが，記載されている目標を達成するためには，指導に必要な素養も身につけなければならない。指導に必要な素養の前提として，学生自身が十分に特別活動の目指す資質・能力を獲得していることが重要である。自身が獲得していないことを児童生徒に指導することは困難だからである。特別活動の資質・能力は，「特別活動の記録をする際の評価の観点及びその趣旨」（表２-２）に示されている。これは，児童生徒がそこに記載されていることを身につけることができたかということを把握するためのものである。教職課程コアカリキュラムと「特別活動の評価の観点及びその趣旨」は，主体は異なるものの，教師が自身で獲得している資質・能力を児童生徒に伝えるという教育の前提に立つならば，教職課程コアカリキュラムと特別活動の評価の観点及びその趣旨の関係を知り，必要に応じてさらに発展的に学習することを考えることも価値がある。

　教職課程コアカリキュラムの２つの一般目標のもとにはそれぞれ到達目標が

表 2-2　特別活動の記録をする際の評価の観点及びその趣旨

〈小学校　特別活動の記録〉

観点	知識・技能	思考・判断・表現	主体的に学習に取り組む態度
趣旨	多様な他者と協働する様々な集団活動の意義や，活動を行う上で必要となることについて理解している。 自己の生活の充実・向上や自分らしい生き方の実現に必要となることについて理解している。 よりよい生活を築くための話合い活動の進め方，合意形成の図り方などの技能を身に付けている。	所属する様々な集団や自己の生活の充実・向上のため，問題を発見し，解決方法について考え，話し合い，合意形成を図ったり，意思決定をしたりして実践している。	生活や社会，人間関係をよりよく築くために，自主的に自己の役割や責任を果たし，多様な他者と協働して実践しようとしている。 主体的に自己の生き方についての考えを深め，自己実現を図ろうとしている。

〈中学校　特別活動の記録〉

観点	知識・技能	思考・判断・表現	主体的に学習に取り組む態度
趣旨	多様な他者と協働する様々な集団活動の意義や，活動を行う上で必要となることについて理解している。 自己の生活の充実・向上や自己実現に必要となる情報及び方法を理解している。 よりよい生活を構築するための話合い活動の進め方，合意形成の図り方などの技能を身に付けている。	所属する様々な集団や自己の生活の充実・向上のため，問題を発見し，解決方法を話し合い，合意形成を図ったり，意思決定をしたりして実践している。	生活や社会，人間関係をよりよく構築するために，自主的に自己の役割や責任を果たし，多様な他者と協働して実践しようとしている。 主体的に人間としての生き方について考えを深め，自己実現を図ろうとしている。

出所：文部科学省（2019，別紙 4：31）。

4 つずつ，合計 8 項目ある。到達目標の末尾は 8 項目のうち 7 項目が「理解している」，1 項目が「例示することができる」である。ここからは，大学では指導要録の観点でいえば「理解すること」すなわち「知識・技能」が重視されていることがわかる。

　それに対して，「特別活動の評価の観点及びその趣旨」をみると小学校，中学校等では「知識・技能」のみではなく「思考・判断・表現」や「主体的に学習に取り組む態度」も観点として重視されていることがわかる。

表 2-3　シラバスの例（科目「特別活動の理論と方法」（1～8回目まで））

回	内　容
1	【講義】学習指導要領における特別活動の目標および主な内容
2	【講義・演習】教育課程における特別活動の位置づけと各教科等との関連
3	【講義・演習】学級活動・ホームルーム活動の特質
4	【講義・演習】児童会・生徒会活動，クラブ活動，学校行事の特質
5	【講義・演習】教育課程全体で取り組む特別活動の指導のあり方
6	【講義・演習】特別活動における取り組みの評価・改善活動の重要性
7	【講義・演習】合意形成に向けた話し合い活動，意思決定につながる指導および集団活動の意義や指導のあり方
8	【講義・確認試験】特別活動における家庭・地域住民や関係機関との連携のあり方，確認試験および試験の解説

出所：筆者作成。

　ゆえに，指導要録の評価の観点を根拠とすると，小学校，中学校等で重視している「思考・判断・表現」や「主体的に学習に取り組む態度」も，指導する側の教員が十分に身につけていなければ指導ができない。教職課程コアカリキュラムでは知識についてまとめられているが，学生自身が**有為の知識**を獲得するためには，「思考・判断・表現」や「主体的に学習に取り組む態度」を同時に高めていけるとよいだろう。

4　具体的な科目のシラバスをもとにした学び方のポイント

　たとえば筆者の勤務する大学では，特別活動の指導法は伝統的に「特別活動の理論と方法」という科目名で実施されてきた。総合的な学習の時間の指導法の導入との兼ね合いから，現在のところ，全15回の授業の前半で特別活動の指導法が，後半で総合的な学習の時間の指導法の内容が指導されている。そのシラバスを示すと，表 2-3 のようになる。

　各回の内容が教職課程コアカリキュラムと対応していることを意識しつつ，授業に臨むとよいだろう。具体的には，一斉学習によるテキストに基づく講義，**個別学習**による講義の内容を生かした**学習指導案**の作成，**グループ学習**による

模擬授業をセットとして学べるとよい。

　本章では，特別活動の指導法について示された教職課程コアカリキュラム，学習指導要領，指導要録，具体的な大学での授業のシラバスなどを根拠として，大学で特別活動を学ぶことの重要性を指摘した。そして，それぞれの根拠についての学び方のポイントを明らかにした。特別活動を学んで実践する際は，自己の過去の特別活動の経験を，教師の立場から繰り返すだけでは充分ではない。指導の根拠として，学習指導要領とその『解説』，指導要録の評価の観点などに留意できることが重要である。

学習課題　① 　各自の小学校，中学校，高等学校の特別活動について思い出し，教職課程コアカリュラムと関連する部分についてノートにまとめよう。
　　　　　　 ② 　ノートにまとめた内容を隣の席の学生と意見交換し，気づいたことを授業で発表しよう。

引用・参考文献

教職課程コアカリキュラムの在り方に関する検討会「教職課程コアカリキュラム」2017年11月17日。https://www.mext.go.jp/component/b_menu/shingi/toushin/__icsFiles/afieldfile/2017/11/27/1398442_1_3.pdf（2021年1月27日閲覧）

文部科学省『小学校学習指導要領（平成29年告示）解説　特別活動編』東洋館出版社，2018年。

文部科学省「小学校，中学校，高等学校及び特別支援学校等における児童生徒の学習評価及び指導要録の改善等について（通知）」2019年3月29日。https://www.mext.go.jp/b_menu/hakusho/nc/1415169.htm（2021年1月25日閲覧）

第Ⅱ部

学級活動・ホームルーム活動

── 第Ⅱ部　イントロダクション ──

　第Ⅱ部では，学習指導要領で定められた特別活動の内容３つ（小学校は４つ）のうちの１つ目である，学級活動（高等学校では「ホームルーム活動」）について学びます。これは担任が担当する学級（クラス）を単位とした活動です。その活動の中心は週１時間，時間割のなかで行われます。どのようなことを行うかは，学習指導要領では大きく(1)〜(3)の３つの内容で構成されており，本書でもそれに沿ってみていきます。

　第３章は(1)の主に集団を対象とした生活づくりについてです。ここでは学級での課題を学級会という会議で話し合い，決めて，実行するということを行います。第４章は(2)で，主に個人を対象とした，基本的生活習慣や人間関係，健康・安全など生活・学習への適応や自己の成長について学びます。第５章は(3)のキャリア形成と自己実現について学びます。この(3)は小学校では2017（平成29）年告示の学習指導要領で初登場し，中学校・高等学校とともに呼称が統一されました。

第3章

学級活動（ホームルーム活動）(1)
──学級や学校における生活づくりへの参画──

　本章で取り上げる学級活動（ホームルーム活動）(1)は，児童会活動やクラブ活動と同様に，教師の適切な指導のもとに児童生徒の自発的，自治的な活動を特質とする教育活動である。本活動では，ともすると教師の指導面が強くなり，そのことにより児童生徒にとって受け身の活動になってしまうことが，最も大きな課題である。

　学級活動（ホームルーム活動）(1)は，児童生徒が，学級生活の充実と向上を目指し，他者の意見に耳を傾けながら，自分の考えを広げたり，課題について多面的・多角的に考えたりするとともに，違いや多様性を超えて合意形成が図れるようにする話し合い活動を中心的な活動に据えている。また，この活動を通して学級経営や学びに向かう集団づくりへの寄与も期待されている。

1　学級活動（ホームルーム活動）(1)とは

（1）学級活動（ホームルーム活動）(1)の目標と内容

　2017（平成29）年告示「小・中・高等学校学習指導要領」の「第5章　特別活動」（小学校は第6章）「第2　各活動・学校行事の目標及び内容」に，学級活動の目標が次のように示されているが，そのうち，下線部分が学級活動(1)（以降，見出しを除く文章中では学級活動(1)と略記）に該当する記述である。

〔学級活動〕〔ホームルーム活動〕

1　目　標

　<u>学級（ホームルーム）や学校での生活をよりよくするための課題を見いだし，解決するために話し合い，合意形成し，役割を分担して協力して実践したり</u>，学級（ホームルーム）での話合いを生かして自己の課題の解決及び将来の生き方を描く

ために意思決定して実践したりすることに，<u>自主的，実践的に取り組むことを通して</u>，第1の目標に掲げる**資質・能力**を育成することを目指す。（括弧内は高等学校。下線は筆者による。）

　また，学習指導要領の同箇所には，学級活動(1)の内容について，「学級（ホームルーム）や学校における生活づくりへの参画」と称し次の3つが示されており，すべての学年が必ず取り扱わなければならないとされている。したがって，各学校においては，これらの内容をふまえて，学校や学級の実態に即して，適切な年間指導計画を作成する必要がある。

　2　内　容
　　1の資質・能力を育成するため，全ての学年において，次の各活動を通して，それぞれの活動の意義及び活動を行う上で必要となることについて理解し，主体的に考えて実践できるよう指導する。
(1)　学級（ホームルーム）や学校における生活づくりへの参画
　ア　学級（ホームルーム）や学校における生活上の**諸問題の解決**
　　学級（ホームルーム）や学校における生活をよりよくするための課題を見いだし，解決するために話し合い，合意形成を図り，実践すること。
　イ　学級（ホームルーム）内の**組織づくりや役割の自覚**
　　学級（ホームルーム）生活の充実や向上のため，児童〔生徒〕が主体的に組織をつくり，役割を自覚しながら仕事を分担して，協力し合い実践すること。
　ウ　学校における多様な集団の生活の向上
　　児童会〔生徒会〕など学級（ホームルーム）の枠を超えた多様な集団における活動や学校行事を通して学校生活の向上を図るため，学級（ホームルーム）としての提案や取組を話し合って決めること。
（〔　〕括弧内は中学校。〔　〕および（　）括弧は高等学校。）

　以降，高等学校においては，「学級」を「ホームルーム」と読み替える。

（2）学級活動(1)の特質と指導理念

　学級活動(1)の活動は，冒頭で示したように「教師の適切な指導のもとに行われる児童生徒の自発的，自治的な活動」であり，集団としての合意形成を必要

とする**話し合い**に基づいた**協働**実践を特質としている。それは，「教師の意図的・計画的な指導で，個々の児童生徒による意思決定に基づく自己努力を特質とする学級活動(2)(3)」とは，区別して指導に当たる必要がある。とくに，次の2つのことに留意する必要がある。

① 学級全員で解決すべき内容であること（個別に解決することが望ましい学級活動(2)や(3)の内容とは区別する）

たとえば，「給食を静かに食べる」とか「清掃をしっかりと行う」などは，個別の課題に基づいて，児童生徒が自己に合った解決方法を意思決定すべき内容である。もし，このような内容を安易に学級会で取り上げてしまうと，「注意し合う」「罰を与える」など児童生徒が児童生徒を管理するような決定が行われやすいことから，十分に留意する必要がある。

一方で，「楽しい給食の時間にするために，学級として工夫しよう」などのように，取り上げ方を工夫することで，「グループごとにテーマを設けて，楽しい会話ができるようにする」とか，「順番にクイズを出しあって楽しむ」などと集団としての合意を生み出すようなことも期待できる。

大切なことは，何をどのように取り上げるかについては，教師の適切な指導が必要だということである。

② 児童生徒の自発的，自治的な活動の範囲の内容であること

児童生徒による自発的，自治的な活動とは，たんに楽しい時間を自由に過ごすような休み時間とは異なる。教師から意図的に与えられた自由な空間と時間を使い，児童生徒が，学級や学校生活の充実と向上を目指して，何をするのか，どのようにするのか，誰がどんな役割を担うのかなどを話し合って決め，決定したことに基づいて協働しながらその実現を追求する活動である。

したがって，原則として，児童生徒が決定したことを教師の指示で変更させるようなことがあってはならない。仮に，そのようなことが続けば，児童生徒の活動意欲を失わせ，指示待ちの姿勢を助長することになりかねない。もちろん自治的な活動の範囲は，小学校段階においても，低学年と高学年では異なるし，当然，中学校や高等学校においてはその範囲は拡がることから，教師が適切に見極めることが重要になる。

　いずれにしても，学校として児童生徒に任せることができない条件を明確にしておくことが望ましい。たとえば，次のようなことが考えられる。

- 個人情報やプライバシーの問題や相手を傷つけるような結果が予想される問題
- 教育課程の変更に関わる問題や校内のきまりや施設・設備の利用の変更などに関わる問題
- 金銭の徴収に関わる問題，健康・安全を阻害する問題　など

　具体的には，席替え，学習グループの編制や学習規律など，教師が指導すべき内容を児童生徒に決定を委ねることがないようにしたい。一方で，本来教師の計画的な指導によって開催される学校行事においても，「何のために，いつ，どこで実施するのか」などを教師が決定したうえで，その一部について児童生徒に任せることは考えられる。たとえば，遠足中のバスでのレクリエーションの内容や1年生歓迎会でのプレゼントの内容などは，その例である。

2　学級活動(1)の指導

（1）学級活動(1)の学習過程

　学級活動(1)は，児童生徒自らが学級生活の充実と向上を目指し，学級の諸問題を発見し，話し合いを介して解決方法を合意形成し，協働して解決することを**学習過程**としている。『小学校学習指導要領（平成29年告示）解説　特別活動編』（以下，『解説』）には，このことについて，図3-1のような学習過程（例）が示されている。

（2）学級活動(1)の指導のポイント

　学級活動の指導は，前掲の学習過程をふまえて行うことになる。その際，次のことを正しく理解しておきたい。

　「①問題の発見・確認」においては，学級活動(1)で取り上げるべき問題を，児童生徒自身が発見できるようにする指導や，取り上げる問題について事前に十分に関心を高めておくようにする指導が大切であることを示している。この

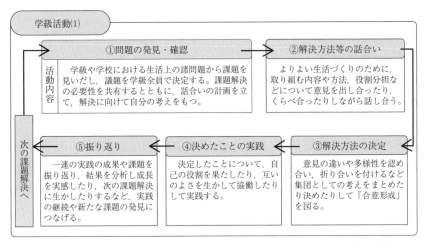

図 3-1　学級活動「(1)学級や学校における生活づくりへの参画」の学習過程（例）
出所：文部科学省（2018：45）。

ことは，自発的，自治的な活動の根幹をなす指導理念である。

　「②解決方法等の話合い」においては，学級会の話し合いが「よりよい学級
や学校の生活づくり」のためにあることを示している。そのため，提案理由に
「何のためにするのか」をわかりやすく示すようにするなど，教師の適切な指
導が必要不可欠である。また，解決方法の話し合いで決めるべきこととして，
「内容（何をするか）・方法（どのようにするか）・役割分担（役割をどうするか）」
を例示している。これらは，学級会の話し合いの柱（話し合うこと）となりう
るものであるが，これらすべてをいつでも学級会で話し合わなければならない
と形式的に捉えてはならない。時には，1 つのことについてじっくりと話し合
うことも必要である。

　また，「意見を出し合ったり，くらべ合ったりしながら話し合う」ことがで
きるようにする指導が大切であることも示している。たとえば，「出し合う」
の指導では，自分の考えについて，理由を明確にして述べ合うことができるよ
うにする指導が大切であり，最終的には「集団や社会の問題については，自分
の考えをはっきりと述べるべきだ」と自覚できるようにしたい。

　また，「くらべ合う」の指導では，「何をするか」の話し合いの場合，ともす

ると, 賛成や反対意見を述べ合い, その多数によって決定するような話し合いになりやすい。しかし, 比べる対象は賛否の数ではなく, その「理由」であることに留意したい。

たとえば,「互いのことをわかり合えるような『どうぞよろしくの会』をしたい」という提案理由の場合, 出された意見の「得意なことの発表」「手作り名刺交換」「みんなのことを知ろう椅子とりゲーム」のそれぞれについて,「互いのことをわかり合える」ためにどんなよさがあるかの理由を出し合い, 比べ合えるようにする。次は, その例である。

- 「得意なことの発表」では, その人の得意なことを直接みて知ることができる。
- 「手作り名刺交換」では, その人が書いた「知ってほしいこと」を知ることができるし, それを手元に残すことができる。
- 「みんなのことを知ろう椅子とりゲーム」では,「○○が好きな人」とか,「○○をしたことがある人」といって椅子とりゲームをすれば, 自分と同じ趣味を持っている人などについて, 楽しみながら知り合うことができる。

そのほか,「どのようにするか」の話し合いについても,「3人寄れば文殊の知恵」というように, 生産的な話し合いになるような指導を心がけたい。また,「役割分担をどうするか」については, 公平性や平等性, 譲り合いなど, 人間関係や人権感覚を磨く有効な場にもなることを認識し, 全員参加や一人ひとりのよさや可能性を生かし合う視点で話し合いができるような指導を心がけたい。

「③解決方法の決定」においては,「意見の違いや多様性を認め合い, 折り合いを付けるなど集団としての考えをまとめたり決めたりして『合意形成』を図る」ことができるようにすることが重要であることを示している。まずは, ディベートのような勝ち負けの話し合いにならないように留意したい。『解説』には,「合意形成」について, 次のように説明されている(文部科学省, 2018:16)。

集団活動における合意形成は, 他者に迎合したりすることでも, 相手の意見を無理にねじ伏せることでもない。複数の人がいる集団では, 意見の相違や価値観の違いがあって当然である。そのため, 集団における合意形成では, 同調圧力に流されることなく, 批判的思考力をもち, 他者の意見も受け入れつつ自分の考えも主張できるようにすることが大切である。そして, 異なる意見や考えを基に, 様々な解決

の方法を模索したり，折り合いを付けたりすることが，「互いのよさや可能性を発揮しながら」につながるのである。

　なお，この「合意形成」という文言は，これまで一般に「**集団決定**」と称してきたものをあえて置き換え，目標にも示したものであり，その背景に次のようなことがあることを正しく理解して指導に当たる必要がある。

　私たちが暮らす社会は，ますますグローバル化が進み，考えや価値観が多様化し，そんな人々が違いを超えてともに生きていかねばならない状況になっている。そのようななかで，私たち人間は，集団や社会の問題を解決しようとしたら，その方法は「力づく」か「話し合い」しか持っていない。国と国との関係も同様であり，話し合いが決裂すれば力による強制になる。

　そのようななかで，学級・学校を１つの社会と捉え，よりよい共生社会を目指し，「自由と責任」とか，「義務と権利」など，集団や社会の一員としての見方・考え方を働かせながら，人間関係形成（違いや多様性を超えてともに生きていくこと），社会参画（集団や社会の一員としての役割を果たしながら生きていくこと），自己実現（社会のなかで理想の自分を追求しながら自分らしく生きていくこと）をバランスよく育てようとする特別活動の教育的意義はきわめて大きい。

　とりわけ，違いや多様性を超えて合意形成を図ろうとする学級会の話し合いは，重要な役割を担う。

　世界の国々の多くは，多文化国家，多人種国家であり，「個性重視と共生」が国家的な課題になっている。そのような国々の一部が，日本の特別活動に高い関心を示すようになっており，たとえばエジプト国は，TOKKATSU と称して導入を始めている。

　「④決めたことの実践」においては，集団の目標を達成するためには，役割を果たすことやみんなと協力することについて，「そうすることが大事だ」とか，「自分はそうすることができた」と実感させられるかどうかが指導のポイントになる。

　児童生徒にとって，本気で取り組む協働的な実践の場は，様々な困難に直面することになる。たとえば，自分が望んでいなかった役割をすることになった

とか，思ったほどうまくできなかったなど「自分の欲求をうまく充足できないこと（自己実現）」，周りの人の協力を得られないとか，意見が合わずにぶつかり合って対立したなど「自分がみんなとうまくいかないこと（人間関係）」，みんなの期待に応えられなかったとか，失敗でみんなに迷惑をかけたなど，「役割がうまく果たせないこと（社会参画）」などの問題である。

　学級活動(1)において教師は，このような児童生徒が直面した問題について「成長のための機会」として捉えられるようにするとともに，そのことをどうにかして自分で乗り越える（解決・解消する）ことができるようにする。具体的には，一人ひとりの問題解決の取り組みに寄り添い，何とかして自力解決できるように支援するのである。もし，教師の適切な指導のもとに，これらの問題を自分で解決することができたという経験をさせられたならば，その経験は，必ずその後の活動や将来に生きて働く力になる。

　「⑤振り返り」においては，児童生徒が「努力したこと」との関わりで，成果を実感できるようにしたり，「うまくいかなかったこと」も含めて次に生かそうとしたりする指導が大切である。その際，一連の活動を記録に残し，児童生徒が自己の活動を振り返ることができるようにするとともに，次の活動に向けて新たな課題を見出せるようなポートフォリオ的な教材を活用したい。

3　学級活動(1)の指導計画の作成と実際

（1）学級活動(1)の指導計画

　学級活動(1)の指導計画は，学級会の話し合いの活動を中心に作成することになるが，その際，事前・事後も含めた学級活動(1)の学習過程をよく理解し，それに即して作成する必要がある。図3-1では学習過程（例）を紹介しているが，同『解説』に，さらに「事前の活動」「本時の活動」「事後の活動」に分けて学級活動(2)や(3)と対比して，学級活動(1)の一般的な学習過程が示されているので参考にしてほしい（図3-2）。とくに注目してほしいのは，「学級としての共同の問題の選定」である。これは，学級活動(2)(3)では「共通の課題の設定」と示されている。つまり，教師が学級の実態に即して，児童生徒一人ひとりが解決すべき課題を

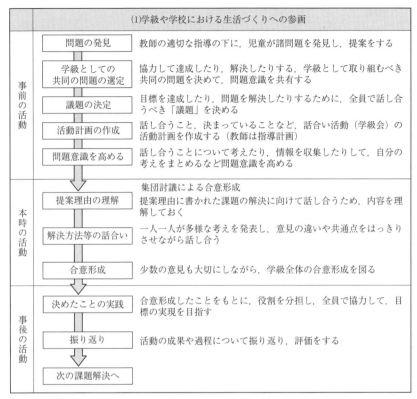

図 3-2　学級活動(1)の一般的な学習過程

出所：文部科学省（2018：70）。

「設定」するのに対し，学級活動(1)は，児童生徒が学級全体で解決する問題を児童生徒自身が選ぶことを特質としている。また，学級活動(2)(3)が，「個人目標の意思決定」（強い意志をもって，個に応じた具体的な実践方法やめあてを決める）としているのに対し，学級活動(1)では「合意形成」としている違いにも着目してほしい。

　なお，学級活動(1)の1単位時間の指導計画については，『解説』に次のように示されている（文部科学省，2018：68）。

イ　1単位時間の指導計画
　「(1)学級や学校における生活づくりへの参画」の指導の1単位時間の指導計画に示す内容には，例えば，次のようなものが考えられる。

○**議題**

○児童の実態と議題選定の理由

○育成を目指す資質・能力

○事前の活動（本時に至るまでの活動の流れ）

○本時のねらい

○児童の活動計画

　教師の適切な指導の下に児童が作成する「児童の活動計画」に示す内容には，例えば，次のようなものが考えられる。

○議題

○計画委員会の役割分担

○提案理由や話合いのめあて

○決まっていること

○話合いの順序

○気を付けること

○準備

①はじめのことば
②計画委員の紹介
③議題の確認
④提案理由やめあての確認
⑤決まっていることの確認
⑥話合い
⑦決まったことの発表
⑧振り返り
⑨先生の話
⑩おわりのことば

○教師の指導計画（指導上の留意点）

○使用する教材や資料

○事後の活動

○評価の観点

　ここで重要なことは，小学校においては，教師の適切な指導のもとに児童自身が作成する「児童の活動計画」が大事な役割を果たしていることである。これは，児童が輪番で話し合いの進行を行うことを原則としているため，その際に，児童が手元に置いて活用するのである。国立教育政策研究所教育課程研究センター（2019）には，本書41～42頁のような児童の活動計画の例が示されている（国立教育政策研究所教育課程研究センター，2019：62）。

　また，同書には，ユニバーサルデザインの視点から，話し合いのプロセス（「出し合う」「比べ合う」「まとめる」など）や時計のアイコンを掲示したりして，どんな順番で何分くらいで話し合うのかが，一目でわかるような工夫が紹介されている。

　さらには，「短冊」を活用し，出された意見を書いて黒板に貼り，それらを必要に応じて操作し，分類・整理をしながら話し合う方法も紹介されている。

---

5 本時の展開

(1)　本時のねらい

　学級生活をより楽しく豊かなものにするため，友達の立場や思いを察しながら，みんなのことをもっとよく知ることができるオリジナルかるたの内容やかるた大会の計画を考えることができるようにする。

(2)　児童の活動計画

第13回　　4年○組　学級会　活動計画　○○年○月○○日（木）第5校時			
議題	4年○組かるた大会をしよう		
提案理由 提案者 　○○さん	今まで4年○組では，いろいろな集会や行事を通して，けんかや失敗をしながらもみんなで協力して乗りこえてきました。今度は4年○組だけのオリジナルかるたを作ってみんなで楽しむことで，友達やクラスの新たなよさも発見でき，クラスのきずなはさらに深まると思っててい案しました。		
司会グループ	司会　○○さん	黒板記録　○○さん	ノート記録　○○さん
	司会　○○さん	黒板記録　○○さん	
話し合いのめあて	友達やクラスのよさを発見できるかるた大会を計画しよう		
決まっていること	・○月○○日（○）○時間目に実施する。 ・四つ切り画用紙で作る ・50音の行ごとに班で分担してみんなで1セット作る ・体育館で実施する		

話し合いの順序	気を付けること	準備
1　はじめの言葉 2　計画委員のしょうかい 3　議題のかくにん 4　提案理由のかくにん 5　決まっていることのかくにん 6　話し合いのめあてのかくにん	・大きな声ではっきりと言う。（司会） ・一人ずつ役わりと名前，めあてをはっきり紹介する。 ・大きな声ではっきりと言う。（司会） ・プレゼンテーションソフトを使い，電子黒板で分かりやすく示しながら説明する。（提案者） ・司会が言った後，全員で声に出して言う。	・説明の紙

7　話し合い 　　話し合うこと① **「かるたに書く内容」** （12分間） 　　話し合うこと② **「友達のことをもっとよく知るための工夫」**（15分間） 　　話し合うこと③ **「必要な係」** （8分間） 8　決まったことの発表 9　振り返り 10　先生の話 11　おわりの言葉	・黒板に短ざくを整理してはっておき，「くらべ合う」から話し合うようにする。 ・出された意見に付け足しがあれば先にしてもらう。 ・てい案理由にそったかるたの内容はどれかを考えてもらう。 ・今までの学級集会活動を思い出しながら，どんな工夫ができるか，どんな係が必要かを考えてもらう。 ・工夫はいくつあってもよいが，自分たちにできるかどうかをみんなに考えてもらう。 ・分かりやすくまとめて発表する。（ノート記録） ・時間があったら2，3人に発表してもらう。 ・会に向けて元気よく言う。（司会）	・学級会 　ノート

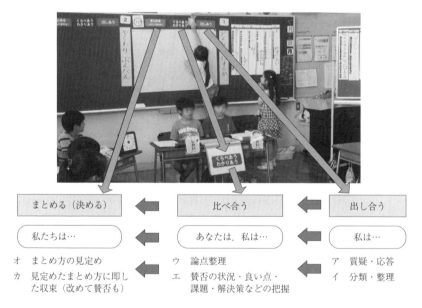

図3-3　学級会における思考過程

出所：筆者作成。

学級会をしてみよう

決めたことを実際にやってみよう

図3-4　学生が授業のなかで演習をしている実際の様子

出所：筆者作成。

　図3-3の写真は，最近の**学級会**の様子に筆者が話し合いの各段階の解説を加えたものである。

　ここでは，合意形成を図る手順として，最初は「私」としての意見を出し合い，「あなたと私」の意見を比べ合いながら，最終的には「私たち」としてまとめることができるようにすることを示している。また，意見の分類・整理をすることで，比べる視点を明確にしながら論点整理する手順にも触れている。

（2）学級活動(1)の指導の実際

　ここで演習として，特別活動の講義を受けている学生たちで，児童生徒の立場に立ち，実際に次のような手順で学級会を行ってみてほしい（図3-4）。

①学生のなかから次の役割を決める。

　司会(1名)，副司会(1名)，黒板記録(2名)，ノート記録(1名)，先生(1名)

②議題は「特別活動クラスの仲良し会をしよう」

③司会グループとして**活動計画**の「気をつけること」を書く。

④参加者の1人として**提案理由**を参考に意見メモを書く。

- 前述したように，黒板を有効に活用しての学級会が求められている。そのため，指導計画には，板書計画を示したうえで，それに沿って「気をつけること」を書き込むことも多い。

- 準備するもの…司会・副司会等の名札，意見ボード（短冊），司会進行表，時計，「出し合う，比べ合う，まとめる」，決定などのアイコン，など。

第1回　学級会

議題　特別活動クラスの仲良し会をしよう

提案理由
　特別活動を一緒に学んでいる私たちだけど、そこまで仲良くなれていないので、少しでもお互いのことを知ることができて、仲良くなれる活動をしてみたい。

決まっていること
○話し合った後、この教室で二十分間で行う
○教室にある設備や物が活用できる

何をするか　　　　　　　　気をつけること

出し合う　　　比べ合う　　　まとめる

意見メモ　　　　　　　　　　　話し合ってみての感想

議題　特別活動クラスの仲良し会をしよう
提案理由
　特別活動を一緒に学んでいる私たちだけど，そこまで仲良くなれていないので，少しでもお互いのことを知ることができて，仲良くなれる活動をしてみたい。

　　　私の意見　　　　　　　　　理　由

（3）小・中・高等学校の発達の段階をふまえた学級活動(1)の指導

　小学校は学級担任制であるのに対し，中・高等学校は教科担任制である。学級担任がほとんどの時間を学級の児童とともに学び，生活をする小学校と，担当教科および道徳や特別活動などの一部の時間にしか学級の生徒と関わることができない中・高等学校では，おのずと学級活動(1)の指導も変わってくる。また，小学校では，学級担任が児童との相談や準備の時間を臨機応変にとることができるが，中・高等学校ではそうすることは難しい。そのため，小学校段階では，丁寧に話し合いの準備をしたうえで学級会を開いたり，係の活動の時間を確保しやすかったり，学級集会などを開きやすかったりする実態がある。

　そこで，小学校では，『解説』に「話合い活動」「係活動」「集会活動」の３つの活動形態が示され，係活動や集会活動の指導の重視が求められてきた。とくに係活動においては，当番活動と係活動の違いを理解するよう求め，低学年の当番的な活動から，中学年以降の児童が創意工夫して取り組む係活動への移行指導を適切に行うことが求められた。一方で，中・高等学校では，そのような内容は示されておらず，教科に関わる当番的な活動が行われていることが多い。

　また，小学校では，児童から提案されたことを議題化することが求められ，指導計画にも「予想される議題」として示すこととされてきた。これに対し，中・高等学校では，あらかじめ話し合うことを「題材」として示すこととされてきた。また，小学校では集会活動の議題が多いのに対し，中・高等学校では，学校行事に関することや学級規律や学習などに関わる題材が多いのも特徴である。

　大切なことは，このように小・中・高等学校の児童生徒の発達の段階や学校生活の変化などに即して，各学校段階の教師たちによって学級活動の目標の実現に向けた指導が積み重ねられていくことであり，そのことにより，特別活動が目指す資質・能力を確実に育成していくことなのである。

学習課題	①　学級活動（ホームルーム活動）(1)学級や学校における生活づくりへ参画の活動過程の特徴は何か。

①　学級活動（ホームルーム活動）(1)学級や学校における生活づくりへ参画の活動過程の特徴は何か。

②　学級活動（ホームルーム活動）(1)学級や学校における生活づくりへ参画において，合意形成を図る話し合い活動の指導で重視すべきことは何か。

引用・参考文献

国立教育政策研究所教育課程研究センター『みんなで，よりよい学級・学校生活をつくる特別活動　小学校編』文溪堂，2019年。

杉田洋監修『特別活動・キャリア教育　楽しい学校生活　1〜6年』文溪堂，2018年。

文部科学省『小学校学習指導要領（平成29年告示）解説　特別活動編』東洋館出版社，2018年。

第4章

学級活動（ホームルーム活動）(2)
——日常の生活や学習への適応と自己の成長及び安全——

　本章で取り上げる学級活動（ホームルーム活動）(2)は，学級活動のなかで(3)とともに，「教師の意図的・計画的な活動」であり，日常の生活や学習への適応と自己の成長および健康や安全に関するものである。教育課程においては，ガイダンスの理論と実践を基盤に発展してきた内容であり，主として様々な生活への適応や健康安全に関する内容を扱う。そのため，ともすると，「説教」やしつけの時間として，教師による生活習慣等の押しつけになる向きもある。しかしながら，学習過程を通じて児童生徒に意思決定の場面を保証することで，よりよく生活を向上させたいという「学びに向かう力・人間性」を育むことが重要である。

1　学級活動（ホームルーム活動）(2)とは

(1) 学級活動（ホームルーム活動）(2)の特質とねらい

　学級活動（ホームルーム活動）(2)（以降，見出しを除く文章中では学級活動(2)と略記）の内容について，2017（平成29）年告示「小学校学習指導要領」の「第6章　特別活動」「第2　各活動・学校行事の目標及び内容」の「2　内容」には次のように示されている。

---

(2)　日常の生活や学習への適応と自己の成長及び健康安全
ア　基本的な生活習慣の形成
　　身の回りの整理や挨拶などの基本的な生活習慣を身に付け，節度ある生活にすること。
イ　よりよい人間関係の形成
　　学級や学校の生活において互いのよさを見付け，違いを尊重し合い，仲よくし

たり信頼し合ったりして生活すること。
ウ　心身ともに健康で安全な生活態度の形成
　　現在及び生涯にわたって心身の健康を保持増進することや，事件や事故，災害
　等から身を守り安全に行動すること。
エ　食育の観点を踏まえた学校給食と望ましい食習慣の形成
　　給食の時間を中心としながら，健康によい食事のとり方など，望ましい食習慣
　の形成を図るとともに，食事を通して人間関係をよりよくすること。

　この内容は，「日常の生活や学習への適応と自己の成長及び健康や安全に関
するもので，児童に共通した問題であるが，一人一人の理解や自覚を深め，意
思決定とそれに基づく実践を行うものであり，個々に応じて行われるものであ
る」（文部科学省，2018：52）。そして，「この内容では，学級活動の目標に『話
合いを生かして』とあるように，児童に共通する問題を取り上げ，話合いを通
してその原因や対処の方法などについて考え，自己の問題の解決方法などにつ
いて意思決定し，強い意志をもって粘り強く実行していく活動が中心になる」
（文部科学省，2018：52）。
　中学校・高等学校においても，文章表記の多少の違いはあるものの，この特
質は同じである。そこでまず，この内容の特質をわかりやすく表現すると，そ
れは，児童生徒の健全で安全な成長と様々な社会生活への適応を指導援助する
ことである。小学校にあっては，幼児教育から学校教育への移行期の適応問題
を体験する低学年，自己認知と他者認知の高まる中学年，思春期初期に，価値
観や発達の多様性の広がる高学年のように，成長や発達とともに，多様な社会
生活のあり方を学ぶ。中学校にあっては，思春期の多様な課題を体験したり，
様々な生徒指導上の問題を体験したりする機会も増加する。くわえて，学業や
進路は大きな悩みとして体験されたりする。高等学校にあっては，多様化する
進路や価値観とともに，思春期後期の問題が顕在化したりする。一般的には，
自我同一性の課題，自立の課題など，様々な発達上の問題が複合的に学校生活
上の問題として顕在化することも指摘されている。
　この課題は児童生徒一人ひとりの成長や発達の違いと深く関わるが，学級活
動(2)では，この課題に潜む「日常の生活や学習への適応と自己の成長及び健康

や安全」に関する児童生徒に共通した問題を扱う。すなわち，様々な生活上の課題や適応上の課題に潜む共通する「題材」を選び，「自己の課題の解決」に向き合う学習活動を展開することに，この特質があるといえる。

（2）学級活動（ホームルーム活動）(2)の系譜と実践上の課題

　歴史的に教育課程において，学級活動(2)には，3つの指導内容の流れがある。第1は生活指導の系譜であり，第2は学習指導の系譜，第3はガイダンスの系譜である。このいずれもが，自己受容と相互受容による人間関係形成の理解と指導援助，発達と成長についての理解と指導援助，様々な社会生活への適応と指導援助を内包し，現在の学級活動の内容を構成してきた。

　第1の流れは，戦前の生活綴方運動をふまえて，アメリカのガイダンスの実践と理論を参考に，展開されてきたものである。その内容は，白井（1990：40~41）を参考に要約すると，①問題行動の未然防止，②生活や行動の管理・統制（しつけ），③教育活動の基盤整備（校内の秩序づくり），④学校不適応への相談や助言・指導，⑤体や健康・人間関係の相談や助言，指導，⑥集団生活指導，⑦学校外の日常生活の指導に大別される。

　第2の流れについて，岩田（1974）は，特別活動の学級指導に求められる内容に，適応指導，生徒指導，進路指導との密接な関係を指摘し，その他，保健指導，安全指導，学校図書館の利用指導，などを指摘している。

　第3の流れは，アメリカのガイダンスの理論と実践をもとに発展しつつ，児童生徒の「自己指導能力」の育成を重視する立場である（木原, 1996）。そこでは，「行動選択の自由」「自己決定の機会」を豊かに含んだ自発的活動を重視する。

　第1と第2の系譜は，どちらかといえば教師の指導を中心とし，第3の系譜は，児童生徒の自発性を中心とするものである。そのため，これまでの実践では，この関係性が混乱してきたことも事実であり，概ね，学級活動(2)は，教師による〈しつけ〉の時間として扱われることも少なくなかった。たとえば，「生活習慣」では，生活習慣を整える重要性を示すデータや教材が用いられ，最終的に教師の説話を聞いて感想を書くといった活動がそれにあたる。この学習の結果，児童生徒の生活目標には，たとえば，「早寝早起きをがんばる」と

いった目標が書かれたりする。しかし，これは，学級活動(2)の実践の問題をよく示している。「早寝早起きのできていない児童」が，「がんばる」という意欲だけで，早起きできるようになるだろうか？　多くの場合，答えは「NO」であろう。健やかな発達と成長のためには，たしかに，生活習慣の重要性を学習することは大切である。問題は，この学習をいかに「自己指導能力」の育成につなげるかである。「早寝早起き」とは「やらなければいけないこと」であり，目標ではない。すなわち，目標の意思決定には，「なぜ，早寝早起きができないか」という自己の生活上の課題を探ったり，話し合い活動を通じて，ほかの児童生徒が「どのように生活習慣を整えているか」といった具体的な工夫や習慣意識を学んだりするなかで，自分にあった達成可能な（あるいは意欲的に取り組める）ものを考え，実践するなかで個に応じた「**自己指導能力**」を育むことを目指す必要がある。

　そのため，「児童に共通する問題を取り上げ，話合いを通してその原因や対処の方法などについて考え，自己の問題の解決方法などについて**意思決定**し，強い意志をもって粘り強く実行していく活動」（文部科学省，2018：52。下線は筆者による）が中心とされているのである。下線に示したように，「話合い」を通じて，「自己の問題の解決方法」を練りあげるプロセスが重要である。このことを次の学習過程でみてみよう。

（3）学級活動(2)の学習過程とは

　学級活動(2)(3)で取り上げる「題材」は，学級活動(2)については「**現在の生活上の課題**」，学級活動(3)については「**現在及び将来を見通した生活や学習に関する課題**」という違いがある（文部科学省，2018：45）。しかし，「問題の発見・確認，解決方法等の話合い，解決方法の決定，決めたことの実践，振り返りという基本的な**学習過程は同じである**」（文部科学省，2018：45）（図4-1）。

　この学習過程の質を向上させるポイントは3つある。第1に「問題の発見・確認」において「生活上の課題」が明確化するような情報（知識や技能，データ等）を十分に提示したり，児童生徒に収集させたりすることである。児童生徒の実態に応じた情報を十分に提供することで，自己の生活上の課題を見出すこ

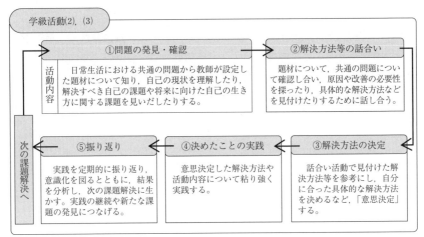

図 4-1　学級活動「(2) 日常の生活や学習への適応と自己の成長及び健康安全」，
学級活動「(3) 一人一人のキャリア形成と自己実現」の学習過程（例）

出所：文部科学省（2018：46）。

とが可能となる。

　第 2 は，児童生徒間での「話合い」を大切にすることである。「話合い」を
通じて，多様な他者の「生き方（ライフスタイル，生活習慣等）」や「考え方（価
値観，よりよく向上しようとする姿勢等）」に触れる。このことにより，自己の生
活を見つめ，よりよくする資源（考える材料）を増やし，解決のための見通し
を持たせることである。

　第 3 は，「意思決定」の質を高めることである。学習過程を通じて児童生徒
が見出す「解決の見通し」は概ね，「目標」という形で表現される。ところが，
先にも示したように「目標」と「やらなければならないこと」が混在している
現状には，この目標設計に関する課題を指摘することができる。大切なことは，
「やらなければできないこと」「がんばってもできないこと」「がんばればでき
ること」の 3 つを線引きし，「がんばればできること」を目標にすることである
（白松，2017）。この目標を実行し，その結果を振り返り，目標の適切さを再度吟
味する。この学習過程を通じて，意思決定し，決めたことを実行し振り返ること
の質を高めることが，児童生徒の自己指導能力を高めることにつながるのである。

　ここまでのポイントをまとめると次のようになる。

　第1に学級活動(2)は，児童生徒の健全で安全な成長と様々な社会生活への適応を指導援助することである。第2に学級活動(2)は，教師の「意図的，計画的な活動」であるが，児童生徒の課題意識の共有化，話し合い活動，意思決定，実践的活動と改善を保証し，児童生徒の自発的，実践的活動になるように配慮することである。

2　学級活動(2)の内容について

（1）学級活動(2)の内容

　学級活動(2)は，「日常の生活や学習への適応と自己の成長及び健康安全」に関する内容を扱う。具体的な内容は，小学校から高等学校まで系統的につながっており，児童生徒の発達段階や実態に応じて，表4-1の内容に関する共通の問題を取り上げる。

　「ア　基本的な生活習慣の形成」の内容は，たとえば，低学年における基本的な生活習慣の定着や，中学年以降における習慣や節度ある生活の大切さを理解するとともに，課題に気づき，解決方法を考え，実行し，解決に向けて行動することができるような題材や，社会の形成者として身につけるべきルールやマナーに関する題材などを取り扱う。

　「イ　よりよい人間関係の形成」の内容は，学級や学校内にとどまらず，より広い意味での人間関係のあり方について取り扱う。「互いのよさを見付け，違いを尊重し合い，仲よくしたり信頼し合ったりして」とは，「児童一人一人の個性を尊重し，障害の有無や国籍など様々な違いにかかわらず他者と協働する力を育むこと」（文部科学省，2018：54）である。いじめや暴力行為等の人間関係に関わる問題行動の未然防止に資する題材，障害児・者や高齢者との交流学習に関わる題材，自他を尊重する態度の形成に資する題材など，よりよい人間関係を築く態度の形成を目指す題材が取り扱われる。

　「ウ　心身ともに健康で安全な生活態度の形成」の内容は，「心身の機能や発達，心の健康についての理解を深め，生涯にわたって積極的に健康の保持増進

表4-1　学級活動（ホームルーム活動）(2)の内容

小学校
ア　基本的な生活習慣の形成
イ　よりよい人間関係の形成
ウ　心身ともに健康で安全な生活態度の形成
エ　食育の観点を踏まえた学校給食と望ましい食習慣の形成
中学校
ア　自他の個性の理解と尊重，よりよい人間関係の形成
イ　男女相互の理解と協力
ウ　思春期の不安や悩みの解決，性的な発達への対応
エ　心身ともに健康で安全な生活態度や習慣の形成
オ　食育の観点を踏まえた学校給食と望ましい食習慣の形成
高等学校
ア　自他の個性の理解と尊重，よりよい人間関係の形成
イ　男女相互の理解と協力
ウ　国際理解と国際交流の推進
エ　青年期の悩みや課題とその解決
オ　生命の尊重と心身ともに健康で安全な生活態度や規律ある習慣の確立

出所：2017（平成29）年告示「小・中学校学習指導要領」，2018（平成30）年告示「高
　　　等学校学習指導要領」をもとに筆者作成。

を目指すもの」（文部科学省，2018：56）である。この内容には，保健に関する指導と安全に関する指導の内容がある。保健に関する指導では，「心身の発育・発達，心身の健康を高める生活，健康と環境との関わり，病気の予防，心の健康」（文部科学省，2018：56）などの題材が扱われる。安全に関する指導では，「防犯を含めた身の回りの安全，交通安全，防災など，自分や他の生命を尊重し，危険を予測し，事前に備えるなど日常生活を安全に保つために必要な事柄を理解する内容」（文部科学省，2018：57）が題材として扱われる。

　「エ　食育の観点を踏まえた学校給食と望ましい食習慣の形成」の内容は，「自分の食生活を見直し，自ら改善して，生涯にわたって望ましい食習慣が形成され，食事を通してよりよい人間関係や社交性が育まれるようにするもの」（文部科学省，2018：57）である。たとえば，望ましい食習慣の形成を図ることの大切さを理解するための題材，給食の時間の楽しい食事のあり方や健康によい食事のとり方に関する題材，給食時の清潔や食事環境の改善に関する題材な

どが扱われる。

（2）学級活動(2)の内容の取り扱いと指導上の工夫

　これらの内容や扱われる題材は，「関係する教科等における学習や，個別の**生徒指導**等との関連を図りつつ，教師が意図的，計画的に指導する必要がある」（文部科学省，2018：52）。その際，教師の説教（一方的な習慣や態度の押しつけ）や外部講師の講話のみで終わらないように留意する必要がある。

　たとえば，「イ　よりよい人間関係の形成」では，普段の学級経営において，児童一人ひとりとの信頼関係を深め，様々な集団活動を通して，支持的風土の醸成に努める必要がある。また，幼児期の教育における人間関係に関する内容や道徳科の「主として人との関わりに関すること」等と関連させて指導を行い，学級活動(2)の学習過程を通じて，習慣の定着，態度の形成，想いや考えの行動化を図ることが大切である。

　また，たとえば，「ウ　心身ともに健康で安全な生活態度の形成」の保健に関する指導や「エ　食育の観点を踏まえた学校給食と望ましい食習慣の形成」の内容のように，体育科や家庭科の学習内容との密接な関わりのみでなく，各教科や総合的な学習の時間等とも関連を図りながら，学校の年間指導計画に基づき，学校全体の共通意識を持ち，効果を高める指導の工夫が必要となる。

　なお，学級活動(2)では，「学級担任の教師による指導が原則であるが，活動の内容によっては，他の教師等の専門性を生かすと効果的である場合も予想される。例えば，健康や安全，給食の問題，読書などを取り上げる場合，養護教諭，栄養教諭，学校栄養職員，司書教諭などの協力を得て指導に当たるようにすることは望ましい配慮」（文部科学省，2018：53）と考えられている。以上のことをまとめると学級活動(2)の内容の取り扱いと指導の際のポイントとして，以下のことが挙げられる。

　第1は，各内容において「題材」を選定する場合，児童生徒の発達段階や実態に応じることである。第2は，各教科等での学習や生徒指導との関連化を図り，指導内容の充実に努めることである。第3は，内容に応じて，養護教諭，栄養教諭，学校栄養職員や外部講師などの協力を得て，指導内容の充実に努め

ることである。

3　学級活動(2)の指導計画について

（1）資質・能力の設定

　最後に，学級活動(2)の具体的な指導計画について，事前，本時，事後に分けて解説していく。

　まず，2017（平成29）年告示の学習指導要領において，すべての教科・領域が，学校教育目標をふまえて，育成すべき資質・能力を設定し指導していくこととなった。学級活動(2)の資質・能力についての例として，『小学校学習指導要領（平成29年告示）解説　特別活動編』には，次のように示されている（文部科学省，2018：52）。

○　日常の生活や学習への適応と自己の成長及び健康安全といった，自己の生活上の課題の改善に向けて取り組むことの意義を理解するとともに，そのために必要な知識や行動の仕方を身に付けるようにする。

○　自己の生活上の課題に気付き，多様な意見を基に，自ら解決方法を意思決定することができるようにする。

○　自己の生活をよりよくするために，他者と協働して自己の生活上の課題の解決に向けて粘り強く取り組んだり，他者を尊重してよりよい人間関係を形成しようとしたりする態度を養う。

（2）事前の指導計画

　授業の事前の基本的な流れとして，「**題材の設定**（年間指導計画により，個々の児童生徒が共通に解決すべき問題として『題材』を設定する）」→「問題の確認（取り上げる題材について学級の問題等を確認する）」→「**共通の課題の設定**（個々の児童生徒が解決すべき共通の課題として授業で取り上げる内容を決めて児童生徒に伝え，問題意識の共有化を図る）」→「指導計画の作成（本時の指導計画や資料を作成する）」→「問題意識を高める（授業において取り上げる課題について自分の現状について考えたり，関係する情報（データや資料等）を調べたりして問題意識を高める）」

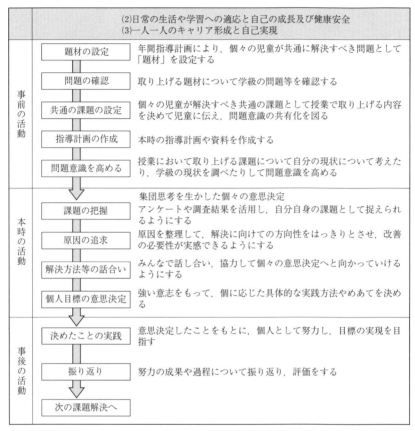

図4-2　学級活動(2)(3)の学習過程

出所：文部科学省（2018：70）。

が考えられる（図4-2）。

　事前には，チェックシートやアンケートなどを活用し，児童生徒の生活の実態や良い点，課題などを共有する。また，事前に提示した題材に関連して，調べ学習をしたり，事前の体験学習をしたりすることによって，問題の共有化を図ることも有効である。とくに，事前の指導計画が不十分な場合，教科書のない学級活動では，指導の成果が十分に得られないことも多いことに留意する必要がある。

（3）本時の指導計画

　本時の授業の基本的な流れとして，「課題の把握（つかむ）」→「課題への気づきや原因の追求（探る）」→「解決方法等の話合い（見つける）」→「個人目標の意思決定（決める）」が考えられる（図4-2）。

　ここでは情報モラル教育についての例を挙げながら説明を加えたい。

　「課題の把握（つかむ）」では，題材を自分事として捉え，自らの生活の課題を見出し，自己の生活をよりよくするために学習する意義についての課題をつかむ。たとえば，事前の1週間の生活時間をチェックシートでチェックし，学習の時間，ゲームやインターネット・テレビの時間，睡眠時間などを確認する。またゲームやインターネットなどに関する身近なトラブル（連絡のいき違いによるトラブル，言葉の乱れ，夜間のネットつながりによる人間関係疲れ，ゲームやSNSを使えない児童生徒の疎外感，デマや誤情報の拡散，個人情報の流出等）の事例とともに，ゲームやインターネットで児童が巻き込まれている犯罪やトラブルを被害・加害ともに学習資料から確認する。

　「課題への気づきや原因の追求（探る）」では，課題への気づきを高めたり，生活上の問題の原因を探求したりして，解決に向けての方向性や改善の必要性などを実感する。たとえば，ゲームやインターネットのよりよい使い方（学習のご褒美としての利用法，リフレッシュ効果，発信元の確かな情報による調べ学習の効率化，一括連絡の便利さ，等）を理解したうえで，どのようにゲームやインターネットを利用できるか，自分の生活の改善点はどこにあるか，を探る。

　「解決方法等の話合い（見つける）」では，みんなで話し合い，多様な考え方や問題の原因が考えられることを理解する。また，解決に向けて，多様な方法があることを理解し，「がんばったらできること」について，話し合いを通じて練り上げる。たとえば，ゲームやインターネットを利用しておらず，疎外感を感じている児童生徒にとっては，複数の人といる時には，「ゲームやインターネット以外の会話を大切にするように，話しかけたり，お願いをしたりする」という目標を考えたとする。この意見を聞いた後，ほかの児童生徒は，「学級内にいる時は，ゲームの話よりもいろんな話を楽しむようにする」という目標に変化したりする。このように多様な考え方や解決の方法に触れ，それ

それの生活の改善がよりよくなるような話し合いをファシリテーション（適切に促進）することが求められる。

「個人目標の意思決定（決める）」では，具体的な個人目標（内容や方法など）を決め，意思決定する。たとえば，「ゲームの時間を減らす」ではなく，「睡眠の2時間前からはゲームをせず，寝る時間を22時とする」といった具体的な取り組みの内容を明確にして目標を設定すると，振り返りが充実しやすい。児童生徒の実態に応じて，この具体的な目標の設定の仕方は異なるが，とくに，児童生徒一人ひとりの生活に「よりよい時間や習慣をどのように増やすか」という視点で，前向きに取り組める目標が望ましいといえるだろう。なぜならば，振り返りにおいて，その方が「よりよい生活や習慣」の時間が増加したことを実感させやすいためである。もし「○○をしない」という目標を立てると，「できなかった日が何日あるか」という減点法になり，意欲が減退する可能性もある。

（4）事後の指導計画

事後の活動の基本的な流れとして，「決めたことの実践」→「振り返り」が考えられる（図4-2）。

まず，決めたことの実践では，本時で意思決定したことをもとに，目標に向けて個人として努力して取り組む。その際，チェックシートなどを活用したり，活動の達成をビジュアライズしたりして，達成度を記録するように指導したい。そして，振り返りでは，「決めたこと（意思決定した目標や内容）」の実践の成果や過程について，振り返り，自己評価する。また「決めたこと」の改善点を探し，さらに生活を向上させるように意識づけることが大切である。

以上をふまえ，事前，本時，事後の指導のポイントを端的にまとめると次のようになる。

事前：チェックシートや多様な調べ学習（情報収集）等を行い，児童の共通の問題を丁寧に分析し，本時の授業を計画する。

本時：「つかむ→探る→見つける→決める」の流れを基本にして，集団思考を生かした意思決定が行えるようにする。

　事後：取り組みで終わるのではなく，取り組みをきっかけにして自己の生活
　　　をよりよく改善する活動になることが重要である。

　最後に，学級活動(2)の内容について，2つの配慮の必要性を示しておきたい。
第1は，児童生徒の生活の急激な変化を求めない姿勢の大切さである。小学校
1年生であっても，生まれてから1年生になるまでに身につけた習慣やライフ
スタイルは，簡単に変わるものではない。学習や話し合いを通して，多様な生
活のあり方に触れながら，よりよくなろうとする意欲や態度を育む姿勢を大切
にすることが重要である。第2は，児童生徒の多様な文化的背景への配慮であ
る。この内容での指導は，ともすると，家庭のライフスタイルを否定すること
にもつながりかねない。指導では，それぞれの生活のあり方の多様さを包摂し
ながら，「正しい生活」ではなく，「よりよい生活」を教師も児童生徒とともに
学び，求める姿勢で臨む必要がある。とくに，この内容の指導が，一部の児童
生徒の生活（習慣やスタイル）の否定や，いじめの助長につながらないように留
意する必要がある。

学習課題	①　学級活動(2)の特質とねらいを説明してみよう。
	②　学級活動(2)で育成を目指す資質・能力を説明してみよう。
	③　学級活動(2)の指導過程において，どのような指導上の工夫を行うことで，指導の効果が高まると考えられるか，考察してみよう。

引用・参考文献

岩田茂樹「学級指導の展開」河野重男・宇留田敬一・真仁田昭編著『学校と教科外活動（現代教科教育学体系9）』第一法規出版，1974年，313〜345頁。

木原孝博『学級活動の理論——豊かな心と問題解決能力を育てる』教育開発研究所，1996年。

国立教育政策研究所教育課程研究センター『みんなで，よりよい学級・学校生活をつくる　特別活動　小学校編』文溪堂，2019年。

白井慎「教科外指導と生活指導」柴田義松編著『特別活動——学校の活性化をめざす特別活動（教職課程講座第6巻）』ぎょうせい，1990年，39〜53頁。

白松賢『学級経営の教科書』東洋館出版社，2017年。

文部科学省『小学校学習指導要領（平成29年告示）解説　特別活動編』東洋館出版社，2018年。

第 5 章

学級活動（ホームルーム活動）(3)
——一人一人のキャリア形成と自己実現——

　本章で取り上げる学級活動（ホームルーム活動）(3)は，学級活動のなかでも「教師の意図的・計画的な活動」であり，キャリア教育の要となる活動として位置づけられた。中学校，高等学校ではこれまでも示されていたが，小学校においては，2017（平成29）年度の改訂で新たに示されたため，本書においては小学校を中心に解説していく。

　とくに学級活動（ホームルーム活動）(3)は，特別活動を指導するうえでの重要な視点「人間関係形成」「社会参画」「自己実現」の「自己実現」に関わるものであり，小学校から高等学校までの教育活動全体のなかで「基礎的・汎用的能力」を育むという視点からも重要な活動である。

1　学級活動（ホームルーム活動）(3)とは

（1）学級活動（ホームルーム活動）(3)の特質とねらい

　2017（平成29）年告示「小学校学習指導要領」の「第1章　総則」「第4　児童の発達の支援」の1において，特別活動が学校教育全体を通して行うキャリア教育の要となることが以下のように示された。

> (3)　児童が，学ぶことと自己の将来とのつながりを見通しながら，社会的・職業的自立に向けて必要な基盤となる資質・能力を身に付けていくことができるよう，特別活動を要としつつ各教科等の特質に応じて，キャリア教育の充実を図ること。

　このことをふまえ，特別活動においてはキャリア教育に関わる様々な活動に関して，学校，家庭および地域における学習や生活の見通しを立て，学んだことを振り返りながら，新たな学習や生活への意欲につなげたり，将来の生き方

を考えたりする活動を行うこととし，小学校段階から学級活動の内容に「(3)
一人一人のキャリア形成と自己実現」を新たに設けられた。これがいわゆる
「学級活動（ホームルーム活動）(3)」（以降，見出しを除く文章中では学級活動(3)と略
記）である。具体的には次の通りである（文部科学省，2018：47）。

> (3)　一人一人のキャリア形成と自己実現
> ア　現在や将来に希望や目標をもって生きる意欲や態度の形成
> 　　学級や学校での生活づくりに主体的に関わり，自己を生かそうとするとともに，
> 　希望や目標をもち，その実現に向けて日常の生活をよりよくしようとすること。
> イ　社会参画意識の醸成や働くことの意義の理解
> 　　清掃などの当番活動や係活動等の自己の役割を自覚して協働することの意義を
> 　理解し，社会の一員として役割を果たすために必要となることについて主体的に
> 　考えて行動すること。
> ウ　主体的な学習態度の形成と学校図書館等の活用
> 　　学ぶことの意義や現在及び将来の学習と自己実現とのつながりを考えたり，自
> 　主的に学習する場としての学校図書館等を活用したりしながら，学習の見通しを
> 　立て，振り返ること。

　また，これまでの学習指導要領では中学校・高等学校において「(3)学業と
進路」という内容で設けられていたが，小学校では設定されていなかった。
2017（平成29）年告示「学習指導要領」においては，小学校・中学校・高等学
校を通して育成することを目指す資質・能力の観点から，系統性が明確になる
よう設定されている。そのために，活動を蓄積する教材（ポートフォリオ的な教
材）等を活用し，内容を記録し残さなければならないことを「第 6 章　特別活
動」「第 2　各活動・学校行事の目標及び内容」で「3　内容の取扱い」とし
て以下のように示している。

> (2)　2 の(3)の指導に当たっては，学校，家庭及び地域における学習や生活の見通し
> 　を立て，学んだことを振り返りながら，新たな学習や生活への意欲につなげたり，
> 　将来の生き方を考えたりする活動を行うこと。その際，児童が活動を記録し蓄積
> 　する教材等を活用すること。

　最後に学級活動(3)の特質として，『小学校学習指導要領（平成29年告示）解説

特別活動編』（以下，『解説』）には，次のように示されている（文部科学省，2018：67）。

> 「(2)日常の生活や学習への適応と自己の成長及び健康安全」及び「(3)一人一人のキャリアの形成と自己実現」に関する内容は，学級担任の**教師が意図的**，**計画的に指導する内容**であるため，各学年，学級ごとに，指導する内容（題材）や時期，時間配当などを明確にして年間指導計画を作成する必要がある。

　本項のポイントをまとめると，次のようになる。

　学級活動(3)は学級活動(2)と同様「教師が意図的・計画的」に指導する内容であり，2017（平成29）年度の改訂で小学校に新しく新設された。そしてその目標は個々の将来への自己実現に向けて，一人ひとりが主体的な意思決定をして実践することであるといえるだろう。また，学級活動(3)は「キャリア教育の要」としての機能を有しており，小学校・中学校・高等学校を通して育成することが目指される。その指導にあたっては，「活動を蓄積する教材（ポートフォリオ的な教材）等を活用し，内容を記録し残す」ことで系統性のある指導をする必要がある。

（2）キャリア教育の要としての学級活動(3)の意義

　そもそも「キャリア教育」とは何だろうか。文部科学省は以下のように定義している（中央教育審議会，2011：16）。

> 一人一人の社会的・職業的自立に向け，必要な基盤となる能力や態度を育てることを通して，キャリア発達を促す教育

　また，「キャリア発達」は以下のように定義している（中央教育審議会，2011：17）。

> 社会の中で自分の役割を果たしながら，自分らしい生き方を実現していく過程を「キャリア発達」という。

　さらに，「キャリア」は以下のように定義している（中央教育審議会，2011：17）。

> 人が，生涯の中で様々な役割を果たす過程で，自らの役割の価値や自分と役割との
> 関係を見いだしていく連なりや積み重ねが，「キャリア」の意味するところである。

　つまりキャリア教育は，たんなる職業教育ではなく，「社会的な自立」を目
的としている。そして，その実現のために「自らの役割の価値や自分と役割と
の関係」を見出し，それを「つなげたり，積み重ねたりする」ことで「自分ら
しい生き方を実現」することである。その要が特別活動であり，学級活動にお
いては学級活動(3)が担っているということになる。ただ勘違いしてはいけない
のは，特別活動においてのみキャリア教育を行うのではない。キャリア教育は
学校教育全体で行われるものであり，特別活動はあくまで「要」であるという
ことを押さえておく必要がある。学級活動(3)は「一人一人のキャリア形成と自
己実現」であり，キャリア教育となっていないことに留意しておきたい。特別
活動においても学級活動(3)だけでキャリア教育を行うのではなく，すべての内
容において展開されるものであることも理解しておかなければならないであろう。
　本項のポイントをまとめると，次のようになる。
　キャリア教育は，たんなる職業教育ではなく，「社会的な自立」を目的とし，
学校教育全体で行われるものである。それゆえ，特別活動はあくまでその
「要」であると認識しておくのがよいだろう。さらに特別活動においても，学
級活動(3)だけでキャリア教育を行うのではなく，すべての教育課程において展
開されるものであることも理解しておくべきである。その意味で学級活動(3)は
「キャリア形成」のための活動なのである。

（3）学級活動(2)との違い

　2017（平成29）年度の改訂では新たに学級活動(3)を設け，2008（平成20）年度
の改訂で「(2)日常の生活や学習への適応及び健康安全」において取り組んで
いた内容の一部を，キャリア教育の視点から「(3)一人一人のキャリア形成と
自己実現」へ移して整理された。『解説』には，学級活動(2)と(3)の学習過程が
共通に示されており，これらのことが指導のプロセスや授業内容が同じでもよ
いという混乱を招きかねない。もちろん共通する部分もあるが，ここでは学級

活動(2)との違いを解説していきたい。

　学級活動(2)は児童の共通の問題を取り上げ，そこから児童一人ひとりが，「現在や過去」の自分の生活上の課題を見出し，よりよく解決するための意思決定を行い，実践する活動である。

　一方，学級活動(3)は児童の共通の問題を取り上げ，そこから児童一人ひとりが「なりたい自分」や「自分らしさ」を認識し，「現在や未来」の自分の生活上の課題を見出し，よりよく解決するための意思決定を行い，実践する活動である。

　学級活動(2)は自ら課題を発見し，その課題を改善する営みのため，ゴールイメージが明確であり，生活が改善されればひとまず成果が出たことになる。それに対し，学級活動(3)は将来に向かって，自分をみつめて課題を意思決定し，トライアンドエラーをしながら実践する哲学的な営みとなるので，ゴールイメージは明確ではない。むしろ「なりたい自分」に向かって，営みを継続していくためのきっかけの授業となるだろう。

　近年，社会で成功するためには，目標を設定し，辛抱強く，やり抜く力が重要であると指摘されている。そしてこれは，先天的な能力ではなく，自らが日々の生活を通して高める力であることを強調している。学級活動(3)において，未来の自分から現在をメタ認知し，「目標の自己決定（自分で達成可能なものを設定）」→「継続的な取り組み」→「振り返り」を基軸として，「なりたい自己」と「なれる自己」の自己実現目標を高めたり，広げたりすることを日常の活動のなかに仕組むことが重要となる。

　「自己の課題を発見し，自己指導能力を育成する生徒指導」である学級活動(2)と，「自己をみつめ，キャリア形成を促し，主体性を育む」学級活動(3)との違いを明確にして，指導案や授業構想を考えていく必要があることを押さえておきたい。

　本項のポイントをまとめると，次のようになる。

　学級活動(2)も(3)も「教師の意図的・計画的」な活動であるが，主に学級活動(2)は「過去や現在」，学級活動(3)は「現在や未来」の課題を見出すという違いがある。そしてその中心となる機能の面においても学級活動(2)は生徒指導の機能，学級活動(3)はキャリア形成の機能をもつのである。

（4）学級活動(3)の学習過程とは

　学級活動(3)においては，問題の発見・確認，解決方法等の話し合い，解決方法の決定，決めたことの実践，振り返りという過程を踏むのが基本形である（本書第4章の図4-1を参照）。なお，内容については教師がこれらの活動で取り上げたいことをあらかじめ年間指導計画に表す。そしてそれに即して設定したものを「題材」と称する。ここでいう問題の発見・確認とは，児童一人ひとりが将来に向けた自己の生き方に関して，課題を確認し，解決の見通しを持つことである。解決方法等の話し合い，解決方法の決定とは，話し合いを通して自分の考えを広げたり，課題について多面的・多角的に考えたりして自分に合った解決方法を自分で決めるなど，「意思決定」するまでの過程を示している。また，決めたことの実践，振り返りについては，意思決定しただけで終わることとなく，決めたことについて粘り強く実践したり，一連の活動を振り返って成果や課題を確認し，自分の努力に自信を深めたり，さらなる課題の解決に取り組もうとする意欲を高めたりすることが重要である。

　本項のポイントをまとめると，次のようになる。

　学級活動(3)の内容は年間指導計画で示し，それに即して設定したものを「題材」と称する。そしてそこで取り上げられる課題は，単位時間で解決するのではなく，児童が結果的に日常生活での実践にもつなぐことができるように指導を行うことが重要なのである。また，児童が自身をメタ認知し，目標を自ら設定したり，それを変更したりしながら生活することのきっかけとなるような過程を踏むことも大切である。

2　学級活動(3)の内容について

（1）現在や将来に希望や目標をもって生きる意欲や態度の形成

　2017（平成29）年告示「小学校学習指導要領」の「第6章　特別活動」「第2　各活動・学校行事の目標及び内容」の2（3）において，学級活動(3)は「ア　現在や将来に希望や目標をもって生きる意欲や態度の形成」「イ　社会参画意識の醸成や働くことの意義の理解」「ウ　主体的な学習態度の形成と学校図書

館等の活用」の３つの内容が示された。ここではそれぞれの内容について詳しく述べていきたい。

　学習指導要領においては，「ア　現在や将来に希望や目標をもって生きる意欲や態度の形成」について以下のように示されている。

> 　学級や学校での生活づくりに主体的に関わり，自己を生かそうとするとともに，希望や目標をもち，その実現に向けて日常の生活をよりよくしようとすること。

　この内容は，児童が自分自身の個性を理解し，将来に明るい希望や目標を持って現在および将来の生活や学習に進んで取り組み，自己のよさや可能性を生かそうとする意欲や態度を育てることを示したものである。指導にあたっては，現在の生活をよりよくすることの大切さについて理解したり，学級での話し合いを通して，友達の意見などを参考にしながら自己のよさや実現できそうな目標を具体的に考えたりすることができるようにする。

　この内容において育成を目指す資質・能力として，たとえば，自己への理解を深め，具体的な目標を立て，意思決定し，自己のよさを生かして主体的に活動することができることなどが考えられる。また，こうした過程を通して，現在や将来に希望や目標を持って，日常の生活をよりよくしていこうという態度を養うことなどが考えられる。

　具体的な題材として，「〇年生になって」「学級目標を決めよう」というような未来への期待をみんなで抱きながら，その目標に向かって現在できることを意思決定していく内容や，「もうすぐ〇年生」「もうすぐ中学生」というような未来への不安を出し，それをみんなで解決する方法を考え，期待や希望を持って現在できることに絞って意思決定するといった内容が考えられる。

　本項のポイントをまとめると，次のようになる。

　学級活動(3)において取り扱う内容の１つ目は，児童に将来を見据え，今を考え，意思決定させる内容である。それを実現するためには，未来への期待等，ポジティブなことを積み重ねて希望や目標をイメージする授業と，未来への不安や恐れを出し合い，それを解消する方法を考えることで希望や目標をイメージする授業が考えられるだろう。

（2）社会参画意識の醸成や働くことの意義の理解

「イ　社会参画意識の醸成や働くことの意義の理解」について，学習指導要領においては以下のように示されている。

> 清掃などの当番活動や係活動等の自己の役割を自覚して協働することの意義を理解し，社会の一員として役割を果たすために必要となることについて主体的に考えて行動すること。

この内容は，働くことの意義を理解することや，多様性を認め合いながら，力を合わせて働いたり，学級や学校の生活の向上に貢献したりする喜びを実感すること，また，現在および将来において所属する集団や地域のなかで，その一員として責任や役割を担うことなど，社会参画意識の醸成につなげていくものである。児童にとって学級は最も身近な社会であり，学級での集団活動に主体的に参画することは，将来的に地域や社会への参画，社会貢献につながる。

この内容において育成を目指す資質・能力として，たとえば，学級や学校のために友達と力を合わせて働くことの意義を理解し，工夫しながら自己の役割を果たすことができるようにすることが考えられる。また，こうした過程を通して，社会の一員として，責任をもって主体的に行動しようとする態度を養うことなども考えられる。

具体的な題材として，「掃除名人になろう」「たのしい給食」というような日常の学校生活における役割を扱った題材や，「委員会の仕事」「みつめよう自分の役割」といったような学校全体に関わったり，将来を見据えて自己の生き方をみつめたりして，自分ができることを意思決定するといった題材が考えられる。留意点として，この内容は，学級活動(2)の「ア　基本的な生活習慣の形成」や「エ　食育の観点を踏まえた学校給食と望ましい食習慣の形成」と混同しがちになる。学級活動(3)の特質を理解し，授業を展開することを押さえておきたい。

本項のポイントをまとめると，次のようになる。

学級活動(3)において取り扱う内容の2つ目は，社会参画意識の醸成を意識する内容である。この内容を取り扱う際には，児童に働くことそのものの意義を

考えさせることが重要である。また，学級活動(2)に同じような内容があるため，教師は混同せず授業を展開するよう留意しておかなければならない。

（3）主体的な学習態度の形成と学校図書館等の活用

学習指導要領においては，「ウ　主体的な学習態度の形成と学校図書館等の活用」について以下のように示されている。

> 学ぶことの意義や現在及び将来の学習と自己実現とのつながりを考えたり，自主的に学習する場としての学校図書館等を活用したりしながら，学習の見通しを立て，振り返ること。

この内容は，学ぶことに興味や関心を持ち，自ら進んで学習に取り組むことや，自己のキャリア形成と関連づけながら，見通しを持って粘り強く取り組むこと，学習活動を振り返って次に生かす主体的な学びの実現に関わるものである。また，様々な情報が得られ，自主的な学習を深める場としての学校図書館の効果的な活用や，日常の読書指導との関連などにも関わるものである。

この内容において育成を目指す資質・能力として，たとえば，学習することの楽しさや価値に気づき，学習の見通しや振り返りの大切さを理解したり，学校図書館等を日々の学習に効果的に活用するなど，自分に合った効果的な学習の方法や，学ぶことが将来の自己実現にどうつながっていくかについて考えたりして，主体的に学習することができるようにすることなどが考えられる。また，こうした過程を通して，生涯にわたって主体的に学び続けようとする態度を養うことなどが考えられる。

具体的な題材として，「上手に使おう，学校図書館」「理科室や家庭科室はどんな場所？」といった学校施設をうまく活用し，自己のキャリア形成の可能性を広げていく題材や，「自分の好きなことってなんだろう」「自分から学ぶことって楽しい」といった学校内外で主体的に学ぶ姿勢を育むような題材が考えられる。留意点として，読書指導のみに授業が展開されたり，宿題や自主学習をさせるための展開になったりすると，キャリア形成としての意義からそれていく。「社会の中で自分の役割を果たしながら，自分らしい生き方を実現して

いく過程を『キャリア発達』という」（中央教育審議会，2011：17）という定義に
照らして考えれば，自分らしい生き方の選択肢を増やすことが重要であり，何
が自分らしいかをメタ認知し，自ら意思決定していくことを大切にしていくこ
とが重要である。

　本項のポイントをまとめると，次のようになる。

　学級活動(3)において取り扱う内容の３つ目は，学習活動を振り返って次に生
かす主体的な学びの実現に関わる内容である。そこでは，児童に生涯にわたっ
て主体的に学び続けようとする態度を養う。ただし，読書指導や宿題指導とな
らないように教師は留意しなければならない。

3　学級活動(3)の指導計画について

（1）学級活動(3)における，資質・能力の設定について

　最後に，学級活動(3)の具体的な指導計画について，事前，本時，事後に分け
て解説していく。

　まず，学習指導要領の2017（平成29）年度改訂において，すべての教科・領
域が，学校教育目標をふまえて，育成すべき資質・能力を設定し指導していく
こととなる。学級活動(3)の資質・能力についての例として，『解説』には，次
のように示されている（文部科学省，2018：59）。

○　働くことや学ぶことの意義を理解するとともに，自己のよさを生かしながら将
　来への見通しをもち，自己実現を図るために必要なことを理解し，行動の在り方
　を身に付けるようにする。
○　自己の生活や学習の課題について考え，自己への理解を深め，よりよく生きる
　ための課題を見いだし，解決のために話し合って意思決定し，自己のよさを生か
　したり，他者と協力したりして，主体的に活動することができるようにする。
○　現在及び将来にわたってよりよく生きるために，自分に合った目標を立て，自
　己のよさを生かし，他者と協働して目標の達成を目指しながら主体的に行動しよ
　うとする態度を養う。

この例を参考に，以下で各学校で育成すべき資質・能力を設定して指導に当

たることを押さえておきたい。

（2）事前の指導計画

　授業の事前の基本的な流れとして，「題材の設定」→「問題の確認」→「共通の課題の設定」→「指導計画の作成」→「問題意識を高める」が考えられる（本書第4章の図4-2を参照）。

　具体的には，「題材の設定」では，年度当初に年間指導計画で予定されている題材で行う。突発的に起こった生徒指導の問題等を設定するのではないことを押さえておきたい。「問題の確認」については，学級の実態に応じて指導したい課題（めあて）を設定する。題材は年間指導計画で決まっているが，課題については学級や学年，児童の発達段階によって変わってくる。柔軟に課題を決める意識が必要である。「共通の課題の設定」については，課題を事前に知らせておき，児童の問題意識を高めておく。課題は，学級活動(1)が「共同」の問題を児童が設定することに対し，学級活動(2)と(3)は「共通」の問題を教師が設定する。「共同」は複数の人が，同じ目的のために一緒に事を行ったり，同じ条件・資格で関わったりすることという意味であり，「共通」は誰にでも当てはまることという意味である。その違いを意識して授業を構成する必要があることを押さえておきたい。「指導計画の作成」については，本時の指導計画や資料の作成の際に，学級の実態を把握するだけでなく，養護教諭や栄養教諭，地域社会で働く人々などの協力を得て事前調査し，専門的な知識や考えを生かせるように工夫することが大切である。「問題意識を高める」については，学級の現状や児童一人ひとりの思いや考えを事前に調査し，さらに問題意識を高めるようにする。具体的な例として，アンケートやインタビュー，映像や写真などによる記録等が考えられる。

（3）本時の指導計画

　本時の授業の基本的な流れとして，「課題の把握（つかむ）」→「可能性への気づき（探る）」→「解決方法等の話合い（見つける）」→「個人目標の意思決定（決める）」が考えられる（本書第4章の図4-2を参照）。

　具体的には，「課題の把握（つかむ）」では，題材を自分事として捉え，将来と今とのつながりや学習する意義などについての課題をつかむ。授業における「導入」の部分であるが，ここでしっかりと問題意識をつかめるかによって，授業の展開，児童の意思決定，さらに実践の意欲に影響するため，アンケートを活用する等，工夫して進めたい。「可能性への気づき（探る）」については，これまでの自分を振り返り，「なりたい自分」について自分の願いを持ち，よさや可能性を探る。未来のことを想起するため，考えることが難しい児童や，表現することが難しい児童がいることが予想される。将来の姿を具体的に描けることがすばらしいという視点ではなく，「自分の未来を考える」という行為そのものが大事であるという視点で，思い浮かばない自分が，今できることを考える等，多様性を尊重した展開にしていきたい。「解決方法等の話合い（見つける）」については，みんなで「なりたい自分」を追求するためにできることなどを，集団思考を生かして出し合い，見つける。学級で考えたことを交流することが，多面的・多角的な視点で考えるヒントとなっていくことを押さえておきたい。「個人目標の意思決定（決める）」については，なりたい自分に向かって，自分に合った具体的な個人目標（内容や方法など）を決め，意思決定する。前の活動の「集団思考」を参考に，最終的には自分で決定し，実践することに重きをおいて授業を展開していくことが大切である。

（4）事後の指導計画

　事後の活動の基本的な流れとして，「決めたことの実践」→「振り返り」が考えられる（本書第4章の図4-2を参照）。
　具体的には，「決めたことの実践」については，本時で意思決定したことをもとに，目標に向けて個人として努力して取り組む。「振り返り」については，取り組みの反省よりも「フィードバック」を意識した振り返りが望ましい。フィードバックは主に，「結果からその元の原因を調整し，次の行動をよりよくするために行うもの」である。学級活動(3)が「将来に向かって，自分をみつめて課題を意思決定し，トライアンドエラーをしながら実践する哲学的な営み」と考えると，取り組みで終わるのではなく，取り組みをきっかけにして自

己の生き方を軌道修正するような活動になることが重要である。

　ポイントをまとめると，次のようになる。

　事前：アンケート等を行い，児童の共通の問題を丁寧に分析し，本時の授業
　　　　を計画する。

　本時：「つかむ→探る→見つける→決める」の流れを基本にして，集団思考
　　　　を生かした意思決定が行えるようにする。

　事後：取り組みで終わるのではなく，取り組みをきっかけにして自己の生き
　　　　方を軌道修正するような活動になることが重要である。

　最後に，学級活動(3)はキャリア形成という「連なり」や「積み重ね」が重要
である。学年間の系統はもちろん，１年間のつながりや日常生活とのつながり
等，授業やその前後で終わらない取り組みにしなければならない。そのために
も，記録の蓄積は欠かせないものである。たとえば「キャリア・パスポート」
は，小学校から高等学校までの特別活動をはじめとしたキャリア教育に関わる
活動について，学びのプロセスを記述し振り返ることができる教材であるが，
そのようなポートフォリオ的な記録の蓄積を考え，学校全体で計画的に，しか
も長期の視野を持って取り組む必要があるだろう。

学習課題　①　「キャリア教育」について「キャリア発達」「キャリア」の用語を使用して，
　　　　　　　説明してみよう。
　　　　　②　「もうすぐ中学生」という題材で，本時の展開の指導案を作成してみよう。

引用・参考文献

国立教育政策研究所教育課程研究センター『みんなで，よりよい学級・学校生活をつくる
　　特別活動　小学校編』文溪堂，2019年。
白松賢『学級経営の教科書』東洋館出版社，2017年。
中央教育審議会「今後の学校におけるキャリア教育・職業教育の在り方について（答申）」
　　2011年１月31日。https://www.mext.go.jp/component/b_menu/shingi/toushin/__ics
　　Files/afieldfile/2011/02/01/1301878_1_1.pdf（2021年１月20日閲覧）
文部科学省『小学校学習指導要領（平成29年告示）解説　特別活動編』東洋館出版社，2018
　　年。

第Ⅲ部

児童会活動・生徒会活動

━━ 第Ⅲ部　イントロダクション ━━

　第Ⅲ部では，特別活動の内容3つ（小学校は4つ）のうちの2つ目である，学校全体に関わる児童会活動（小学校）・生徒会活動（中学校・高等学校）について学びます。児童生徒全員に関わるものですが，通常代表者が集まり委員会組織が作られます。また委員会活動や児童会・生徒会活動の前段階として，学級における係活動があります。学級において係活動を十分行うことによって児童会活動・生徒会活動が円滑に行えるようになります。

　第6章では，実践記録を通して学級での係活動で育てた力が学校全体の委員会活動（児童会活動の1つ）につながることを理解してください。第7章では小学校における児童会活動について学びます。第8章では中学校・高等学校における生徒会活動について学びます。どちらの章も学校全体に関わることなので，将来教師となり，この活動の担当者となった場合は，学校の全体計画として取り組む必要があります。

第6章

学級係活動と委員会活動とのつながり

　　本章では，係活動を充実させるための手立てと委員会活動とのつながりを小学2年生，6年生の係活動の事例をもとに提案する。2年生では，期待やイメージを持つことで主体的な活動につながること，活動の自覚と振り返り，係と係や個と個の関わりをつくることの重要性を示す。6年生では，活動のめあてを明確にし，活動後の振り返りを行うこと，「黒板スピーチ」をもとに協働的な学びをつくること，関連的な指導による係活動の充実について事例をもとに述べる。

1　係活動とは何か──係活動と委員会活動との違い

（1）係活動の意義や目的

　　係活動とは，児童が自ら仕事を見出し**創意工夫**を行い，学級の生活をつくっていく学級活動に位置づけられるものである。全員が公平に交代して仕事を行う当番活動との区別をすることが重要である。学級に必要な給食当番やそうじ当番などの当番活動と，自分たちの創意工夫を生かして取り組む誕生日係や新聞係などの係活動の違いを児童にはっきりと意識させたい。そうした指導が，児童の自主性や創意工夫を引き出すことにつながる。

　　係活動では，児童の発意や工夫を生かし，**児童の提案**を大切にすることで，友達や自分のよさに気づくことができる。また，学校生活をよりよくしようと主体的に取り組むなかで，困難や課題の克服，成功体験を通して児童が互いに支え合うことができる。

（2）委員会活動の意義や目的——児童会活動の1つである委員会活動

　委員会活動とは，学校生活を楽しく豊かにするために，主として高学年の児童が行う活動で，児童会活動に位置づけられるものである（本書第7章も参照）。代表委員会を中心として，いくつかの委員会に分かれて活動を分担する。委員会活動は，異年齢での活動になることから，問題を話し合い活動の合意形成を図るなかで異年齢の人間関係を形成し，社会参画の態度を育てるという意義がある。委員会活動の指導にあたっては，「児童の発意・発想を生かし，創意工夫するなど，自主的，実践的に取り組む（中略）一人一人の児童が自己の責任や役割を果たし，自己有用感や達成感を味わう」（国立教育政策研究所教育課程研究センター，2019：100）というように係活動で必要とされる指導と重なっている。

（3）係活動を充実するための手立て

　係活動においては，「**児童の創意工夫**」と「**自主的に行う**」というワードが重要な意味を持つ。これらを実現するためには，活動する時間や場を確保すること，活動のめあてと振り返りを行うことが重要となる。活動する時間を用意するには，学級活動の時間だけではなく，朝の会や帰りの会，休み時間など日常の時間を有効に活用することが大切である。

　教室の空間や作業に必要な道具などの教室環境を整えることも欠かせない。児童が必要になった時に使えるよう，画用紙やペンを用意し，児童が活動できるスペースを教室に確保することで係活動が自主的に行えるようになる。

　こうした時間や場を用意することによって，児童の「やってみたい」や「こうしてみたい」という創意工夫が生まれてくる。その思いを大事にしながら，係活動を行うようにしたい。何のために行うのかというめあてを自覚させるためには，目的やゴールを話し合うこと，活動後は，活動を振り返り，また次の活動につなげていくことが必要となる。

（4）係活動と委員会活動のつながり

　児童の力で学級生活をより豊かにすることが係活動であれば，学校生活をよ

り豊かにするのが委員会活動である。どちらにも共通しているのは、「よりよい学級（学校）にしよう」と自主性を発揮し、連帯感を深め、責任感を持って活動に取り組む点にある。低学年では、学級生活を楽しみながら、よりよくするための提案や考えを引き出すことが重要になる。また、中学年から高学年になるに従って、仲間とともに学校生活をよりよくするためのアイデアを出し合い、活動し、改善をしながら活動していくことが大切である。

　その際、どんな学級や学校にしたいのかを児童に問いかける教師の支援が必要となる。理想とする目標を実現するためにどんなことをすればよいのか、どんな仕事が必要なのかを話し合い、分担して、それぞれの役割を果たすのである。

　委員会活動は、学級活動の話し合いや係活動、集会活動を通して培う自治的・自主的活動が生かされることによって充実する。一方で、委員会活動で経験したことが学級活動や係活動、集会活動で生かされることにつながっていくという、互恵的な関係がある。

2　実践例 1 ──2年生の係活動と委員会活動とのつながり

（1）2年生の係活動の実際（児童：C／教師：T）
① 係活動への期待──1学期の実践

　係活動を始めた当初は、決められた仕事をすることが係の仕事だと児童は思っていた。そこで、児童が必要だと感じる場面に繰り返し出会わせることで、自分たちで生活に必要な係をつくり始めることを期待した。児童は、次第に自分たちにとって必要なものとして係を意識するようになってきた。以下にその意識と行動の変化を時系列で記す。

第1段階：自由飼育
　㋐ザリガニの飼育を始めた当初、怖がって誰も触ろうとせず、教師が世話をしていた（T）。
　㋑その様子をみていた複数の児童からお世話したいとの申し出があった（C）。児童たちはザリガニのすみかの置き方を考えたり、餌をやる頻度を

話し合ったりすることを通じて，愛着を深めていった。

ⓦなかには教師宛にザリガニの様子を手紙に書いた子もいた（C）。

ⓔ毎回同じメンバーがお世話をしていることが続き，児童からこのメンバーでザリガニ係として，活動したいと申し出があった（C）。

第2段階：ザリガニ係

ⓕ児童の申し出を好機と捉え，みんなにザリガニ係をすると伝えたらどうだろうと提案すると，休み時間に集まって係活動の紹介カードを作った（T）。

ⓖ自分たちで考えた係だからと，教師の用意したカードではなく，白い紙に一からから書き始めた（C）。1学期のはじめに書いた係活動のカードを参考に，メンバーや仕事内容，係からのお願いを書いていき，ザリガニの絵も添えていた。

第3段階：郵便係

ⓗザリガニ係の姿をみて，自分で係を立ち上げてもいいんだと知った児童Eは，郵便係を立ち上げることにした（C）。袋が欲しいといい，渡すと自分で郵便やさんのカバンを作った。それをみた友達からも一緒に活動したいとみんなで郵便係をつくることが決まった。

ⓘ児童の発意に対して，それを大切にして提案をすることも心がけた。たとえば，児童Hが持ってきたドングリをきっかけに，ほかの児童からも多くの種類のドングリが集まった。そこで，空き箱を用意して，「誰かこの箱にドングリを仲間分けしてくれないかな」と呼びかけた（T）。

第4段階：ドングリ係・ビー玉係

ⓙ児童Gと児童Kは，その箱でドングリボックスを作った（C）。あわせて，朝の会で教師の持ってきたドングリの本を紹介した（T）。とくに，ドングリ遊びの本をみせて，みんなで集めたドングリで遊べないかなと提案をした（T）。児童Gと児童Kがドングリを転がして遊ぶ，「ドングリコロコロ」を作った（C）。そんな様子を見ていた児童Sは，ドングリを拾ってきて，児童Gと児童Kに渡していた。本人たちがドングリ係をやると名乗りでたわけではなく，周囲から認められドングリ係が発足した（C）（図6-1）。

児童に必要感を持たせること，その必要感から生まれる小さな提案を大切にすることで，徐々に係活動へのイメージが膨らんでいった。自分たちで係が必要だと思ったら立ち上げてもいいのだという意識が芽生え始め，どんな係が必要だろうかと考えている児童もいた（C）。それは同時に，クラスをもっとよりよくするためにはどうしたらいいのだろうかと考え始めるきっかけともなった（C）。しかし，係活動の自覚や活動に対しての振り返りが十分でなかった。係活動の自覚と振り返りを行うことで，活動の深まりを目指すことが2学期の課題として残った（T）。

図6-1　ドングリ係の様子
出所：筆者撮影。

② 　関わりが深まった──2学期前半の実践

　2学期の始業式，児童が「2学期の係は自分たちで考えた係を出していいのか」と聞いてきた（C）。児童がしてみたい係を出させ，人数や仕事内容も，児童に任せてみた。1学期は係と当番が一緒になってしまい，当番をしている係と自分たちで考えたことをしている係とにばらつきがみられた。そこで，教師から新聞係を提案し，あわせて「係は当番とは違って，こんなことをしたらクラスが楽しくなるな，もっとよくなるなと自分が考えたものでいいよ」と声かけを行った（T）。さらに，せっかく自分たちで考えた係なので係の名前や活動内容も自分たちで決めてみないかと提案した（T）。あわせて，1学期に使っていた係カードか，真っ白な画用紙のどちらかを児童に選ばせて係カードを書かせた（T）。自分たちで作る係だとの意識があったようで，画用紙の方を選択し，1学期に書いた係カードを手本にして自分たちなりの係カードを作成した。

　10月に入り，黒板を使って係のめあてを書かせて，他の係にもどのようなことをしているのか共有する機会を設けた（T）（図6-2）。めあてという言葉で

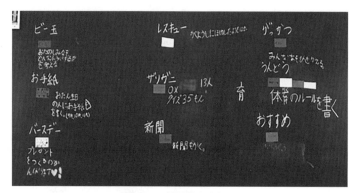

図6-2　係活動のめあて

出所：筆者撮影。

は難しいので，その日にやろうとしていることや，やってみたいと思っている
ことを書いてごらんと促した（T）。

　1回目は戸惑っている様子ではあったが，2回目からは係活動の時間が短く
ならないようにと，休み時間に係のめあてを相談しておき，黒板にめあてを書
く姿が見られた（C）。当初，新聞係は「新聞をかく」とだけ書いてあったの
が，12月には「12月ごうの新聞を作る」と詳しく書くようになってきた（C）。
学活係は「みんなあそびをきめる」と書いていたのが，「あそぶのを楽しくな
るように絵を書く」と，なんのために自分たちの活動をするのかの理由を書く
ようになっていった（C）。児童が何をすべきか考えていくなかで，詳しく書
くようになったことが考えられる。活動の自覚と振り返りがみられてきた
（C）。

　11月になると，係活動の内容をもとにめあてを黒板に書いて，行動するよう
になっていたので，係ノートを提案した（T）。係ノートは，係のめあて（どん
なことをするのか）を係活動の前に書き，終わってからそのめあてが達成できた
のかを振り返るものである。振り返る際に，「先生に聞きたいことや困ったこ
とも書いていいよ」と促した（T）。黒板に書くめあては，ノートに書くめあ
てと同じものである。書き方や書く内容は係ごとに自由にしていいと伝えた。
お手紙係は，「先生へ　いまこまっていることはみんながお手紙を書いてくれ
ないことです。どうしたらいいですか？　お手紙がかりより」とノートに書い

た（C）（図6-3）。係活動のめあ
てやノートでの交流を通じて，児
童が活動への自覚を深めてきたの
である（C）。そして，係同士の
熱意の差や児童同士の行き違いを
教師が捉えられるようになってき
た。

③　関わりが深まり，動き始める
　　——2学期後半以降の実践

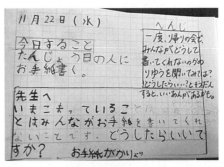

図6-3　係ノート

出所：筆者撮影。

　児童の思いや戸惑いをクラスで共有できるようにするために，1学期から継
続して行ってきた朝の会でのスピーチのお題を「係活動で困っていること，み
んなに相談したいこと」としてみた（T）。これは，第3節で後述する黒板ス
ピーチと同じものである。スピーチの題をそのようにすることで，相手意識が
芽生えてきた（C）。このことは，教師側にとっても，自分のことで精一杯に
なりがちな2年生に，友達の困り事や相談事に対してアドバイスしたり一緒に
悩んだりする時間を与えるきっかけとなった。

　3学期になると，自分たちのしてきたことをまとめ，クラスのみんなに伝え
る活動が増えてきた。たとえば，おすすめ係は，おすすめしたい本をポスター
で掲示したり，ザリガニ係はザリガニ新聞やザリガニ○×ゲームをつくったり，
ビー玉係はお楽しみ会を計画したり，ドングリ係はドングリカルタやドングリ
コロコロなどのおもちゃを作ったりと，相手を意識した取り組みが充実してき
た。

　書くことに困っていた学級新聞も成長し，模造紙に書く活動に取り組み始め
た。校内に貼ってある新聞委員会の記事を読みにいき，真似をしながら自分た
ち流の新聞ができた。はじめは鉛筆で記事を書いていたが，遠くからみるとわ
かりにくいことに気づき，マジックを使ってみたり，文字を大きく書いてみた
り，イラストを入れてみたりと読み手を意識して新聞をみやすくしていった。

（2）係活動と委員会活動のつながり

　2017（平成29）年度の改訂で，小学校学習指導要領「第6章　特別活動」「第3　指導計画の作成と内容の取扱い」の1（1）において，指導計画の作成にあたり，「等しく合意形成に関わり役割を担うようにすることを重視すること」を明示したうえで，「学級の成員全員が何らかの役割を分担し，学級の一員として，みんなから必要とされているという認識をもったり，仲間と共に活動をしているという充実感が得られたりすることができるような組織を工夫することが必要である」（文部科学省，2018：51）とされている。そのため，係と係の関わりのなかで互いを認め合い，励まし合うような関係をつくっていくことが高学年になったときの委員会活動につながる。

　そのためには，児童の必要感を引き出すこと，児童が活動を発見し，その活動をしたいという意欲の高まりを待つ指導を行う。クラスをよりよくしたいとの思いを大切にし，そのために児童が自分たちの活動を自覚し，その活動がクラスをよりよくしていくものであったのかを振り返ることが必要となる。このクラスを学校に置き換えることで委員会とのつながりは明らかである。

3　実践例2──6年生の係活動と委員会活動とのつながり

（1）6年生の係活動の実際（児童：C／教師：T）
① 経験を生かして学級をつくる──1学期の実践
　始業式初日，居残りしていた児童に依頼し，クラス年表を作ってもらった（T）。学級で起きたことや学校行事，その時の思いなどを卒業式の日にみんなで振り返りたいと思ったからである。

　係は，これまでの経験をもとに始業式の翌日から立ち上がった。先の年表を作る係も発足し，さっそく，動画・年表・計画・誕生日・デザイン・スポーツ・遊び・ヘルプ・話し合い・お笑い・イラストの11個の係が生まれた。

　年表係が動き始めた当初は，画用紙に油性ペンで書いたものだったが，色鉛筆で色を塗ったり，吹き出しや絵を加えたりとアレンジし始めた（C）（図6-4）。

図6-4　年表係の様子

出所：筆者撮影。

図6-5　ミッションの様子

出所：筆者撮影。

　また，イラスト係は学級のキャラクターを作ろうとした。ところが，学級目標がまだ決まっておらず，キャラクターを考えられないという意見が児童から出てきた（C）。そこで，学級目標をみんなで考えてはどうかと教師が提案し，「日進月歩」という学級目標が決まった（T）。

　6年生は，これまでの経験の蓄積があり，それをもとに提案することができる。その提案を大事にしながら，教師も提案を行うことによって係活動が動き始めたのである。

　参観日でのデザイン係によるこいのぼりの掲示や，計画係による朝の会での読み聞かせ，教室前に計画係が用意したミッションコーナー（毎日用意されている質問に答えてから教室に入るもの）など，自分たちで学級が楽しくなるように工夫して活動する姿もあった（C）（図6-5）。

　係活動を主体的に続けられるよう，係活動の時間を45分間，確保した。そのうえで黒板に係名を記載したマグネットを貼り，係活動のめあてを書くようにしたり，係ノートにめあてと振り返りを書いたりすることで，児童は自分や係の活動を明確にし，自己評価もできるようになった結果，活動を充実させていった。

　ところが，係活動に積極的な姿勢だった児童に，いくつもの係に所属することによる問題が起き始めた。活動に参加できないことや，係での活動がみえず話し込んでしまうことが原因であった。4月当初，係を決める際，何個でも所属してもよいと決めていたため，児童から教師に話し合いに入ってほしいとの相談が数回あった（C）。教師は，各係には個別に介入したが，学級全体の場

で，係を１つにした方がよいという提案は行わなかった（Ｔ）。自分たちの手で，互いが納得できる方法を探したり，意思を伝え合い解決したりしてほしいと願ったからである。

　７月，「話し合って考えを深めよう」（『新しい国語　六』東京書籍，2019年）の議題を取り上げた際，係について話し合いたいと児童から提案があった。２つ以上の係に入れるようにするか，１つだけに限定するかで議論となった。「私は２つの方に賛成です。理由は，１つの係に10人とか入っていて，それで少ない係へ助っ人で行ったら，それで係ができるけど，それならはじめから２つの係に入った方がいい」や「私は係を１つだけに入ることに賛成です。理由は，人数が少ないといっているけど，係の数を減らせばいいし，人数を決める前にこれとこれを合体させるって決めて，これで増やさないって決めたらいいと思います」等の意見が出た。最終的には多数決で決めてしまうのではなく，10月までお試しで係を１つだけにしてみようという案に落ち着いた。こうした議題は，２学期からの係活動を見据えられていたことが大きい。

② 児童の自主性を生かす──２学期の実践

　７月の話し合いを経て，所属する係の数は１つだけと決めて係活動をしてきた児童であったが，２学期になって今度は人数が足りないという問題が起きた。お笑い係に入っていた児童が１名だったため，みんなにサポートしてほしいと朝の会のスピーチでお願いすることがあった（Ｃ）。誕生日係からも，誕生日アルバムを作成する人が足りずにサポートしてもらうことが多かったという話が出た。スピーチで児童から，「係は１つと決めたのに，サポートするのはいいのか」との意見が出てきた。話し合いの結果，人数の少ない係をサポートしてもよいとなった。ただし，サポートをしている児童が活躍しすぎないことや所属している係の仕事がないときだけ，サポートができるというルールが追加された。

　こうした話し合いを経て，児童は係の活動に専念できるようになった。

　ところが順調であった係の仕事が停滞し始めた。児童は，新しい係をつくったものの，何をしたらいいのか戸惑っていた。そこで，クラスのみんなに仕事の内容を相談してみてはどうかと教師が提案をした（Ｔ）。

図6-6　実際の板書（括弧のなかは氏名）

出所：筆者撮影。

　大会係はスピーチでどんな大会をしてほしいのかを聞いた（図6-6）。もらった意見をもとに，翌日に「帰りの用意大会」を開催し，イントロ係やイラスト係と協力して大会を企画した（C）。

　こうした係活動をテーマにしたスピーチでの話し合いは，「6年2組だけの卒業アルバムを作りたい。写真NGの人いる？」「誕生日会のゲームで使う曲を聞きたい」「41人でクラスの交換ノートをしたい。回し方をきめよう」などと，深まっていった。

　1学期から書き続けてきた係のノートが，自分を振り返る手段の1つとして機能し始めた。図6-7のように，めあて・したこと・振り返りが書かれるようになった。また，「これから」という言葉を使っているように，振り返ることが，次何をするのかという見通しを持つ機会にもつながっていった。

③　児童の発想を生かす——3学期の実践

　3学期になると，係は各自で考えた企画を実現したい思いが高まった。そこで，これまで教師が調整していた企画のスケジュール管理を児童に任せることにした（T）。特別活動の時間数，講堂や運動場の使用できる時間などをすべて児童に提示した。児童がスケジュールを組むことで，週1時間の特別活動の時間の重みが増し，企画した大会などを吟味するようになった（C）。また，企画したものをほかの係に納得してもらおうと，企画書の作成やプログラムへのこだわり，なぜ今の時期に行うのかなどを細かく決める工夫が行われた。こうした係活動の積み上げの成果が，「未成年の主張」（12歳の主張を大声で叫ぶも

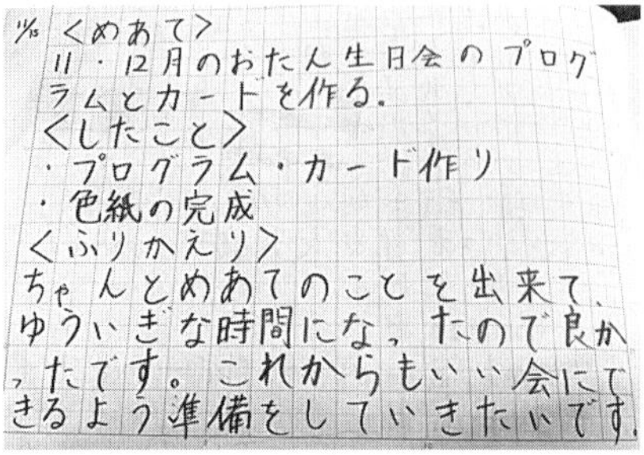

図6-7　誕生日係のノート

出所：筆者撮影。

の），学級だけの写真を入れた「卒業アルバム」や自分たちでつくった替え歌とダンスによる「MV（ミュージックビデオ）」など，児童の主体性が発揮された企画，その実践へとつながった。

（2）係活動と委員会活動のつながり

　6年生の教室で，係活動が充実することで，培われた自治的・自主的活動が児童会活動の1つである委員会活動に生かされることになった。たとえば，美化委員会の話し合い活動では，児童の提案を生かした新しい取り組みとして校内清掃活動や児童集会での美化委員会発表の実現に結びついた。

　一方で，委員会活動で経験したことが学級活動や係活動，集会活動で生かされることにつながっていくという互恵的な関係もある。このように6年生では，係活動と委員会活動が直接的に連動するといえる。

　子どもは「有能な学び手」である。「日々の生活を自らよりよくしようとする学び手」が「有能な学び手」であり，その資質・能力を育てるための一つとして特別活動における「係活動」が重要となる。有能な学び手としての児童の主体性を育てるためには，本来持っている主体性を発揮させる状況が必要である。有能な学び手の資質・能力は，「活動の意味や意義をつかむ」（知識及び技能），「主体的に活動し，仲間と対話する」（思考力，判断力，表現力等），「自分たちの生活をよりよくしたい」（学びに向かう力，人間性等）と考えられる。

　有能な学び手の資質・能力を育てるために，係活動は大きな役割を担うことができるであろう。

学習課題　① 　学級にどのような係があったらいいか，これまでの経験をふまえて話し合っ
てみよう。

② 　係活動のめあて・振り返りの時間をどのように行うか，ノートや話し合いな
ど，教師としてどのような手立てを用意するか，話し合ってみよう。

引用・参考文献

国立教育政策研究所教育課程研究センター『みんなで，よりよい学級・学校生活をつくる
特別活動　小学校編』文溪堂，2019年。

文部科学省『小学校学習指導要領（平成29年告示）解説　特別活動編』東洋館出版社，2018
年。

第7章

児童会活動の指導と目標

　本章では，まず2017（平成29）年告示「学習指導要領」に示された児童会活動の特質について，従来との違いに留意しつつ言及する。続いて，その理念を体現するための運営および指導の方法に焦点を当て，具体的な実践事例をまじえて説明する。さらに，児童会活動が主権者教育，道徳教育，生徒指導，キャリア教育として機能するためには，どのような点を意識して指導すればよいのか，理論をふまえて解説する。

1　児童会活動の特質

（1）児童会活動の目標

　まず，児童会活動の特質について確認しておこう。学級活動が同年齢集団である学級での**自治的活動**（学級づくり）であるのに対して，児童会活動は学校の全児童をもって組織する**異年齢集団**である児童会による自治的活動（学校づくり）である。2017（平成29）年告示「小学校学習指導要領」では，「第6章　特別活動」「第2　各活動・学校行事の目標及び内容」の「1　目標」においてその目標は以下のように定められている。

> 　異年齢の児童同士で協力し，学校生活の充実と向上を図るための諸問題の解決に向けて，計画を立て役割を分担し，協力して運営することに自主的，実践的に取り組むことを通して，第1の目標に掲げる資質・能力を育成することを目指す。

　全児童が参加するというのは，児童生徒代表を中心に希望者が活動することが多いヨーロッパなどにはみられない特徴である。ただし，発達段階を考慮し，運営と計画については「主として高学年の児童が行う」とされており，上級生

表7-1　児童会活動で育成する資質・能力

知識及び技能	児童会やその中に置かれる委員会などの異年齢により構成される自治的組織における活動の意義について理解するとともに，その活動のために必要なことを理解したり行動の仕方を身に付けたりするようにする。
思考力，判断力，表現力等	児童会において，学校生活の充実と向上を図るための課題を見いだし，解決するために話し合い，合意形成を図ったり，意思決定したり，人間関係をよりよく形成したりすることができるようにする。
学びに向かう力，人間性等	自治的な集団活動を通して身に付けたことを生かして，多様な他者と互いのよさを生かして協働し，よりよい学校生活をつくろうとする態度を養う。

出所：文部科学省（2018：84〜85）をもとに筆者作成。

がリーダーシップを発揮し，実践をリードすることが想定されている。「第1の目標に掲げる資質・能力」とは，特別活動の目標に掲げる資質・能力（本書の第1章を参照）であるが，児童会活動の特質をふまえると，表7-1のように整理される。

　自治「的」という言葉にも象徴されるように，児童会活動は児童だけで行うものではなく，「教師の適切な指導のもと」に展開されるものである。「やれること」と，「やれないこと」（教育課程や設備に関わることなど）の範囲・条件を明示したうえで，子どもの「自治」の範囲をなるべく広くとり，これらの資質・能力を身につけられるように積極的に支援していくことが望ましい。

（2）児童会活動の学習過程

　2017（平成29）年告示「小学校学習指導要領」では資質・能力だけでなく，それが育つ学びのプロセスも重視されている。児童会活動には多様な形態や役割分担があり，**学習過程**も多様であるが，基本的な流れは①問題の発見・課題などの選定（Research），②解決に向けての話し合い・解決方法の決定（Plan），③決めたことの実践（Do），④振り返り（Check），⑤振り返りをふまえて次の問題解決へ（Act），というR-PDCAサイクルで表すことができる（文部科学省，2018：85〜86）。

　ただし，児童会活動については，国は一律に標準の授業時数を定めることはせず，地域性や各学校の実態に応じて年間，学期ごと，月ごとに適切な授業時

数を充てることになっている。実際には，委員会活動や代表委員会はそれぞれ
月1回程度開催されることが多く，正規時間だけでこのサイクルを回していく
ことは難しい。学級活動，クラブ活動，学校行事との有機的な関連づけや，場
合によっては放課後を使った準備などが必要であり，教師による**カリキュラ
ム・マネジメント**，およびそれを機能させる適切な指導計画が必要とされる。

（3）児童会活動の形態

　児童会活動の一般的な活動形態は，次の3つに分類される（文部科学省，
2018：95～97）。

① 代表委員会活動

　児童による自治的な学校づくりの中核に位置するのが**代表委員会**であり，代
表児童が参加して，全校に関わる生活をよりよくするための「きまり」やキャ
ンペーン，規模の大きい児童集会の計画などを話し合い，R-PDCA サイクル
を展開する（表7-2）。メンバー構成は学校によって異なるが，主に高学年の
学級代表，各委員会の代表，クラブ代表などが参加する。また話し合いを円滑
に進めるため，輪番（持ちまわり）や代表委員の互選（構成員のなかから選出する
こと）あるいは選挙で組織された役員が**児童会計画委員会**を組織し，事前の準
備や当日の運営にあたる。活動にあたっては，議題提案箱等を活用し，個人，
学級，委員会，代表委員の思いや願いを吸い上げ，話し合いに反映させること
が重要である。とくに代表が参加していない低学年の児童の意識を高めること
ができるように，アンケートをとったり活動内容を伝えたりといった工夫が求
められる。

② 委員会活動

　係活動が学級内の役割分担とするならば，各種の**委員会活動**は学校全体の役
割分担である。委員会の種類としては，集会，新聞，放送，図書，環境美化，
栽培飼育，健康，福祉ボランティアなどが代表的であるが，設置にあたっては
児童の発意・発想を生かし，創意工夫することが望ましい。活動にあたっては，
代表委員会で決められた目標や方向性をふまえ，一人ひとりの児童が自己の責
任を果たし，自己有用感や達成感を持てるように支援する必要がある。

表 7 - 2　代表委員会の活動過程

R (Research)	・議題箱を活用したり，委員会で話し合ったりして課題を見出す。 ・児童計画委員会で代表委員会の議題を決定し，話し合いの計画を立てる。
P (Plan)	・代表委員会の議題について，各学級で話し合う。 ・代表委員会で主に高学年の児童が，活動計画や内容，役割分担などについて話し合い，多様な意見の折り合いをつけ，合意形成する。 ・代表委員会で決まったことを各学級に伝え，役割分担を確認する。
D (Do)	決めたことについて，学年や学級が異なる児童とともに協力して取り組む。
C (Check)	活動の目標や成果を振り返り，よい点や改善点を見つけ出す。
A (Act)	新たな課題を見出し，次の活動につなげる。

出所：文部科学省（2018：96）をもとに筆者作成。

③　児童会集会活動

　児童会の主催によって行われる集会活動が**児童会集会活動**であり，学校行事とは区別される。全校児童で行われることもあれば，複数学年あるいは同一学年の児童で行われることもある。また活動時間も様々で，代表委員会が企画する「6年生を送る会」などのロング集会もあれば，集会委員会が企画する「なわとび集会」などのショート集会もある。

2　児童会活動の運営と指導

（1）児童会活動の内容

　次に，児童会活動において子どもが実際に何を行い，教師がどのような支援を講じる必要があるのかみていこう。2017（平成29）年告示「小学校学習指導要領」では，「第6章　特別活動」「第2　各活動・学校行事の目標及び内容」の「第2　内容」において児童会活動の内容を以下の3つに区分している。

①　児童会の組織づくりと児童会活動の計画や運営

　児童が発想を生かして，代表委員会や各種委員会の活動を進めるための組織や役割を考案し，話し合って設置するとともに，主に高学年が中心になって活動計画を作成し，協力して運営にあたる。年度のはじめには，活動目標，各月

の活動内容，役割分担などを含む年間の**活動計画**を作成するが，その際には「誰のための」「何のための」活動なのか，合意形成することが重要である。

② 異年齢集団による交流

　全校児童集会などにおいて，学年の異なる児童と触れ合うことで，先の表7-1の資質・能力の育成を目指す。異年齢集団は，成員の間に能力や経験などに関して大きな差異があるため，同年齢に比べて対等の立場で競争する意識は比較的薄く，相互の差異を尊重しながら活動を展開できるという利点がある（成田，2010）。交流にあたって教師は，上学年と下学年の双方にとって学びがある（互恵性），1回だけでなく日常的に交流する（継続性），顔の見える親密な関係をつくる（名づけ合う関係性），児童会活動全体の展開過程をふまえて活動をデザインする（物語性），といったことを意識する必要がある（秋田，2002）。

③ 学校行事への協力

　学校行事はすべてを児童が自治的に計画・実施するものではないが，行事の特質に応じて代表委員会や委員会が計画の一部を担当したり，運営に協力したりすることで，**自主的・実践的な活動**が助長される。遠足を例にすると，代表委員会で全校遠足のキャッチフレーズと目的地での活動内容について話し合って合意形成したうえで，決定事項を放送委員会が校内放送で，新聞委員会がポスターで伝え，さらに集会委員会が活動の具体的計画を立てて賞状を作成する，といったことが考えられる（三橋，2017）。このように学校行事と連携することで，児童会活動の幅が広がり，児童相互の連帯感も深まるといえよう。

（2）児童会活動の指導計画

　児童による学習過程（R-PDCA サイクル）の展開を促進するためには，教師による児童会の**指導計画**が必要である。それは，特別活動の全体計画との整合性をとりつつ，全教職員の共通理解と役割分担によって作成される。文部科学省によると，年間指導計画には「目標」「実態と指導方針」「組織と構成」「活動時間」「主な活動」「必要な備品・消耗品」「活動場所」「指導上の留意点」「指導体制」「評価の観点・方法」などが含まれることが望ましい（文部科学省，2018：93〜94）。表7-3はA小学校の年間指導計画の一部（実施日程等は割愛）

表7-3　A小学校の児童会活動の年間指導計画の一部

1　目標
　児童会活動を通して，望ましい人間関係を形成し，学校の一員として，よりよい学校生活づくりに参加し，協力して諸問題を解決しようとする自主的・実践的な態度を育てる。

2　内容
　ねらいを達成するための児童会活動の内容は，自分たちの学校生活を向上発展させようとすることを意図し，代表委員会の活動・各種委員会の活動・児童会集会活動の３つに分ける。
(1)　代表委員会の活動
　児童会役員，各委員会の委員長，４・５・６年の学級代表委員の児童によって組織される。学校生活に関する諸問題について話し合い，解決する機関である。
　┌─────────────────┐
　│ ア　児童会役員について │
　└─────────────────┘
・同一年度内の同じ役員の再選は認めない。
・代表委員は各種委員会に属さない。
・任期は前期（４月〜10月上旬），後期（10月上旬〜３月）の２期制とする。
・役員は代表委員の互選により，会長１名（６年），副会長１名（５年），書記２名（５・６年各１名）の計４名とする。
・役員の任務は，次の通りである（省略）。
　┌──────────────────┐
　│ イ　代表委員会の運営について │
　└──────────────────┘
・原則として，児童会役員・代表委員で構成される。（各委員会委員長は必要に応じて参加し，提案したり協力したりする）
・原則として，火曜日の６時限に行うものとする。（緊急時は必要に応じて行う）
　┌─────────────────┐
　│ ウ　学級代表委員について │
　└─────────────────┘
・４年生以上，各学級男女１名ずつ選出する。（２・３年生は学級委員を選出する）
・立候補者または推薦された者のなかで，無記名投票を行い，得票数が過半数（当日出席者の過半数）を超えた上位１名を代表委員とする。
・得票数が，過半数を超えなかった場合，上位２名（同数票者が複数いる場合，２名を超えてもよい）で決戦投票を行う。
・決選投票で得票数が同数票となった場合は，くじ引きで決定する。
・代表委員の年度内再選は認めない。
・児童会役員が任期の途中で転出した場合には，話し合いにより児童会役員・代表委員のなかから代行の者を決めて認証する。
・代表委員が任期の途中で転出した場合には，原則として次点の者が任務を受け継ぐ。
(2)　委員会活動について
　自分たちの学校生活を向上発展させ，より豊かにしていくための活動を分担して行う。
　┌─────────────────┐
　│ ア　各種委員会の構成について │
　└─────────────────┘
・環境・放送・保健・図書・体育・給食の６つの委員会からなっている。
　┌───────────────┐
　│ イ　委員の構成について │
　└───────────────┘
・代表委員を除く４・５・６年の全児童で構成する。
・前期（４月〜10月上旬），後期（10月上旬〜３月）の２期制とする。
・原則として年度内再任を認めないが，やむを得ない場合はこの限りでない。
・委員会には，委員長１名（６年）・副委員長１名（５年）をおく。

- 転出により欠員を生じた場合は，当該委員会の担当者と担任とで協議する。
- 転入者については，本人の希望を優先して，担任と当該委員会担当者とで協議する。
(3) **縦割り活動・縦割りタイムについて**
- １年生から６年生で構成される縦割り班によって行い，各班には担当教諭をおく。
- 縦割りタイムは月１回程度，火曜日の６時間目に４・５・６年生がフェスティバルや交流活動の計画を立てる。
- 第１回縦割りタイムと各学期末の縦割りタイムでは，交流を深める活動を行う。その時は，縦割りタイムを５時間目に行い，４年生以上は６時間目を通常授業とする。
(4) **なかよしタイムについて**
- なかよしタイムは，原則として隔週金曜日の朝の活動として行う。
- 児童の自発的・自治的活動として代表委員会の運営で行う児童集会で，児童会活動の現状報告や連絡，レクリエーション，縦割り班活動等を行う。

出所：A小学校の資料をもとに筆者作成。

であり，児童会活動の目標，内容，組織，指導体制などが記されている。このような指導計画に基づく適切な指導・助言があってこそ，児童は具体的な活動計画を立てることができる。さらに，家庭・地域と連携したり，社会教育施設を活用するにあたっては，これらの計画を共有する場を設けることも有効である。

（3）児童会活動の評価

　特別活動においては，児童一人ひとりのよさや可能性を多面的に認め，活動意欲を喚起できるように，結果だけでなくプロセスも含めて多面的・総合的に評価することが求められる（文部科学省，2018：162）。また，評価と指導を一体化し，評価結果をつねに指導の改善に反映させる必要がある。

　評価の具体的な手順としては（国立教育政策研究所教育課程研究センター，2020），各学校で設定した児童会活動において育成を目指す資質・能力をふまえて，**評価規準**（表7-4）を作成する。さらに，１単位時間の指導計画において，評価規準に即して「目指す児童の姿」を設定し，活動を観察したり記録を見取ったりして評価する。ただし，委員会活動など担任教師の目が届かない場で行われることも少なくないため，児童の作成した委員会活動カードや振り返りカード，あるいは複数の担当教師が協力して活動を記録する補助簿などを活用することも効果的であろう。学年末には，学級担任が全体を総括して指導要録に記載し，

表7-4　児童会活動の評価規準（例）

観点	よりよい生活を築くための知識・技能	集団や社会の形成者としての思考・判断・表現	主体的に生活や人間関係をよりよくしようとする態度
規準	楽しく豊かな学校生活をつくる児童会活動の意義について理解するとともに，活動の計画や運営の方法，異年齢集団による交流の仕方などを身に付けている。	児童会の一員として，学校生活の充実と向上を図るための課題を見いだし，解決するために話し合い，合意形成を図ったり，意思決定したり，人間関係をよりよく形成したりして主体的に実践している。	楽しく豊かな学校生活をつくるために，見通しをもったり振り返ったりしながら，多様な他者と互いのよさを生かして協働し，児童会の活動に積極的に取り組もうとしている。

出所：国立教育政策研究所教育課程研究センター（2020：34）をもとに筆者作成。

十分に満足できる活動の状況である児童に〇をつけることになる。

3　児童会活動の実践事例

（1）代表委員会活動の事例

　ここでは，児童会活動の事例を考察することで，指導にあたってのポイントや工夫について考えてみたい。

　B小学校では，あいさつ運動がマンネリ化し新鮮さを欠いているという問題意識から，運動の意義や取り組み方を代表委員会で話し合い，あいさつの大切さに気づき，全校児童が楽しんで参加できる「あいさつキャンペーン」を実施した（秋山，2008）。話し合い活動では，自分の思いや考えについて根拠を明らかにしながら話したり，友達の意見を自分の考えと比べながら聞いたりすることを重視して指導を行った（表7-5）。その結果，他者を「支える」発言，角度を変えて「深める発言」，新しい考えを生み出す「創り出す発言」が多くみられた。

（2）委員会活動の事例

　C小学校では，放送，美化，保健，栽培，給食，体育，図書，JRC（青少年赤十字），掲示情報，運営，集会の11委員会がある（野本ほか，2018）。5・6年

表7-5　B小学校のあいさつ運動指導計画の一部

過　程	活動内容	活動への指導・助言
問題収集・問題発見	運営委員会でキャンペーンに取り組むことを決める。	日常生活を振り返り，学校生活をよりよくするための課題に気づかせる。
話し合いに向けた計画立案	第2回代表委員会の計画を立てる。	写真や資料を用意し，昨年度の経験を思い起こして本年度の活動を作らせる。
代表委員会に向けた準備	代表委員会の議題や話し合いの柱を全校児童に知らせる。	朝の会や給食時間を使って意見を集め，一人ひとりの考えを把握できるようにする。
代表委員会での話し合い	キャンペーンの内容，役割分担と日程を考える。	自分の考えを話しやすい雰囲気をつくり，多数決ではなく新しい考えを練り上げる。

出所：秋山（2018）をもとに筆者作成。

生は必ずいずれかの委員会（原則として1年間同一）に所属し，月1回月曜日の6校時に話し合いを行う。同校の委員会活動の特徴は，当番的活動（1人1役）と創造的活動（児童の創意工夫による活動）を区分していることであり，「小学校をもっとよくする，もっと楽しくする，もっと好きになる」という意識を持たせ，委員会から全校に広がる活動を推進している。

　具体例を挙げると，運営委員は当番的活動としてJRC委員と一緒に朝のあいさつ運動を行い，さらに放送による紹介や啓発を実施している。また運営委員は，創造的活動として代表委員会の運営や集会活動の企画を担っている。また，委員会活動と色別ブロックで行う**縦割り活動**（集会活動，掃除，運動など）を関連づけることで，多くの児童に活躍の場を保障している。

（3）児童集会活動の事例

　D小学校では，2校時と3校時の間に設置した「パワータイム」（40分間の業間休憩）において，児童会の企画・準備・進行のもとで多彩な異年齢集団活動を実践している（長谷川，2013）。異年齢集団は，各学年の児童が同じ人数になるように配置された赤・青・黄の3つの大集団，および各大集団を20に分けた十数人の小集団で構成される。活動は「なかよし大集会」で始まり，6年生はリーダーとしてみんなの意見を聞き，小集団の名前を決める。

　4月〜9月は「パワースポーツ」を中心に展開され，大集団に分かれて総当

たりで綱引きをする。綱引きには，全員で力を合わせることで集団の一体感や凝集性が高まる，多様な作戦が考えられるため子どもらしい発想が生かせる，といった利点がある。対戦が決まると各色組の団長はリーダーシップを発揮して作戦を団員に説明し，応援団長は掛け声や応援の仕方を模範演技する。勝敗は毎回得点化され，校舎の掲示コーナーに貼り出される。10月〜12月はドリカム活動（外遊び大会，ゲーム大会，なかよし交流給食など）を中心に展開される。小集団ごとに目的を持って行われるので，役割分担が明確になり，相互交流が促されて人間関係が深まる。1月〜3月はまとめと引き継ぎの段階であり，6年生が1年間リーダーとして活躍してきた姿を，自信と誇りを持って，後輩に伝統としてつなげていく。最後に「6年生を送る会」が行われ，活動は終結する。

4　児童会活動の意義と展望

（1）主権者教育の視点から

　最後に，児童会活動の意義について4つの視点から整理し，児童の活動や教師の指導のあり方について展望することで，本章のまとめとしたい。

　2015（平成27）年の公職選挙法改正によって18歳選挙権が実現したことを受けて，**主権者教育**が注目されている。主権者教育とは，「主権者として社会の中で自立し，他者と連携・協働しながら，社会を生き抜く力や地域の課題解決を社会の構成員の一人として主体的に担うことができる力を身につけさせる」（文部科学省，2016）教育である。児童会との関連では，「主権者教育など，社会参画の態度を養う観点から児童会の役員等を児童の投票によって選出することも考えられる」（文部科学省，2018：88）とされている。かつて**児童会選挙**は，1980年代あたりまで多くの学校で導入されていたが，小学生の発達段階では「安易な人気投票になる」との理由で次第に減っていった歴史がある。ゆえに実施にあたっては，立候補の方法（マニフェスト作成や立会演説会の実施など）や投票する児童の範囲（たとえば4年生以上）を工夫することが望ましい。

　また，児童会活動の主権者教育としての意義は役員選挙に限られるものでは

表7-6　A小学校の2019年度「なごや ING キャンペーン」の計画とスローガン

日 程	活 動	内 容	スローガン例
6月11日	代表委員会	ポスター作り・呼びかけ練習	「なかよしじまん」 「思いやり 一人の笑顔が みんなの笑顔」 「まんなかに 笑顔の花を さかせようよ！」
6月17日	朝会	代表委員が学級で話し合うことを伝える	
6月17～25日	学級会	学級でスローガンの話し合い	
6月26日	―	全学級文掲示	
6月27～28日	給食	代表委員のランチミーティング	
7月8日	朝会	代表委員によるスローガン発表	

出所：A小学校の資料をもとに筆者作成。

なく，むしろ学校全体の問題を「自分事」して受け止めて真剣に話し合い，合意形成して役割を果たしていくプロセスにある。それこそが民主主義の学習であり，自分の発言や行動によって「小さな社会」である学校がよくなったという体験を，役員に限らず多くの児童が獲得できるよう教師の配慮が求められる。

（2）生徒指導の視点から

いじめ防止対策推進法第15条第2項では「いじめの防止に資する活動であって当該学校に在籍する児童等が自主的に行うものに対する支援」を定めている。児童会活動では，代表委員会でいじめ撲滅宣言を行ったり，委員会や集会活動でいじめ防止イベントを企画したりすることで，いじめを許容しない文化を創り出すことができる。たとえば，名古屋市では各小学校が毎年「なごや ING（いじめのないがっこう）」というキャンペーンを展開しているが（表7-6），こうした取り組みは**予防的生徒指導**としての機能が期待できる。

（3）道徳教育の視点から

児童会活動を通した自治的な学校づくりは，道徳的雰囲気によって個人の行為を変容させることで，**道徳性**の育成に貢献できる。**コールバーグ**（Lawrence Kohlberg）によると，学校集団は家族にはできない利他主義や責任の感覚を子どもの心に芽生えさせることが可能である。すなわち，規範を共同体的なものとして体験することで，個人の判断や他人の判断ではできないような，義務の

感覚が喚起されるという。そのためには，学校集団全体が正義の原理への忠誠によって組織された民主主義的なコミュニティ（ジャスト・コミュニティ）となり，共同生活を通じて他者への共感や連帯意識，集団への帰属と責任の意識が育まれ，公共善が確立されなければならない（紅林，1994）。このような「ジャスト・コミュニティ」は，児童会活動の学習過程が適切に機能することによってこそ構築できる。そのために教師は，話し合いを活性化する「促進者」，児童と同じ学校コミュニティの一員として意見を表明する「提唱者」，児童の提案に耳を傾け，その実現に向けて助言する「相談者」としての役割を担うことが求められる（荒木，2001）。

　また，**道徳科**との有機的な関連を図る指導も有効である。児童会活動で経験した道徳的行為や実践について，道徳科の授業で取り上げてその意義について検討したり，道徳科で理解した道徳的価値を児童会活動のなかで実践したりするなど，2つの領域を往還することによって道徳性が高められる。

（4）キャリア教育の視点から

　2017（平成29）年告示「小学校学習指導要領」では，「第4　児童の発達の支援」の1（3）に「特別活動を要としつつ各教科等の特質に応じて，**キャリア教育**の充実を図ること」が明記されている。本章では，児童会活動のキャリア教育への貢献について，進路選択に大きな影響を与える**キャリア自己効力感**（生き方に関する自信）に注目して考えてみたい（京免，2019）。

　バンデューラ（Albert Bandura）によると，自己効力感は①個人的達成（やり遂げた経験），②代理学習（他者の達成に触れる），③言語的説得（他者から励まされる），④情緒的覚醒（心身の落ち着き），によって高められる。これをふまえるならば，児童会活動は子ども自身が他者と協働しながら学校をよりよくするためにチャレンジする取り組みであり，「①個人的達成」の機会を提供する。その際には，教師や周囲の児童がその頑張りを認め，肯定的に評価すること（「③言語的説得」）が重要である。また異年齢集団による交流では，下学年の児童は「先輩」という**ロール・モデル**（学校のなかで自分の役割を選択・遂行するにあたって，ヒントとなる生き方）を獲得できる。リーダーシップを発揮する先輩

の生き生きとした様子から「②代理学習」することは，自己のキャリアに見通しを持ち意欲的に学校生活を送ることに結びつく。最後に，児童会活動によってもたらされた向社会的な学校の雰囲気や環境は，児童に穏やかな心と体をもたらす（「④情緒的覚醒」）であろう。

学習課題　　①　自分の住んでいる地域の小学校のウェブサイトにアクセスし，どのような児童会活動が実践されているか調べてみよう。
　　　②　代表委員会活動，委員会活動，児童会集会活動についてテーマ（活動内容）を決め，それを実現するためにどのような活動や指導が必要か，R-PDCA サイクルに従って提案してみよう。
　　　③　いじめ防止のために児童会活動で何ができるか，具体的に考えてみよう。

引用・参考文献

秋田喜代美著・監修，東京都中央区有馬幼稚園小学校『幼小連携のカリキュラムづくりと実践事例』小学館，2002年。

秋山麗子「言語活動力を生かした児童会代表委員会の取り組み――『あいさつキャンペーン』の実践を通して」日本特別活動学会『日本特別活動学会紀要』16，2008年，73〜86頁。

荒木寿友「L. コールバーグのジャストコミュニティにおける教師の役割について」日本教育方法学会『教育方法学研究』26，2001年，31〜38頁。

京免徹雄「進路指導・キャリア教育の理念と基礎理論」和田孝・有村久春編著『新しい時代の生徒指導・キャリア教育』ミネルヴァ書房，2019年，152〜164頁。

紅林伸幸「学校改革論としてのコールバーグ『ジャスト・コミュニティ』構想――アメリカ道徳教育史の社会学的省察の中で」東京大学教育学部『東京大学教育学部紀要』34，1994年，95〜115頁。

国立教育政策研究所教育課程研究センター『「指導と評価の一体化」のための学習評価に関する参考資料　小学校　特別活動』東洋館出版社，2020年。

成田國英「異年齢集団活動」日本特別活動学会監修『新訂　キーワードで拓く新しい特別活動』東洋館出版社，2010年，100〜101頁。

野中星来ほか「児童会活動によるいじめ予防の基盤づくり――自発的，自治的活動の活性化とその成果」日本特別活動学会『日本特別活動学会紀要』26，2018年，69〜78頁。

長谷川重和「異年齢集団活動を導入した多彩な活動時間の確保について――『パワータイム（40分間の業間休憩）』の試み」日本特別活動学会『日本特別活動学会紀要』21，2013年，

81～90頁。

三橋弘康「『ふれあいハッピー全校遠足』を成功させよう」杉田洋編著『平成29年度版　小学校　新学習指導要領の展開　特別活動編』明治図書出版，2017年，142～143頁。

文部科学省「『主権者教育の推進に関する検討チーム』最終まとめ──主権者として求められる力を育むために」2016年。https://www.mext.go.jp/a_menu/sports/ikusei/1372381.htm（2021年1月26日閲覧）

文部科学省『小学校学習指導要領（平成29年告示）解説　特別活動編』東洋館出版社，2018年。

第8章

生徒会活動の指導と目標

　生徒の自発的・自治的な活動により学校生活の充実と向上を図ることを目標として実践する生徒会活動は，特別活動における「人間関係形成」「社会参画」「自己実現」の視点を生徒自身が直接体験し，その意義と成果を理解できる活動である。各学校の実態に即した特色ある活動や生徒がやりがい・充実感を体感し，学校や社会の一員の自覚を持つことができる内容や活動となる適切な指導について理解することが大切である。

1　生徒会活動の目標と教育的意義

（1）生徒会活動の目標
　生徒会活動は，中学校・高等学校において全校の生徒により組織され，学校における自分たちの生活の充実・発展，学校生活の改善・向上を図るために，生徒が自発的，自治的に行う活動である（小学校では，「児童会活動」）。
　生徒会活動の目標は，2017（平成29）年告示「中学校学習指導要領」・2018（平成30）年告示「高等学校学習指導要領」の「第5章　特別活動」「第2　各活動・学校行事の目標及び内容」の「1　目標」に，次のように示されている。

> 　異年齢の生徒同士で協力し，学校生活の充実と向上を図るための諸問題の解決に向けて，計画を立て役割を分担し，協力して運営することに自主的，実践的に取り組むことを通して，第1の目標に掲げる資質・能力を育成することを目指す。

　このように，生徒会活動は学年，学級を越えた異年齢の生徒で構成される集団による活動であり，生徒が協力したり，交流して，課題を解決したり，協働して目標の実現を果たすために行われる活動である。

　今日，学校生活においては，集団生活や人間関係に起因するいじめや不登校などが重大な問題となっており，その予防や解決に向けた様々な取り組みが進められているが，根本的な対応として，全校生徒が学校や学級のよりよい環境づくりに自発的・自治的に取り組むことが重要である。

　また，社会生活においては，満18歳となった日本国民が選挙権を有し，政治参加することをふまえ，学校教育の場においても選挙や政治に関心を持ち，社会の一員としての役割を担う「**主権者教育**」が推進されている。

　このような背景をふまえ，学校において自らの生活に関心を持ち，課題解決や社会・集団の発展に全校生徒が一人ひとり役割を担い，主体的に参加する活動として，生徒会活動が重視され，その活動を通して**社会や集団の一員として必要な資質・能力**を身につけることが期待されている。

（2）生徒会活動を通して育成する資質・能力

　『中学校学習指導要領（平成29年告示）解説　特別活動編』によれば，生徒会活動は，その目標となる活動を達成することを通して，生徒一人ひとりが社会や集団の一員として必要な以下のような資質・能力を身につけることが求められている（文部科学省，2018：74）。

○　生徒会やその中に置かれる委員会などの異年齢により構成される自治的組織における活動の意義について理解するとともに，その活動のために必要なことを理解し行動の仕方を身に付けるようにする。
○　生徒会において，学校全体の生活をよりよくするための課題を見いだし，その解決のために話し合い，合意形成を図ったり，意思決定したり，人間関係をよりよく形成したりすることができるようにする。
○　自治的な集団における活動を通して身に付けたことを生かして，多様な他者と協働し，学校や地域社会における生活をよりよくしようとする態度を養う。

(1)　改正公職選挙法により「18歳選挙権」が成立した（2015年6月）ことに伴い，模擬選挙等が実施されるようになった。主権者教育は，たんに政治の仕組みの知識を習得するだけでなく，社会のなかで自立し，他者と連携・協働しながら地域社会における課題解決を図る主権者の育成を目的としている。

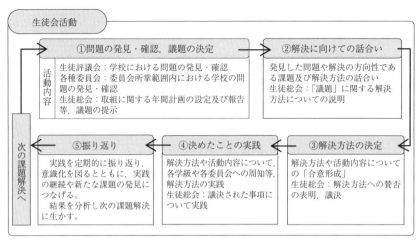

図8-1　生徒会活動における学習過程（例）

出所：文部科学省（2018：75）。

（3）生徒会活動における学習過程

　生徒会活動の一般的な活動の過程は，「①問題の発見・確認，議題の設定」「②解決に向けての話合い」「③解決方法の決定」「④決めたことの実践」「⑤振り返り」であり，その過程は生徒が資質・能力を身につける学習過程でもある（図8-1）。

　これらの過程においては，生徒が自らの学級や学校の生活づくりを自発的・自治的な活動として行えるよう問題意識を高めたり，話し合いにおいての「合意形成」[(2)]の仕方，活動条件の整備，協力などについての教師の適切な指導や支援が必要である。

　生徒会活動は，学年の枠を超えた異年齢の全校生徒による大きな集団による活動であり，また活動内容となる諸問題も各学校の実態により異なる。このことから，様々な問題について生徒が生徒会活動の進め方（「学習過程」）を学び，活動に必要な資質・能力を身につけることは，学校生活の実態や実社会に生き

---

(2)　議題についての提案理由をもとに，一人ひとりの思いや願いを大切にしながら意見を出し合い，
　分類して比べ合ったりして集団としての意見をまとめて決めること。

て働く自発的・自治的な活動となり，現実社会の課題への取り組み方を理解し，社会の一員としての自覚を持つことにつながるのである。

2　生徒会活動の内容と組織

（1）生徒会活動の内容

生徒会活動の内容は，2017（平成29）年告示「中学校学習指導要領」・2018（平成30）年告示「高等学校学習指導要領」の「第5章　特別活動」「第2　各活動・学校行事の目標及び内容」の「2　内容」で，次のように示されている。

> 1の資質・能力を育成するため，学校の全生徒をもって組織する生徒会において，次の各活動を通して，それぞれの活動の意義及び活動を行う上で必要となることについて理解し，主体的に考えて実践できるよう指導する。
> ⑴　生徒会の組織づくりと生徒会活動の計画や運営
> 　　生徒が主体的に組織をつくり，役割を分担し，計画を立て，学校生活の課題を見いだし解決するために話し合い，合意形成を図り実践すること。
> ⑵　学校行事への協力
> 　　学校行事の特質に応じて，生徒会の組織を活用して，計画の一部を担当したり，運営に主体的に協力したりすること。
> ⑶　ボランティア活動などの社会参画
> 　　地域・社会の課題を見いだし，具体的な対策を考え，実践し，地域や社会に参画できるようにすること。

各学校においては，学習指導要領に示された内容を学校や生徒，地域等の実態に応じて，生徒の意見を取り入れた特色ある活動として展開されるが，概ね以下のような活動例が考えられる（表8-1）。

（2）生徒会の組織と活動

生徒会の組織は各学校の実情に即して作られ，その名称や内容については学校により異なるが，一般的には，「**生徒総会**」および「**生徒評議会**（中央委員会など）」「**生徒会役員会**（生徒会執行部など）」「**各種委員会**（常設の委員会や行事等

表8-1　生徒会活動の活動例

(1)生徒会の組織づくりと生徒会活動の計画や運営
・学校生活における規律とよき文化・校風の発展に関わる活動 ・環境の保全や美化のための活動 ・生徒の教養や情操の向上のための活動 ・よりよい人間関係を形成するための活動 ・身近な課題等の解決を図る活動
(2)学校行事への協力
・学校行事の企画や運営に関わる実行委員会等での話し合い，運営・活動への協力 ・生徒会の一員として生徒一人ひとりが自発的，自治的に取り組める活動への参加
(3)ボランティア活動などの社会参画
・地域の福祉施設や社会教育施設等での様々なボランティア活動 ・地域・社会活動（地域の文化・スポーツ行事，防災や防犯，交通安全など）への参加・協力 ・幼児や児童，高齢者との交流 ・障害のある人々などとの交流や共同学習など ・地域や学校の実態，生徒の関心などに応じての様々な活動

出所：筆者作成。

表8-2　生徒会の組織，活動内容例

組　織	活動内容（例）
生徒総会 ＊全校生徒による生徒会の最高審議機関	年間の活動計画の決定，年間の活動の結果の報告や承認，生徒会規約の改正など，全生徒の参加のもとに，生徒会としての基本的な事項についての審議を行う。
生徒評議会（「中央委員会」など） ＊生徒総会に次ぐ審議機関	生徒会に提出する議案などの審議，学級や各種の委員会から出される諸問題の解決，学級活動や部活動などに関する連絡調整など，生徒会活動に関する種々の計画やその実施の審議にあたる。
生徒会役員会（「生徒会執行部」など） ＊生徒会全体の運営や執行を行う機関	・年間の活動の企画と計画の作成，審議を必要とする議題の提出，各種の委員会の招集などを行う。 ・学校の生徒を代表する組織として，様々な取り組みの推進的な役割を果たす。 ・学校のよさや特徴などの情報を学校外に発信するなどの役割を担う。
各種委員会（常設） ＊日常の学校生活に関する生徒会活動を実践・推進する機関	生活規律に関する委員会（生活委員会），健康・安全や学校給食に関する委員会（保健・給食委員会），ボランティアに関する委員会（ボランティア委員会），環境美化に関する委員会（美化委員会），など。
実行委員会（特別組織） ＊行事等に関する活動を実践・推進する機関	合唱祭や文化祭，体育祭などの運営や活動に協力する実行委員会など（学校の実情や伝統によって種々設けられる）。

出所：筆者作成。

中学校

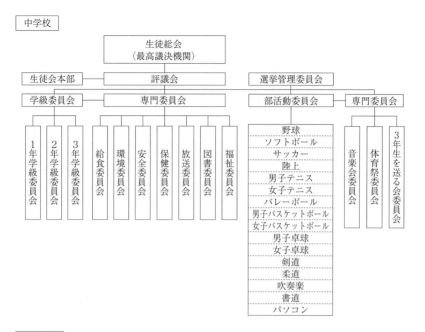

高等学校

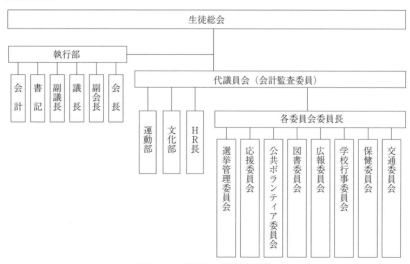

図8-2　生徒会の組織図（例）

出所：当該中学校校長，高等学校教頭の許可を得て筆者作成。

で特別に組織される実行委員会など）」などから成り立っている場合が多い（表8-
2）。

　また，これらの組織が前項で述べた生徒会活動の内容を分担するとともに，
各組織が学校教育の目標の達成に向け，共通理解を図って学校全体として展開
されることが必要であることから，相互の関連をふまえた学校全体として，組
織化されたものとなっている（図8-2）。

3　生徒会活動の指導計画

（1）生徒会活動の指導計画作成上の配慮事項

　生徒会活動は，全校生徒による自発的・自治的な活動ではあるが，学校教育
として実施されていることから，**各教科等の学習活動などとの関連を図ること
が必要である**。とくに，特別活動の全体計画や各活動および学校行事の年間指
導計画などをふまえて，生徒会活動の計画を立てることが必要である。

　生徒会活動の指導計画については，とくに次のようなことに配慮して作成す
る必要がある（文部科学省，2018：81～83。括弧内は筆者補足）。

　　(1)　学校の創意工夫を生かすとともに，学校の実態や生徒の発達の段階など
　　　　を考慮し，生徒による自主的，実践的な活動が助長されるようにする

　　(2)　（学級活動や学校行事との）内容相互及び各教科，道徳科及び総合的な学
　　　　習の時間（高等学校は「総合的な探究の時間」）などの指導との関連を図る

　　(3)　家庭や地域の人々との連携，社会教育施設等の活用などを工夫する

　　(4)　（学校生活に関わる諸問題の予防や解決に大きく関わることから，とくにいじめ
　　　　の未然防止等を含めた）生徒指導との関連を図る

（2）生徒会活動の指導計画・活動計画の作成

　生徒会活動の指導は，**学校の教育活動や生徒の学校生活との関連を図りなが
ら**学校全体として計画的に展開されていく必要があるため，指導計画において
は学校の教育活動全体の流れを明確にし，**生徒自らが主体的に活動計画を作成
できるよう配慮する**ことが必要である。

表 8-3　生徒会活動の全体計画（中学校の例）

月	生徒会関連行事	生徒会役員会	生徒評議会	各種委員会	指導上の留意点
4	入学式への協力 新入生歓迎会 （部活動紹介） 離任式への協力	○入学式の協力内容の確認 ○歓迎会の準備 ・内容・次第の決定 ・役員組織・役割分担の確認 ・委員会・部活動への説明・調整 ○離任式の協力内容の確認・企画提案	○生徒会組織と評議会の役割の確認 ○年間予定の確認	○組織づくり ○正・副委員長および行事担当の選出 ○活動計画の作成	○各組織の役割や機能の理解を図る。 ○自発的・自治的な活動となるよう適切な助言や支援を行う。 ○前項の参加意欲を高めるため，各学級での取り組みなど共通理解を図る。
5	生徒総会	○生徒総会の準備 ・総会までの流れの確認と説明 ・議案書の作成 ・次第，運営シナリオの作成 ・役割分担 ・当日の司会・運営	○生徒総会の準備 ・各種委員会・部長会との連絡・調整 ○月例評議会の運営	・総会資料の作成 ・説明原稿・役割分担 ・決定事項の実行に向けた取り組み ○各委員会の目標に向けた活動	○民主的で活発な議論や合意形成が行えるよう，司会や役員会に対して事前指導を行う。 ○活動の評価を行い，総会の成果を実行できるようにする。
6	ユニセフ募金活動 地域美化活動への参加	○各活動の活動計画の作成と委員会との調整 ・全校生徒への呼びかけ	○活動に向けた全校の協力体制づくり	○担当委員会の活動計画作成，運営組織づくり	○活動が安全に実施できる環境に配慮する。 ○地域などとの連携を支援する。

出所：筆者作成。

生徒会活動の指導計画・活動計画には，一般に次のようなものがある。

①**学校全体の計画**（全体計画・年間指導計画）：生徒会活動の年間行事や各組織・委員会活動の年間予定など（表8-3）

②**各委員会の全体計画・年間計画**：各組織・委員会の活動目標や内容，年間予定など（表8-4）

③**各活動ごとの活動計画**：生徒会行事や各種委員会の各活動の計画

④**1単位時間ごとの活動計画**：各種委員会の定例会活動などの会次第や内容

表8-4　図書委員会の年間活動計画（中学校の例）

活動のねらい	主な活動
1　学校図書館を積極的に利用してもらおう	①図書館だよりを発行する。 ②図書の貸し出しをスムーズに行う。 ③書棚をわかりやすくする。 ④授業や学級活動などで使えるようにする。 ⑤蔵書を整理して紹介する。
2　誰もが読書を楽しく，親しむことができるような校風をつくろう	①本の紹介・案内をする（掲示など）。 ②読書コンクールや読書感想文コンクールを実施する。 ③読書の楽しさを語る集いを行う。 ④学級文庫と連携して，いろいろな本を紹介する。
3　読書や図書館を通して，多くの人と交流しよう（◎今年度の重点目標）	①幼児や小学生への読み聞かせを行う（園や小学校への訪問や招待）。 ②中央図書館や地域の図書館を訪問して，司書の方と懇談し，読書活動を活発にする方法や図書館の仕事について教えてもらう。 ③老人ホームなどの施設で読書を通して交流をする。

委員会	・定例委員会：毎月第2水曜日（15：30～）（場所：学校図書館） ・臨時委員会：話し合いや活動の準備など必要な時に随時開催
組　織	・各学年各学級から男女各1名 ・委員長（1名），副委員長（2名），書記（2名），会計（2名） ・開館日と貸し出し担当：月・火・木・金の昼休み，各学年2名で担当

月	活動内容	指導上の留意点
4	・委員紹介 ・担当教員の紹介 ・委員会の役割 ・活動内容の説明 ・組織づくり，正副委員長の選出 ・年間計画の作成，予算案の作成 ・貸出当番決め ・図書だよりの発行	・各学級や委員からの図書活動や図書館に関する要望を持ち寄って活動計画を立てる。 ・委員長などから，活動への抱負や協力のお願いなどを発表させる。 ・マンネリにならないように，図書だよりのアイデアを出し合う。
5	・読書コンクールや小学校での読み聞かせの計画の立案 ・中央図書館の訪問 ・前月の図書館の利用や図書の貸し出しの状況を集計 ・図書だよりの発行	・行事担当のグループで原案を作成し，委員会全体で話し合って決める。 ・外部機関の訪問については，教員が仲介に入って，円滑に進められるように支援する。 ・図書館の活用状況などを定期的に調査し，実態を把握し，図書だよりで全校に知らせる。
6	・読書コンクールの告示（各学級での説明，掲示，放送，図書だより） ・小学校での読み聞かせの実施 ・学級文庫の状況調査 ・前月の図書館の利用や図書の貸し出しの状況を集計 ・図書だよりの発行	・コンクールなどを計画的に行うための手順や配慮事項を話し合ったり，教員が指導する。 ・読み聞かせでは，本の選定や実施方法など小学校との連絡を生徒・教員が密に行う。 ・学校図書館と学級文庫の活動を連動させて，読書活動の活性化を図る。

出所：筆者作成。

　生徒会活動の「年間指導計画」には，次の内容や項目が考えられる。

　①学校における生徒会活動の目標，②生徒会の組織と構成，③活動時間の設定，④年間に予想される主な活動，⑤活動場所，⑥活動に必要な備品・消耗品，⑦危機管理や指導上の留意点，⑧生徒会役員会・各委員会を指導する教職員の指導体制，⑨評価，など。

（3）生徒会活動に充てる授業時数

　生徒会活動の自発的・自治的な活動が活発に行えるようにするために**必要な場や機会を確保**するとともに，**必要な時数の確保**が必要である。

　生徒会活動の授業時数については，「それらの内容に応じ，年間，学期ごと，月ごとなどに適切な授業時数を充てるものとする」（2017（平成29）年告示「中学校学習指導要領」「第1章　総則」「第2　教育課程の編成」の3（2））となっており，各学校が実態に応じて配当することになる。

　配当する授業時数には，生徒総会などの学校全体で実施する生徒会行事，各種委員会の話し合い，放課後等の定期的な委員会の設定，生徒会役員選挙等での選挙管理規則の周知や立候補者に関する事務処理，選挙活動，立会演説会，投開票等に必要な時間などがある。

（4）生徒会活動の実際と活動の工夫

　生徒会活動は，**各学校の伝統や文化を継承し生徒の愛校心を育て**，学校生活の規範の共通理解，**学校の一員としての自覚や所属意識**の涵養を図るものである。したがって，生徒の主体的な意見を生かしながら，学校としての一貫性や継続性をふまえ，年間計画のもとに実施することにより，特色ある生徒会活動として発展し受け継がれていくのである。

4　生徒会活動の内容の取り扱いと指導上の課題

（1）生徒会活動の内容の取り扱いと適切な指導

　生徒会活動の目的をふまえ，生徒の自主性や実践力を高めていくためには，

以下のような教師の適切な指導(3)が必要である（文部科学省，2018：86～90）。

①生徒の自発的，自治的な活動が効果的に展開されるようにするため，「集
　団としての意見をまとめるなどの話し合い活動」「自分たちできまりをつ
　くって守る活動」「人間関係を形成する力を養う活動」を充実させる。

②生徒の自発的，自治的な活動が積極的に展開されるようにするためには，
　活動に必要な場や機会について年間を通じて計画的に確保できるよう各学
　校が工夫することが大切である。また，学級活動や学校行事などとの関連
　を図り，学校の年間計画に位置づけることが大切である。

③異年齢集団(4)による交流を重視するとともに，幼児，高齢者，障害のある
　人々などとの交流や対話，障害のある幼児児童生徒との交流および共同学
　習の機会を通して，協働することや，他者の役に立ったり社会に貢献した
　りすることの喜びを得られる活動を充実させることが大切である。

（2）生徒会活動の指導上の課題

　生徒会活動を通して，全校生徒がいじめの防止・根絶に取り組んだり，様々
なボランティア活動に積極的に参加したり，学校内外の課題解決に取り組むな
ど，生徒の自発的・自治的な活動が活発に行われている学校もあれば，委員会
が日常の決められた活動を実施するのみであったり，学校行事等の手伝いに
なっている学校もある。

　生徒会活動は，生徒が今後の社会生活において，社会の一員，市民としての
役割を担い，自己実現を果たしたり，社会に貢献するための貴重な体験の機会
である。指導にあたる教員の生徒会活動の教育的意義の理解や，生徒の自発的
活動となるような適切な指導や支援の差異が，生徒会活動の活性化の課題の背
景となっている現状があり，改善が求められる。

---

(3)　生徒の自発的・自治的な活動を助長する指導。生徒会の役割や意義の理解を図り，必要な情報
　や資料の提供など生徒の自主的な活動を側面から援助する。受容的な態度で根気よく継続するこ
　とが大切である。

(4)　年齢の異なる子どもを学習・生活集団として編成すること。交流や生活を共にすることにより，
　子どもの社会性を育成することが期待される。

学習課題　①　自分の中学校・高等学校時代の生徒会活動を振り返り，(1)活動名，(2)活動の目的，(3)活動の教育的意義，(4)指導上の配慮事項について，まとめよう。また，活動に参加（参画）して自分が学んだことや身についた資質・能力について整理してみよう。

②　生徒会活動に積極的に参加しない生徒の背景や理由について考えてみよう。また，生徒会活動に関心を持たせ，自発的・自治的な活動とするためには，どのような動機づけや指導を行うかを考えよう。

引用・参考文献

文部科学省『中学校学習指導要領（平成29年度告示）解説　特別活動編』東山書房，2018年。
文部科学省『高等学校学習指導要領（平成30年度告示）解説　特別活動編』東京書籍，2019年。

第Ⅳ部

クラブ活動・部活動

第IV部　イントロダクション

　第IV部はほかの部の位置づけと少し異なります。クラブ活動は必修で，部活動は必修ではないからです。そしてクラブ活動は小学校のみに位置づけられています。そのために，特別活動の内容は小学校では4つとなり，中学校・高等学校の3つより1つ多くなっているのです。クラブ活動は，小学校の学習指導要領において児童全員に必修とされ，時間割にも示されています。したがって全教員にとっても正式な勤務内容として扱われるので，指導目標や指導方法を明確にして指導する必要があります。

　第9章では小学校におけるクラブ活動の考え方を学び，第10章ではその指導方法について学びます。第11章は中学校・高等学校の部活動について学びます。ここで混乱しないように用語を整理しておきましょう。「クラブ活動」は小学校にのみ存在する全員必須の課内活動ですが，「部活動」は主に中学校・高等学校に存在する（地域によっては小学校にも存在する）希望制の課外活動です。部活動は正式には教育課程に位置づけられていないので，厳密には特別活動に含まれません。しかし実態として，その存在は大きく教育的価値も小さくありません。そこで最も近い特別活動で本書のように扱うことがあるのです。

第 9 章

学校におけるクラブ活動の考え方

　2017（平成29）年度の学習指導要領の改訂では，クラブ活動は従来通り，同好の異年齢の児童が共通の興味・関心を追求する活動であるとし，そのうえで児童が計画を立てて役割を分担し，協力して楽しく活動するものであることが明示された。

　本章では，まず戦後の学校教育におけるクラブ活動の教育課程における位置づけの変遷を概観し，クラブ活動の持つ教育的意義および実施上の課題等について考える。実際にクラブ活動を担当し，指導するにあたっての指導計画の作成，児童が活動を開始する前の段階として，組織づくりやクラブ設置までの手順，所属クラブの決定から活動計画の作成にあたっての配慮すべき点等についても注目して読み進めてほしい。

1　教育課程におけるクラブ活動

（1）「自由研究」におけるクラブ活動

　わが国における最初の教育改革は，国家的な殖産振興による「富国強兵」政策に基づく近代化への対応を目指した学校制度の整備であり，1872（明治 5）年の「学制」に始まる。

　その後，1945（昭和20）年の敗戦により，戦前までの教育，すなわち軍国主義や極端な国家主義を排して，民主主義国家・文化的国家への転換を目指すことになった。新たな教育の取り組みとして，1947（昭和22）年には，学校教育法等を制定し，教育の機会均等の実現，6・3・3制の学校制度の確立，9年間の義務教育の普及・向上が始まった。これらは，「学制」実施以来の第 2 の教育改革といえる。

　同年告示の**学習指導要領一般編（試案）**の「第3章　教科課程」「2　小学校の教科課程と時間数」（4）において，児童生徒に自由な研究（学習）をさせる場として，今日の特別活動の原型とされる「**自由研究**」が小・中学校に設けられた。この「自由研究」は，小学校については第4学年以上において毎週2～4時間実施することを標準とし，次の3つがその用い方として解説に示された。

①決められた一定の学習時間だけでは児童の活動の欲求を満足せしめ得ないような場合に，その児童たちのために，その教科の指導をさらに深めるためとか，また，時間割に定められた教科以外の新しい教科内容を希望者のために指導するためとかに，この時間を使う。

②学年の区別を除いて，いわゆるクラブ組織をつくり，その活動のために，この時間を使う。

③児童が学校や学級の全体に対して負うている責任を果たすこと——たとえば，当番とか，委員とかの仕事——のために，この時間を使う。

　これをもって，小・中学校におけるクラブ活動の時間が初めて教育課程に位置づけられたことになるが，以後の学習指導要領の改訂によってその位置づけも変遷する。

（2）「教科以外の活動」におけるクラブ活動

　1951（昭和26）年の学習指導要領の改訂により，「自由研究」が廃止され，新たに小学校では**「教科以外の活動」**，中学校・高等学校では**「特別教育活動」**が設けられた。従来の「自由研究」の活動と，さらに広く学校の指導のもとに行われる活動とあわせて，「教科以外の活動」が新設され，その内容としては以下のような項目が示された（1951（昭和26）年告示「学習指導要領一般編（試案）改訂版」の「Ⅱ　教育課程」「1．小学校の教科と時間配当」（2））。

(a)民主的組織のもとに，学校全体の児童が学校の経営や活動に協力参加する活動

　①児童会（従来自治会といわれたもの），②児童の種々な委員会，③児童集会，④奉仕活動

(b)学級を単位としての活動

①学級会，②いろいろな委員会，③クラブ活動

このうちクラブ活動は，「学年の区別をすてて特殊な興味を持つ子どもたちが，クラブを組織し，自己の個性や特徴を伸ばしていく」ものと示されている。

この後，1958（昭和33）年から1960（昭和35）年の学習指導要領の改訂により，すべての校種で「特別教育活動」に名称が統一され，小学校のクラブ活動においては，「主として中学年以上の同好の児童が組織」して行うことが示された。

（3）「特別活動」におけるクラブ活動

小学校では1968（昭和43）年，中学校では1969（昭和44）年の改訂により，「特別教育活動」と「学校行事等」を統合して「**特別活動**」が新設され，1970（昭和45）年の高等学校の改訂により，すべての校種でクラブ活動が毎週1単位時間，全員参加の必修としての実施が示された。

中学校・高等学校において，いわゆる「**必修クラブ**」と「**部活動**」の“2本立て”が進められた時期である。当時の「部活動」は，毎日の放課後，土・日の活動等，勤務時間を超過して行われており，教員の労働条件の改善要求や，社会教育への移行を求める意見があった。そこで文部省は，従来から行われてきた「部活動」の教育的意義を残すため，教育課程に位置づけた全生徒を対象とした「必修クラブ」を誕生させた。

しかし，「必修クラブ」は，毎週1単位時間だけの活動であったため時間や活動内容，施設・設備が不足し，生徒の要望に十分に沿うことができず，混乱もみられた。一方，「部活動」は，学校教育中心で進められてきた伝統と社会教育の受け皿が少ないまま展開され，その学校の教師と生徒で組織して活動することが継続された。

こうした状況から，1989（平成元）年告示の中学校・高等学校学習指導要領では，「第4章　特別活動」（高等学校は第3章）「第3　指導計画の作成と内容の取扱い」の4（高等学校は2）において「なお，部活動に参加する生徒については，当該部活動への参加によりクラブ活動を履修した場合と同様の成果があると認められるときは，部活動への参加をもってクラブ活動の一部又は全部の履修に替えることができるものとする」という，いわゆる「部活代替」措置

がとられた。

　しかし，クラブ活動の実施上の課題は多く，中学校では1998（平成10）年，高等学校では1999（平成11）年の改訂によりクラブ活動は廃止され，以降，クラブ活動は小学校のみで行われることになった。

　そして，2017（平成29）年の改訂により，小学校学習指導要領では「第6章特別活動」「第2　各活動・学校行事の目標及び内容」の「1　目標」において，クラブ活動の目標は次の通り示された。

> 　異年齢の児童同士で協力し，共通の興味・関心を追求する集団活動の計画を立てて運営することに自主的，実践的に取り組むことを通して，個性の伸長を図りながら，第1の目標に掲げる資質・能力を育成することを目指す。

2　クラブ活動の特質と教育的意義

（1）クラブ活動の目標と内容

　クラブ活動は，各教科等と同様，教育課程に位置づけられた活動であるから，教員が指導者として関与するが，その指導は，クラブ活動の目標をふまえて，児童が共通の興味・関心を追求する活動の計画を立てて自主的，実践的に取り組めるよう指導する。特別活動においては，児童の「主体的な学び」「共同的な学び」を大切にするが，それはすべてを児童に任せるということではなく，指導計画に基づいた教員の適切な指導が求められることはいうまでもない。

　クラブ活動の指導にあたっては，個々の技能や成果を高めることが目的ではないことを理解したうえで，児童が自ら選択した活動に参加し，活動する意欲を高め，自主協同的に全クラブ員によって活動が進められるよう配慮する。

　クラブ活動の内容は，2017（平成29）年告示「小学校学習指導要領」「第6章特別活動」「第2　各活動・学校行事の目標及び内容」の「2　内容」では，「主として第4学年以上の同好の児童をもって組織するクラブにおいて，次の各活動を通して，それぞれの活動の意義及び活動を行う上で必要となることについて理解し，主体的に考えて実践できるよう指導する」として，以下の3点

が示されている。

①クラブの組織づくりとクラブ活動の計画や運営

　クラブを自発的，自治的に運営するために，クラブの全成員で，クラブの目標や活動計画を立て，役割分担をし，運営する活動である。

②クラブを楽しむ活動

　クラブの成員と協力して，創意工夫しながら，共通の興味・関心を追求し，楽しむ活動で，クラブ活動の多くの時間がこの活動である。

③クラブの成果の発表

　クラブ活動の成果を，様々な工夫を生かして校内や地域の人々に発表する活動である。

（2）クラブ活動の教育的意義

　英語の club は，「共通の趣味・興味を持つ仲間が定期的に集まって形成する」という意味を持つことからも，クラブ活動の一般的な特質は次のように考えられる。

　①クラブは同好者の集まり。

　②各成員は，自己の興味・関心を追求する活動を行う。

　③各成員は，共通の興味・関心を楽しく追求するために協力し合う。

　④各成員は，協力して活動するために定期的に会合や話し合いを行う。

　クラブは同好の集まりであるから，一般的には，外部からの指示や命令がなくても，自発的に活動するものである。たとえば，ギャングエイジ（同年齢の閉鎖的な集団で遊ぶ時期）の集団では，自分たちで楽しく遊ぶために，彼らで話し合い，きまりをつくり，役割を分担し，協力し合う姿がみられる。つまり，クラブ活動のように同好者が集まり，興味・関心を追求していく集団では，自発的，自治的な活動がよく育ち，展開されることになる。

　クラブ活動が教育課程に位置づけられている意味は，児童に「好きなことをやらせる」とか，「特別な知識や技能を習得させる」ことではない。児童がクラブにおいて，組織づくりや活動目標や計画を立案し，役割を分担し，自主的にクラブ活動を楽しむ活動を展開することで，よりよい生活を築くことを期待

表9-1　クラブ活動の特質・意義・効果

活動の特質	活動の意義	活動の効果
・共通の興味・関心の追求 ・活動計画の作成と運営 ・自主的，実践的な活動 ・異年齢集団による活動 ・教師と児童による活動	・豊かな人間性 ・個性・能力の伸長 ・豊かな人間関係づくり ・生涯学習の基礎づくり ・所属意識や愛校心の涵養 ・健全育成	・明るく充実した学校生活 ・基本的欲求の充足 ・規範意識，社会性，協調性の育成 ・リーダーシップの形成 ・余暇利用の態度の形成

出所：筆者作成。

しているのである。そうした過程を通して，特別活動の目標にある資質・能力の育成をねらいとしている。したがって，安易にほかのクラブに転ずる，複数クラブに所属する，知識や技術の習得を目指した教科的な色彩の濃いクラブの設置といったものは，クラブ活動のねらいからはずれたものといえる。

　クラブ活動には，体育的活動，文化的活動，生産的活動など様々な活動があるが，その特質，意義，効果は，概ね表9-1のようなものが考えられる。

3　クラブ活動の実際

（1）クラブ活動の学習過程
　クラブ活動の学習過程は，図9-1に示す，「年間を通した一連の学習過程」と「1単位時間の活動の学習過程」からなる PDCA サイクルである。

（2）クラブの設置
　クラブ活動を組織するうえで，最初にどんな種類のクラブをどのくらい設置するかを検討する。児童の実態，学校および地域の実態等を考慮して決定するが，一般的なクラブ設置の条件として次のようなものが考えられる。
　①学校教育目標に即していること。
　②指導する教職員の数が確保されていること。
　③施設・設備が確保されていること。または，工夫すれば実施が可能であること。

① 年間を通した一連の学習過程

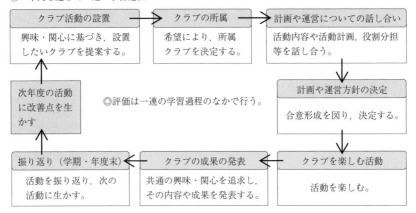

② 1単位時間の活動の学習過程（例）

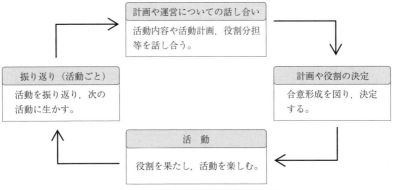

図9-1　クラブ活動の学習過程（例）

出所：文部科学省（2018：104）をもとに筆者作成。

④各クラブの活動に適当な児童数が確保されていること。

上記条件は，クラブ設置にあたっての最も基本的な条件となるが，以下のような事項についても配慮することが望ましい。

- 全教員による指導体制の整備。
- 高額な個人負担が生じないよう，必要な経費の算出。
- 施設，設備の実情に合った活動場所や用具の確保。

クラブの設置にあたっては，児童がどのようなクラブを望んでいるのかを調

査し，学校としてクラブの種類や数を決定する。活動概要等を一覧表にして示し，希望をとり，集計する方法が一般的であるが，児童が新たに設置したいクラブを考えて希望者を募る方法（この指とまれ方式）も考えられる。

（3）クラブの所属

　クラブ活動は，児童の個性や能力を児童自らが主体的に追求し，伸長を図る活動であり，この点が，ほかの特別活動の内容とは異なるクラブ活動独自の教育的価値である。そのためには，何よりも児童の希望を十分に生かすことが重要であり，所属クラブの決定にあたっては，教員が一方的に決定し，児童を割り振ることは避ける。児童の興味・関心を生かすには，次のような手順が考えられる。

① 設置クラブの決定

　希望調査結果をふまえて，指導者や施設・設備，地域や学校の特色，伝統なども考慮し，学校として検討し決定するが，場合によっては，クラブの統合や設置の見送りもありうる。

② 所属クラブの人数調整と決定

　設置するクラブを示して，児童に対する所属希望をとり，施設・設備の状況や指導者の面等から，人数を検討し，調整して決定する。児童の第1希望を尊重し，希望通りでない場合は，担任による面談を実施するなど，児童が納得して変更できるよう配慮する。

（4）クラブ活動の計画と運営

① 教員による指導計画の作成

　教員には，指導するクラブにおいて具体的にどのような活動を行うか，どこに重点をおくか，予定している行事は何か等を明示した「**指導計画**」の作成が求められる（表9-2）。

　クラブ活動の中心となる児童が興味・関心を追求する活動としては，運営のための組織づくり，活動成果の発表，校内行事等への参加などが考えられる。こうした内容を想定し，それらの実施時期，活動回数，指導のねらい，指導上

表 9-2　クラブ活動指導計画（例）

目　標	互いに協力し合って練習し，楽しくゲームをする。					
構　成	学年	男子	女子	計	指導教員名	○○○○
	4 年	○人	◆人	□人	役員　クラブ長	△△△△
	5 年	◇人	◎人	△人	副クラブ長	□□□□
	6 年	▽人	●人	▲人	書記	▽▽▽▽
学　期	時　数	主な活動内容		指導上の留意点		準備するもの
1	5	・年間活動計画の作成。 ・クラブの組織づくり。		・協力し合ってリーダーを中心に話し合い，活動計画を立てる。		活動記録用紙
2	10	・クラブごとの活動。 ・クラブ発表会に向けての準備。		・活動について工夫する。 ・上級生に助言する。		ボール，ビブス，得点板，ホワイトボード
3	5	・クラブ発表会。 ・本年度の反省。		・活動を通して学んだことを発表させる。		

出所：筆者作成。

の留意点，必要物品等を明確にした指導計画を作成し，それに基づいて指導が行われることになる。

　クラブ活動は，児童にとって楽しい時間であることを受け止め，より楽しいクラブ活動の実施ができるよう指導することが大切である。

　実際の運営にあたっては，異年齢集団による交流を重視して，上級生が下級生を思いやり，下級生が上級生に尊敬や憧れの気持ちを持てるように，仲良く協力し，信頼し合える活動を促進する。内容に応じて，技能差が大きくならないようなルールや実施方法の工夫，個人的な活動になりやすいものは，共同制作等を取り入れるなどの工夫を講ずることも考えられる。くわえて，幼児，高齢者，障害のある人々等との交流や対話および共同学習の機会を通して，協働することや他者の役に立つ活動，社会に貢献する喜びを得られる活動が充実するような配慮も必要である。

　クラブの成果発表や作品展示等については，学校行事や児童会活動等との関連が図れるように支援する。

② 　児童による活動計画の立案

　クラブの成員が，クラブの目標の実現に向けて話し合い，意見をまとめ，活

第 □ 回　○○○○クラブ活動計画		（□月□日□曜日）	
		出席者数（○名）　　欠席者数（△名）	
活動	ゲーム大会	場所	体育館
めあて	みんなで協力してゲームを行う	記録者	△△△△
時間	活動内容	準備するもの	
2：40	あいさつ 出席の確認 今日の活動とめあての確認	ビブス：○枚 ボール：○個 得点板：○台	
2：50	準備運動 ゲーム大会		
3：20	後片付け 活動の振り返り		

図9-2　1単位時間の活動計画（例）

出所：筆者作成。

動計画を立案することにより，児童自らが活動の見通しを持って，主体的に取り組むことができる（図9-2）。

　そのためには，一人ひとりの児童の思いや願いが反映されるように，話し合いの時間を確保することが重要である。その際，それまでの児童の話し合い活動により積み重ねた経験が生かせるよう配慮する。児童が自らの活動を，自発的に計画するところにクラブ活動のねらいがあり，話し合いにより活動内容や役割分担等について合意形成を図り，年間を見通した活動計画を作成することがクラブ活動においては大切になる。

　計画の作成にあたっては，自分たちの経験や，前年度の記録，先輩から聞いた事柄などを参考にして，どんなことをしたいのか，いつごろするのか，何時間ぐらい行うかなどについて検討し，年間を見通して活動できるようにする。

　年間活動計画のような大まかな活動計画のほかに，細かい活動ごとに，あるいは1回の活動ごとに実施計画を立てる必要もある。これらの計画は，形式を定めておき，1単位時間のなかで「話し合い」・「活動」・「振り返り」ができるよう各クラブで管理し，次の活動の改善につながるようにする。

4　クラブ活動の実施上の課題

（1）クラブ活動の授業時数

1977（昭和52）年の小学校学習指導要領の改訂では，4年生以上においては，特別活動の授業時数のうち，学級活動とクラブ活動に充てる時数として70時間が示された。しかし，1998（平成10）年の改訂によりクラブ活動は標準時数の規定がなくなり，授業時数については，「年間，学期ごと，月ごとなどに適切な授業時数を充てる」とだけ示され，現在も時間の確保が課題となっている。

クラブ活動の授業時数の現状としては，文部科学省の「平成30年度公立小・中学校における教育課程の編成・実施状況調査」によれば，「5時間以下」の学校が3.5%，「6〜10時間」が46.5%，「11〜15時間」が33.1%，「16〜20時間」が14.6%，「21時間以上」が2.4%という結果であった。

クラブ活動の「適切な授業時数」は，活動を継続的に実施し，共通の興味・関心を追求することで，児童が満足感を得ることができるための時数であり，学校の実態に応じて定めることになる。具体的には，「クラブの計画や運営」「クラブを楽しむ活動」「クラブの成果の発表」の内容を通して，クラブ活動の目標が実現できる時数を決定することになる。

2017（平成29）年告示「小学校学習指導要領」「第1章　総則」「第2　教育課程の編成」の3（2）によれば，「児童会活動，クラブ活動及び学校行事については，それらの内容に応じ，年間，学期ごと，月ごとなどに適切な授業時数を充てるものとする」と示されている。クラブ活動は，継続的に実施することでより効果的な活動となることから，クラブ活動をまったく行わない学期や月を設けないようにすることが大切である。

クラブ活動を計画的，継続的に実施するためには，時間割に位置づけ，適切な授業時数を確保することが必要である。その際，学校の実態，実施時期や活動内容によっては，1単位時間（45分）の活動時間を延長するなどの工夫も考えられる。

（2）外部指導員等の活用

　クラブ活動の効果的な展開のためには，教員による指導だけでなく，家庭や地域と連携し，地域内の有用な施設・設備，クラブ活動に求められる知識や技能等を持つ人材など，地域の教育力を活用することも考えられる。

　外部指導員を活用する際は，「募集」「顔合わせ」「打合せ」「実際の活動」の大まかな流れを示し，年間計画，活動内容や協力してほしいこと，児童の実態等について担当者と確認し，円滑な連携が図れるよう配慮する。

（3）クラブ活動の発表

　各クラブが，それぞれの活動内容や積み重ねた成果を発表することは，児童の活動意欲を高め，ほかのクラブの活動を理解し合うだけでなく，次年度のクラブを選択する際のオリエンテーションとなり，クラブ活動を活発にするためにも大切である。たんにクラブ発表という機会を設けるだけでなく，学校行事としての展覧会や学習発表会への参加，学校内外での展示等も考えられる。こうした取り組みは，それぞれのクラブの活動内容や特徴を全校の児童や保護者や地域の人々に認識してもらうという意味がある。また，3年生以下の児童にとってのクラブ発表の機会は，発表を見聞することによって，自分の興味・関心を追求するよりよい選択のための参考となり，有効な情報提供および事前指導となる。

5　部活動との関連

　小学校では特別活動においてクラブ活動が組織されているが，中学校，高等学校では課外活動として部活動が組織されている。部活動がクラブ活動と異なる点として，参加は任意ではあるが，部活動には対外活動という具体的で生徒の関心の高い目標があるということが特色といえる。したがって，対外試合やコンクール等でよい成績をあげることに意識が傾き，勝利至上主義，選手養成，一部の生徒のみの練習に偏ってしまう問題が指摘されている。

　これまで学んできたように，小学校におけるクラブ活動は，異年齢集団で組

織され，児童はクラブの活動内容や計画，運営についての話し合いを行い，合意形成を図って活動計画や運営方針，役割分担を決定し，クラブを楽しむ活動，成果を発表する活動等を通して，自治的，自発的活動の展開を目指している。

　こうした小学校におけるクラブ活動の経験をふまえて，部活動においても，顧問の適切な指導のもと，生徒が主体的に組織をつくり，協力して運営にあたることが求められる。小学校のクラブ活動において身につけた態度や能力を部活動において発揮し，部活動における多様な経験や学びにより，豊かな学校生活が送れるように配慮する。部活動の活動状況や成果を積極的に公開するために，部活動紹介や成果発表，部活動だよりの発行など，生徒の自主的，自発的な活動の支援も大切である。

　クラブ活動・部活動の指導にあたっては，活動のねらいをふまえて児童生徒が目標を設定し，活動計画に従って活動し，全クラブ員・全部員が充実感，達成感を持てるよう指導することによって，そうした経験が，将来，地域での活動や自主的な集団による活動につながることを忘れてはならない。

　学習課題　① 小学校における「クラブ活動」の意義と課題について，整理してみよう。
　　　　　　② 担当したいクラブを決めて，「クラブ活動」の指導計画を作成してみよう。
　　　　　　　その際，予想される主な活動や指導上の留意事項を明らかにしよう。

　引用・参考文献

文部科学省『小学校学習指導要領（平成29年告示）解説　特別活動編』東洋館出版社，2018
　年。

第10章

クラブ活動の具体的指導法

　　クラブ活動は小学生にとって楽しい活動であり，その教育的意義も高い。ところがクラブ活動は実施していくうえでは様々な条件や制約がある。そうした状況のなかで，実際の小学校において「クラブの設置や組織づくり」「クラブの計画や運営」「クラブを楽しむ活動」「クラブの成果の発表」「外部講師等の活用」がどのように行われているのかを明らかにする。以上をふまえ，これからの小学校クラブ活動の指導のあり方について考察する。

1　クラブ活動の指導を考える前に

　　第9章でみた通り，**クラブ活動**は主として小学校4年生以上の児童で組織される学年や学級が異なる同好の児童の集団によって行われる活動である。

　　小学校教員がクラブ活動を指導する際，参考にするものとして『小学校学習指導要領（平成29年公示）解説　特別活動編』（以下，『解説』）や，国立教育政策研究所教育課程研究センターが2019年に刊行した『特別活動指導資料　みんなで，よりよい学級・学校生活をつくる特別活動　小学校編』（以下，『特別活動指導資料』）などがあるだろう。これらはすでに小学校で勤務している教員はもちろんのこと，これから小学校教員になろうとしている学生も読んでおくことが望まれる。

　　ただしクラブ活動の指導を考える前に次の点について留意しないといけない。実際の小学校現場で『解説』や『特別活動指導資料』において説明されている通り，つねに望ましい指導を実践できるとは限らないからである。各小学校を取り巻く環境等をふまえながら，制限された条件下でクラブ活動の指導を行う

ことが多い。教員の自由な発想だけでクラブ活動を指導するとは限らず，各学校の全教員が協働しながら実践していくこととなることが多い。

　これから小学校の教員を目指す学生や若手教員については『解説』や『特別活動指導資料』で説明されている内容を重視しながらも，小学校現場を取り巻く様々な状況のもとで，クラブ活動を指導することができる能力が求められるのである。そこで本章では，望ましい指導のあり方を追求することを前提としたうえで，小学校におけるクラブ活動の実際について適切に理解しながら，これからの小学校クラブ活動の指導のあり方について考察したい。

2　クラブ活動の指導の実際

　本節では，小学校教員を対象に2019年7月に実施したインタビュー調査の結果を参照しながら，「クラブ活動の指導の実際」を検討していく。インタビューの対象者はいずれも九州に所在する小学校に勤務している教員（10名）で，特別活動に高い関心を有している。今回はA先生（教職経験が約20年の小学校教員）の事例を中心に，クラブ活動の指導の実際を検討していきたい。A先生を含め，今回インタビューの対象となった教員全員がクラブ活動には教育的意義があると考えていながら，様々な制約のもとでクラブ活動の指導を行っていることがわかった。『特別活動指導資料』において示されている「クラブの設置や組織づくり」「クラブの計画や運営」「クラブを楽しむ活動」「クラブの成果の発表」「外部講師等の活用」という5点について，小学校現場における指導の実際を検討していこう。

（1）クラブの設置や組織づくりの実際
　クラブ活動を実施するにあたり，どのようにしてクラブを設置すればよいのだろうか。『特別活動指導資料』によれば，「児童が設置してほしいクラブを調査して，児童の希望を尊重し，学校の職員数や設備等を考慮しながら設置クラブを決定します」（国立教育政策研究所教育課程研究センター，2019：102）とある。ここで重要な点は，児童の希望を尊重するということである。

　実際の小学校現場では，児童の希望が反映された形で各学校に設置するクラ
ブの種類を決めるために，児童対象にクラブ設置に関わる希望調査は実施され
ているのであろうか。A先生によれば，以前は児童の希望調査を経てクラブを
設置する小学校はあったという。ところが多忙化が進行している現在の小学校
現場においては，児童対象のクラブ活動設置に関わる調査票の配布，回収，集
計作業を行う時間を確保することが難しくなっているとA先生は語っていた。

　児童の希望ではなく実際は次の3点をふまえてクラブが設置される傾向にあ
るだろう。

　第1は，教員の希望である。たとえばA先生が勤務している小学校では，ク
ラブ活動の担当となった教員が，年度初めに教員対象に希望調査をとる。この
希望調査は，各教員がどのクラブなら指導可能かどうか把握するために行われる。

　第2は学校規模，すなわち各学校の児童数である。当然のことながら，児童
の希望は多様であり，それゆえ多様なクラブを各小学校が設置することが理想
である。ところがどの学校も多様なクラブを設置することはできない。その理
由は，学校規模（学校に在学している児童数）に違いがあるからである。小学校
のクラブ活動ではないが，中学校の部活動と学校規模の関連を分析した長谷川
（2007）を参照すると，規模が大きな学校ほど設置されている部活動数も多い
傾向にあった。小学校のクラブ活動においても小規模校になると，設置できる
クラブの数や種類は制限されることになるだろう。

　第3は学校の設備である。たとえばコンピュータークラブを設置しようとす
る。プログラミング教育の推進から，近年は多くの小学校に児童が使用できる
パソコンがあるが，もしパソコンがなかったり，人数に対してパソコンが十分
に用意されていなければ活動ができない。また設備に関わる課題として，活動
スペースも挙げられる。たとえばスポーツを行う際，体育館を使用することが
あるが，一度に使用できる人数は限られてくる。

　これらのことからわかることは，児童の希望を尊重したうえで設置するクラ
ブを決定することが望ましいといわれているものの，実際の小学校現場におけ
るクラブの設置は，児童の希望が優先されるとは限らないということである。
教員の希望や学校規模，学校設備等の状況を優先してクラブが設置される場合

が多い。

　以上のような方法で設置されたあと，児童たちはどのようにして自分が参加するクラブを決めていくのだろうか。『特別活動指導資料』では，所属決定の際，クラブ見学を行うことが示されている（国立教育政策研究所教育課程研究センター，2019：102）。A先生が勤務している小学校では，3年生が1月にクラブ活動を行っている様子を見学する機会を設けている。A先生によれば見学するだけの小学校も多いが，一部の小学校では3年生が実際にクラブ活動を体験する機会を設けている場合もあるとのことである。

　そうした見学を経て，小学4年生以上は年度はじめに所属するクラブを決定する。基本的には児童の希望を優先して，参加するクラブを決定することとなる。その際，重要な条件となるのが，参加可能人数である。クラブの内容に応じて，設備等の関係から参加できる人数が制限されるのが一般的である。学校規模や学校の設備等により，多様なクラブを設けることが難しいことから，多くの小学校のクラブでは，希望人数が参加可能人数を超過することがある。

　こうした現状を受け，実際はどのようにして各クラブの参加者を決定するのだろうか。A先生の小学校では各クラブ，4・5・6年生が均等に参加できるようにする。学年が均等になるようにする理由は，クラブにおいて異年齢の活動を保障するためである。各学年の参加可能人数を超過して希望した場合，児童同士で話し合って決めたり，もしくはジャンケンなどの方法で決めたりするとのことである。小学校によっては学年の割合等を考慮せず，高学年から順に希望するクラブに所属する場合などもある。

　以上から，クラブ活動の組織づくりの基礎となる参加者の決定方法は，基本的には児童の希望に基づいて行われるのだが，異学年交流というクラブ活動の特性を重視する小学校では，各学年の参加者数が均等になるように配慮する場合もあることがわかる。

（2）クラブの計画や運営の実際

　続いてクラブの計画や運営の実際を検討していきたい。クラブを運営していく際，重要な条件の一つが時間である。すなわち，クラブ活動に1年間にどの

程度，時間を費やすことができるのか，ということである。

　2017（平成29）年告示「小学校学習指導要領」の「第1章　総則」「第2　教育課程の編成」の3（2）では「特別活動の授業のうち，児童会活動，クラブ活動及び学校行事については，それらの内容に応じ，年間，学期ごと，月ごとなどに適切な授業時数を充てるものとする」と示されている。学校全体のカリキュラム等との関連などをふまえながら，学校経営上の判断からクラブ活動の時間数が決定される。

　ではどの程度の時間を設けるのが望ましいのだろうか。現在のように学校の判断でクラブ活動にどの程度の時間を費やすかを決めることができるようになったのは，1998（平成10）年の改訂からであるが，それ以前は「クラブ活動については，年間35週以上にわたって実施するものと規定されていた時期もあった」（文部科学省，2018a）。現在では年間35週以上にわたってクラブ活動を実施することは難しいものの，『特別活動指導資料』の「年間活動計画の例」では1年間で21回という例が示されていた（国立教育政策研究所教育課程研究センター，2019：103）。

　ところが実際は35回はもちろん，20回以上クラブ活動の時間を確保することは困難である。A先生が勤務している小学校では，1回あたり45分で年間7回程度であった。A先生以外のインタビュー対象の教員によれば，たとえば1回あたり45分ではなく，60分としている小学校もあった。回数としては，少ないところでは4回程度，多くて15回程度の小学校が多いようである。

　クラブ活動の時間の確保は，今後はますます難しくなるだろう。その要因の一つが，他教科等の時間の増加にある。2020年度から全面実施される学習指導要領では，外国語等に関わる授業や活動が増加することとなり，全授業時間が増加することとなった。限られた学校内での時間を考えると，今後ますますクラブ活動に費やすことができる時間は減少する恐れがある。

　限られた時間のなかでどのように運営すればクラブ活動が児童にとって有意義な活動になるか考えなければならない。運営に関わる重要な事項として，年間活動計画の作成がある。少ない時間のなかで作成することが求められるのだが，クラブ活動は特別活動の1つでもあることから，「クラブの計画や運営」

についても児童による自治を重視しなければならない。そうしたこともあり，A先生の勤務する小学校では，クラブのめあてなどは6年生が中心となって作成することが多いという。

　ただし年間の活動計画の詳細を児童だけで作成することは容易なことではない。そのため実際は教員が前年度の活動を参考にしながら計画を立てることが多いとA先生は語っていた。仮に児童だけで年間活動計画を作成するとなると多くの時間が必要となる。児童による自治は試行錯誤の繰り返しで行われていく。失敗の経験を繰り返しながら，望ましい自治を追究することとなる。仮に児童だけで年間活動計画を作成しようとするならば，試行錯誤が許されるだけの時間が必要となるのだが，そうした時間を確保することが現在の小学校現場では難しくなっているのが実情であろう。

（3）クラブを楽しむ活動の実際

　続いてクラブを楽しむ活動の実際について検討したい。児童の多くは，クラブ活動は楽しい活動と認識している。その理由は，小学校によって活動の種類が限定されているものの，クラブ活動は自分がやりたいことを行うことができる数少ない教育活動であるからである。

　学校における教育活動の多くは，児童一人ひとりが自分のしたいことをすることができるとは限らない。それは特別活動においても同様である。たとえば学級活動(1)における話し合いなどで，みんなで一緒に楽しむ活動を決めるとしよう。その際，学級で1つのことをするため，学級全員の希望が叶うわけではない。それゆえ学級活動(1)では「折り合い」が大切となる。

　ところがクラブ活動は，各児童が自身の興味関心に基づいて，自由にしたい活動を選択することができる。自分で選んだ活動であるがゆえに必然的に楽しくなるのが，クラブ活動の魅力でもある。A先生に限らず，クラブ活動の時間を児童は楽しみに待っていると，多くの先生がインタビューで語っていた。

　児童にとって魅力的な活動であるということは，教員のクラブ活動に対する適切な理解が非常に重要になるということでもある。ところがこのような適切な理解をしている教員は必ずしも多くない。適切な指導がなされないと，クラ

ブ活動の時間は児童が自由放任に遊ぶだけの時間となり，その結果，児童にとって学校生活の息抜きの時間，ということだけにとどまっている場合もある。そうした事例が増えると，クラブ活動の時間はただ「児童を楽しませているだけ」という誤解が生じる恐れがある。小学校における教科等の授業数の増加や，教員の多忙化の進行を考えると，仮にクラブ活動が楽しいだけの時間だとするなら，そういった時間は削減してもよいのではないか，という意見が今後ますます強まってしまうことが危惧される。

　『特別活動指導資料』では，「クラブを楽しむ活動」を，よりよい活動にしていくために，「クラブ成員の協力と創意工夫」「多様な活動の視点」「活動記録カードの活用」という３点が挙げられている（国立教育政策研究所教育課程研究センター，2019：104）。A先生をはじめ，今回インタビューの対象となった特別活動に積極的に取り組んでいる教員の多くは，これらの点について理解しながら指導を行っていた。こうした点をふまえ適切に指導するためには，特別活動全般の適切な理解が不可欠となる。この点については，第３節であらためて考察したい。

（4）クラブの成果発表の実際

　クラブ活動はたんに児童が楽しむだけの時間ではなく，活動の取り組みや成果を，ほかの人たちに発表することも大切である。『特別活動指導資料』においても，「クラブの成果の発表方法」「クラブ発表会の指導計画」という２点について指導方法が提示されている（国立教育政策研究所教育課程研究センター，2019：105）。

　ところが実際の小学校現場においては，クラブ活動の成果を発表する機会は非常に少ない。今回のインタビューでは，勤務する小学校においてクラブ活動の発表会を実施していると回答した教員はほとんどいなかった。成果を発表する機会が少ない理由は，先述の通り，現在のクラブ活動は活動時間が非常に少なくなっている傾向にある。仮に成果発表会をするならば，その準備等も含めると多くの時間が必要となる。それだけの時間を確保することは難しいだろう。

　成果発表会が行われない代わりに，一部の小学校ではクラブ活動で制作した

作品を展示，公開することがある。たとえば絵画などに関するクラブであれば，制作した作品を学校内に展示したりすることは可能である。ただし成果物を制作することを目的としないスポーツなどは，学校内に成果物を公開展示することができない。

　成果を発表するというクラブ活動の内容については今後，再考が迫られるだろう。この点についても第3節であらためて考察していきたい。

（5）外部講師等の活用の実際

　クラブ活動では，**外部講師**，すなわち当該クラブの活動種目について一定の専門性を有している地域の人材が講師となって指導することがある。たとえば児童の希望で，ダンスを行うクラブを設置することとなったとする。クラブ活動は技能の習得だけを目的としたものではないものの，技能の習得を通じて各児童の興味関心を深めることができるだろう。その際ダンスについて適切な指導を行うことができる教員がいなければ，ダンス指導が可能な人を外部講師としてクラブ活動の実施運営に協力を仰ぐことがある。

　ただ実際は，外部講師の活用は容易ではない。外部講師活用の課題の一つに，地域に指導可能な人材がいるかどうか，ということがある。たとえばダンスの場合，都市部にはいたとしても地方部になると指導可能な人材がいないかもしれない。仮にいたとしても外部講師活用の課題のもう一つの課題として，時間調整が難しいことがある。繰り返し述べている通りクラブ活動を実施する時間が限られているため，小学校が設定した活動時間を外部講師の都合に合わせて柔軟に変更することは難しい。

　また地域の事情から，クラブ活動における外部講師の活用が行われる場合もある。伝統芸能等を児童に継承する機会として，クラブ活動が活用されるケースがそれである。たとえば神楽がその代表的なものだ。神楽を継承する機会としてクラブ活動が設定され，地域の人が外部講師としてクラブ活動に参加する。たしかに神楽は全国各地で継承されてきてはいるものの，その多くは地方部である。こうした地域では過疎化が進んできていることもあり，継承していくことができるかどうかが喫緊の課題となっている。そうした地域では小学校にお

けるクラブ活動は伝統継承の重要な機会となっているのである。

　外部講師の活用に際して気をつけなければならない点は，クラブ活動のねらいなどを外部講師と小学校が共有しておかなければならないということである。その点をおさえておかなければ，外部講師が技術の習得のみに熱心に取り組んでしまうことが危惧される。外部講師への期待は当該活動内容に関する適切な技術指導にあるが，クラブ活動の目的はそれではない。クラブ活動のねらいは児童の興味関心を深めることにあり，そのための手段として技術の習得がなされなければならない。技術の習得が目的化されることは避ける必要がある。そのためには地域と学校がクラブ活動に限らず，日常的に児童たちの成長のために協働しているかどうかが重要となる。こうした外部講師の活用も教員1人だけの力で適切に行うことができるものではなく，学校経営上の課題の一つとして適切に位置づけ，実施していかなければならない。

3　これからのクラブ活動の指導を考える

　これまで現在の小学校のクラブ活動の実際をみてきた。ここでわかったことは，様々な制約のもと，クラブ活動は実施されている，という事実である。教育活動を実施していくうえで資源（時間や場所，設備など）が十分ではない学校は少なくない。とりわけクラブ活動の時間数の減少は非常に大きな課題である。こうした課題を根本的に改善していくためには，教育行政や学校経営の立場から検討していかなければならず，これについてはあらためて考察していく必要があるだろう。

　それとは別に，若手教員やこれから教職を目指す学生という立場からこれからのクラブ活動を考えるためには，次の課題に対する考察が必要となる。それは「非常に限られた資源（時間や場所，設備など）のなかで，クラブ活動を具体的にどのように指導すればよいのか」という課題である。学校教育に関する資源の欠乏という非常に厳しい現実に目を背けるのではなく，それをふまえた現実的な指導を考えることが，これからの教員にはとくに必要となってくる。クラブ活動の具体的指導法の詳細は，勤務している小学校の状況をふまえなけれ

ばならない。それゆえ具体的なハウツーは教員が協力し合いながら考案していく必要がある。本節では具体的な指導のあり方を考案するために欠かせないと思われる次の2点について考察を行いたい。

　第1は，特別活動の経験を生かしたクラブ活動である。なぜクラブ活動以外の特別活動の経験を生かす必要があるのか。そのことを考えるために，先ほど述べた「クラブを楽しむ活動の実際」を振り返りたい。そこで「楽しいクラブ活動を通して，児童は何を学ぶのか」ということについて十分理解しておらず，クラブ活動が自由放任に遊ぶだけの時間となってしまうことの危惧を指摘した。

　クラブ活動の本質を理解するためには，特別活動の本質を理解することが求められる。そのためには経験主義教育において重要な役割を担ったデューイ(John Dewey) を参照することが大切である。デューイは「教育課程における遊びと仕事」に関することについて，「望ましい知的および道徳的成長を促進するような方向で遊びや仕事が行われるような環境を設定することが，学校の任務となるのである。単に競技や手芸や手工を導入するだけでは十分ではない。万事は，それらがどんなやり方で使われるかによって決まるのである」(デューイ，1975：9〜10) という指摘を行っている。デューイの指摘から，次の2点がクラブ活動において大切であるといえよう。

　1つ目は，クラブ活動が遊びの活動を多く含むからといっても，児童の知的道徳的成長のために行っていることを教員は忘れてはならないということである。2つ目は，クラブにおける様々な活動のあり方が，教育的効果を高めるために重要となる，ということを教員が理解することである。これらをふまえたうえで，実際にクラブ活動の指導が行われなければならない。

　特別活動の本質を理解しつつ，とくに若い教員には学級活動での指導経験を充実させることが求められる。クラブ活動の指導を充実させるためには児童同士の話し合いの方法や協力の仕方，役割分担の経験など，すなわち児童にクラブ活動の自治を実践していくことができる力を身につけさせる必要があるだろう。ただし繰り返し述べている通り，クラブ活動の時間は非常に少なく，クラブ活動のなかだけで自治の理解と方法を習得することが難しい。他方，学級活動は学習指導要領において明記されていることから最低35時間，どこの小学校

でも実施することができる。まずは学級活動の時間の充実を図ることが大切であり，そこでの指導経験がクラブ活動の指導に生かされるだろう。

　また学級活動に加え，児童にとって児童会活動の経験は非常に大切なものである。児童会もクラブも同じ異年齢集団という特質を有している。今回のインタビューのなかで，児童会活動を熱心に取り組んでいる小学校に勤務している教員によれば，その小学校ではクラブ活動における自治も充実していると語っていた。児童が普段から児童会活動において異年齢集団の活動経験を有しているので，同じく異年齢集団のクラブ活動の自治にも児童会活動での経験が生かされるのである。

　第2に考察するのはクラブ活動の成果の発表機会の設定についてである。これについてはほとんどの学校で十分にできていない状況にある。その理由はやはりクラブ活動の時間数が足りていないことにある。

　しかしこれからの学校教育を考えていくうえで，成果の発表機会は非常に重要である。たとえば児童の学習や活動の成果発表の機会としては学校行事がある。学校行事は準備を含めれば多くの時間を費やすため，今後は教育活動の精選という観点から学校行事の削減の可能性はある。しかしたとえば運動会について，廃止という極端な決定に至る可能性は低いだろう。仮に学校教員が廃止したかったとしても，保護者や地域の人が反対すると予想されるからである。

　では，なぜ保護者や地域の人は学校行事を廃止したくないのか。保護者を中心に多くの人たちが，児童の活動の様子を参観することを楽しみにしているからである。多くの学校行事は公開されており，学校行事の魅力を学校外の人々が知っているからである。

　このことはクラブ活動においても参考になるだろう。成果を発表するという目標があることにより，ただ遊んでいるだけの時間になることなく，児童自身より深く興味関心を探求することができるのではないだろうか。

　また公開する手段もより柔軟に考えてよいのかもしれない。2020年，**新型コロナウイルス感染症**（COVID-19）の感染拡大により学校が休校となり，それを契機にオンライン授業に対する関心が高まった。今後，学校の**ICT化**は加速度的に進行し，各クラブの活動の様子や成果を映像としてまとめ，それをもと

に公開することもできるかもしれない。そうしたとき，たとえば成果発表のためのクラブも考えられるだろう。近年，YouTuber が児童の憧れの職業の一つとなっている。またタブレット端末を利用して簡単に映像を撮影，編集するスキルを持った児童も増えつつある。映像撮影や編集を行う小学校のクラブがあってもよいかもしれない。

　無論，公開するとなると様々な点で配慮すべき事項がある。映像活用となると配慮事項はさらに増加するだろう。しかし学校が社会に開かれていかなければならないことを考えると，これからの社会に即したクラブ活動の成果の発表機会を設定していくことも検討してみてよいのではないだろうか。

　今日，様々な制約があるなかでクラブ活動を実施しなければならない。しかし児童にとってクラブ活動は大きな楽しみでもある。そのクラブ活動をより充実させるために，若手教員やこれから教職を目指す学生は，柔軟な思考から創意工夫して指導していくことが求められている。

学習課題　① クラブ活動の指導の充実を図るために，ほかの特別活動の経験をどのように関連づけていけばよいか考えてみよう。
　　　　　② クラブ活動の成果の発表機会を設定するために，どのような方法があるか，考えてみよう。

引用・参考文献

国立教育政策研究所教育課程研究センター『みんなで，よりよい学級・学校生活をつくる特別活動　小学校編』文溪堂，2019年。
デューイ，J.『民主主義と教育　下』松野安男訳，岩波書店，1975年。
長谷川祐介「学校規模と部活動」山崎博敏研究代表『学級規模が授業と学校生活に与える影響に関する比較社会学的研究』（平成16年度〜平成18年度　科学研究費補助金（基盤研究(B)）研究成果報告書）（課題番号16330165）2007年，109〜123頁。
文部科学省『小学校学習指導要領（平成29年告示）解説　総則編』東洋館出版社，2018年a。
文部科学省『小学校学習指導要領（平成29年告示）解説　特別活動編』東洋館出版社，2018年b。

第11章

学校における部活動の考え方

　中学校・高等学校において教育課程外の教育活動として行われている部活動は，生徒の人間形成において，非常に重要な役割を果たしている。一方，近年では，「ブラック部活」といわれるように，活動の過熱化に伴い生徒および教師の負担過重，いじめや体罰等の問題行動等，負の側面も指摘されており，そのあり方が問われている。本章では，部活動の教育的意義，現状と課題を考察することにより，新学習指導要領のもとでの望ましい部活動のあり方について検討する。はじめに，部活動の教育課程における位置づけとその変遷，クラブ活動と部活動の相違，次に，「ブラック部活」といわれる部活動の現状と課題，続いて，学校生活づくりとしての部活動改革の今日的課題について考察する。

1　部活動とは何か

（1）教育課程と部活動

　ウォーター・ボーイズ，ロボコン，チルソクの夏，恋は五・七・五，ラフ，バッテリー，うた魂♪，ひゃくはち，ブラブラバンバン，フレフレ少女，おっぱいバレー，書道ガールズ!!わたしたちの甲子園，青い青い空，ソフトボーイ，武士道シックスティーン，くちびるに歌を，幕が上がる，青空エール，ちはやふる，チア☆ダン，etc. これらは何の題名かわかりますか。これらはすべて，2000年以降に公開された中学校や高等学校等の**部活動**を扱った映画の題名である。部活動は，映画をはじめ，アニメ，コミック，小説等日本の学校を描いた作品の主要なテーマとなっている。アメリカやヨーロッパの同様の作品と比べても，日本ほど運動部，文化部を含め様々な活動を扱っている国はない。まさに部活動は，日本の**学校文化**を特徴づける主要な活動であるということができ

よう。

　しかし，部活動は，小学校の**クラブ活動**とは異なり，**特別活動**として教育課程に位置づけられた活動ではなく，教育課程外の活動，すなわち**課外活動**という扱いになっている。2017（平成29）年告示「中学校学習指導要領」「第 1 章　総則」「第 5　学校運営上の留意事項」の 1 には，次のように記載されている。「教育課程外の学校教育活動と教育課程の関連が図られるように留意するものとする。特に，生徒の自主的，自発的な参加により行われる部活動については，スポーツや文化，科学等に親しませ，学習意欲の向上や責任感，連帯感の涵養等，学校教育が目指す資質・能力の育成に資するものであり，学校教育の一環として，教育課程との関連が図られるよう留意すること」。このことに関して，内田良は，「学校教育の一環に含まれるけれども，正規の指導内容ではない」グレーゾーンであると指摘している（内田，2017：28～29）。後述するように，部活動の抱える課題は，課外活動というグレーゾーンとしての位置づけに起因している。

（2）学習指導要領の変遷と部活動の位置づけ

　戦前，戦後を通じた部活動の歴史については，中澤篤史（2014，2017），神谷拓（2015）などに詳しい。本章では，戦後の学習指導要領の変遷に伴う中学校の部活動の位置づけについて，神谷（2015）に基づいて概観する（表11－1）。

　1947（昭和22）年告示「学習指導要領　一般編（試案）」，1951（昭和26）年告示「学習指導要領　一般編（試案）改訂版」，1958（昭和33）年告示「中学校学習指導要領　改訂版」では，**自由研究**，**特別教育活動**の内容としてクラブ，クラブ活動が位置づけられていた。ここでのクラブ活動は，教育課程内ではあるが，全員必修ではない（1958（昭和33）年告示「中学校学習指導要領」の「第 3 章　道徳，特別教育活動および学校行事等」「第 2 節　特別教育活動」第 3 の 6 には「全校生徒が参加できることは望ましいことであるが，生徒の自発的な参加によってそのような結果が生れるように指導することがたいせつである」との記述がある），授業時間外に行われる等現在の部活動に近い位置づけであった。1969（昭和44）年告示「中学校学習指導要領」では，クラブ活動の時間規定がなされ，授業時間内に

表11-1 中学校学習指導要領における部活動の位置づけの変遷

改訂年	教育課程	教育課程外
1947	クラブ （自由研究）	―
1951	クラブ活動 （特別教育活動）	―
1958	クラブ活動 （特別教育活動）	―
1969	クラブ活動（必修） （特別活動）	部活動（任意）
1977	クラブ活動（必修） （特別活動）	部活動（任意）
	部活動はクラブ活動と関連の深いものとされる	
1989	クラブ活動（必修） （特別活動）	部活動（任意）
	クラブ活動の部活動による代替が認められたことにより，クラブ活動に代わって部活動への全員参加が進む	
1998	― （クラブ活動廃止）	部活動（任意）
2008	―	部活動（任意）
		学校教育の一環として，教育課程との関連が図られるよう留意することを明記する
2017	―	部活動（任意）
		学校教育の一環として，教育課程との関連が図られるよう留意することを明記する

出所：神谷（2015：254）の表をもとに筆者作成。

設定されることにより，全員参加の**必修クラブ**となり，従来のクラブ活動が教育課程外の部活動となった。これがクラブ活動とは教育課程上の扱いが異なる現在の部活動のはじまりであり，1977（昭和52）年告示「中学校学習指導要領」の「第4章 特別活動」第3の3では，「学校において計画する教育活動でクラブ活動と関連の深いもの」として，クラブ活動との関連を図ったその適切な実施が求められた。

　しかし，中学校では，必修クラブと部活動との関係は明確でなく，部活動重視の傾向が続いたこと，1980年代に入り校内暴力等生徒の問題行動が深刻化す

るなかで，**生徒指導**の一環として部活動による生活管理が図られたこと等により，必修クラブの形骸化と部活動への全員参加が進められていった。そして，1989（平成元）年告示「中学校学習指導要領」の「第 4 章　特別活動」第 3 の 4 では，「部活動に参加する生徒については，当該部活動への参加によりクラブ活動を履修した場合と同様の成果があると認められるときは，部活動への参加をもってクラブ活動の一部又は全部の履修に替えることができるものとする」という代替措置が認められることとなり，クラブ活動に代わり，生徒の自主的参加を原則とする部活動が実質的に「義務化」されていくこととなった。さらに，1998（平成10）年告示「中学校学習指導要領」で必修クラブが廃止された（小学校では存続）ことにより，教育課程外の部活動のみが残ることとなった。こうして，部活動は，教育課程の基準である学習指導要領に根拠を持たないグレーゾーンとしての位置づけ（課外活動）のまま拡大し，「おおよそ中学生の 9 割，高校生の 7 割が部活に加入している」（中澤，2017：85）といわれるほど，日本の学校文化を特徴づける主要な活動となった。

　その一方で，後述するように，その過熱化に伴い，「**ブラック部活**」といわれるように，生徒にとっても，教師にとっても，過重な負担を強いる活動実態や，いじめ，体罰等の問題行動が指摘されるようになった。そのため，部活動を改めて学校の教育活動として位置づけ，その適切な実施が図られるよう，2008（平成20）年告示「中学校学習指導要領」では，「第 1 章　総則」「第 4 指導計画の作成等に当たって配慮すべき事項」の 2（13）「生徒の自主的，自発的な参加により行われる部活動については，スポーツや文化及び科学等に親しませ，学習意欲の向上や責任感，連帯感の涵養等に資するものであり，学校教育の一環として，教育課程との関連が図られるよう留意すること」が明記され，2017（平成29）年告示「中学校学習指導要領」では，上述のように，「教育課程外の学校教育活動と教育課程の関連が図られるように留意するものとする」が追記された。

（3）クラブ活動と部活動

　クラブ活動の廃止により，現在の中学校には，部活動のみが残されている。

クラブ活動廃止の呼び水となった1989年の代替措置の際，学習指導要領には
「当該部活動への参加によりクラブ活動を履修した場合と同様の成果があると
認められるとき」とあったが，これは，クラブ活動と部活動が同様の活動であ
るという認識に基づいていると考えられる。しかし，果たしてそうだろうか。
たしかに，両者は，「学年や学級の所属を離れ，共通の興味・関心を追求する
活動を行う」という点では，共通性を有している。しかし，筆者は，以下の2
点において両者はその性格を異にすると考える。

① 目標の置き方とそれを実現するための時間の使い方

　部活動では，試合や大会で良い成績（勝利）を残すこと，そのために自らの
能力を向上させることに主たる目標が置かれる。そのために，「今は辛く，苦
しくても耐えてがんばる」といわれるように，未来の目標を実現するためには，
今ほかにやりたいことを犠牲にすることも厭わないという時間の使い方をする。
それに対して，クラブ活動では，良い成績を残したり，能力を向上させるとい
うことよりも，仲間とともに活動自体をどう楽しみ，創り上げていくかという
ことに主たる目標が置かれる。未来のために今を犠牲にするのではなく，今と
いう場をどうすれば充実させることができるかという時間の使い方をする。

② 人間関係の質

　部活動では，その目標の置き方から，能力や技術の高低，先輩と後輩，指導
者と被指導者など，縦の関係に基づく人間関係が形成され，意思決定の権利が
一部の人に限定されがちであり，様々な面で統制的な作用が働きがちである。
それに対して，クラブ活動では，縦の関係は弱く，むしろ今を楽しみ，充実さ
せるために，各人がどのようにつながり，今持っている力を発揮することがで
きるのかという横の関係に基づく人間関係が中心となる。そこでは上から下へ
の統制的な働きは意味を成さず，民主的な**合意形成**と**意思決定**に基づく協働的
な作用が重視される。

　以上のように，部活動とクラブ活動は，共通点よりも相違点の方が大きいの
ではないだろうか。現在の部活動は，目標の置き方と人間関係の質において，
特別活動よりも，むしろ教科の学習に近いのではないか。部活動の改革は，こ
の点をふまえて，より特別活動に近づけていく方向で考えていく必要がある。

2　部活動の現状と課題

(1) なぜ「ブラック部活」といわれるのか

　部活動が,「ブラック部活」といわれるほど過熱化するようになるのは, 前述のように, 1980年代以降である。とくに, 部活動とクラブ活動との関連づけを図る (1977 (昭和52) 年度改訂), 部活動によるクラブ活動の代替措置を認める (1989 (平成元) 年度改訂) という過程で, 必修クラブが形骸化し, それに代わって部活動の全員参加への道が開かれ, クラブ活動の廃止 (1998 (平成10) 年度改訂) へと至った。必修クラブの廃止により, 中学校では, 学年や学級の所属を離れ, 共通の興味・関心を追求する活動は部活動のみとなり, 生徒指導および道徳教育上の問題, さらには推薦入試の浸透, 学校週5日制の導入等の関わりから, 部活動「義務化」への大義名分が整えられていった。

　図11-1は, 中澤篤史がまとめた中学・高校運動部活動の加入率の推移である。上記のように, 必修クラブをめぐる動向と部活動加入率の上昇がほぼ一致していることがわかる。2017年の**スポーツ庁**調査では, 中学生の部活動加入率は男子86.4% (運動部78.2%, 文化部8.2%), 女子90.2% (運動部57.7%, 文化部32.5%) であった (スポーツ庁, 2016：163)。また, 2019年の全国学力・学習状況調査では, 中学生全体で運動部65.9%, 文化部20.5%, 運動部と文化部の兼部1.0%, 不参加12.5%であった (文部科学省, 2019：198)。

　それでは, なぜ, 部活動が「ブラック部活」といわれるほど過熱化するようになったのだろうか。その主な理由は, およそ9割の生徒が参加しているほぼ必修に近い状態でありながら (「部活動に入るのが当たり前になっている学校文化」(内田, 2017：60)), 教育課程外の教育活動であるために, 教育課程の基準である学習指導要領によって規定されることもなく, 行政当局による法的な規制がかからないまま,「自主的な活動」として, 学校の自由裁量という名で矛盾を抱えながら拡大されてきたためである。それによって, 生徒にとっても教師にとっても, 平日・休日を問わない長時間の活動, 自主的な活動という名のもとでの強制的な参加, 行き過ぎた指導による事故・体罰等の問題を生じてきた。

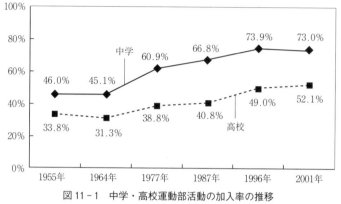

図11-1　中学・高校運動部活動の加入率の推移
出所：中澤（2014：96）。

　現在の部活動の現状と課題については，神谷（2015），中澤（2017），内田（2017），長沼（2017，2018），しんぶん赤旗「部活って何」取材班（2017），内田ほか（2018），佐藤ほか（2019）等の近著において，詳細に論じられているので，それらを参照されたい。本節では，スポーツ庁が行った**「平成29年度運動部活動等に関する実態調査」**に示された調査結果に基づいて，生徒や教員が部活動にどのような意識を持っているのかについて検討する。

（2）生徒にとっての部活動

　表11-2は，中学生の運動部活動や学校生活に関する悩みである。上位3つの悩みは，公立では，「部活動の時間・日数が長い」「学業との両立」「体がだるい」であった。その最大の原因は，中学校の1週間の部活動時間は，平日で2時間程度，休日で3時間前後，1週間に休養日を設けていない中学校の割合は22.5%，また，1カ月間に土日に休養日を設けていない中学校の割合は43.6%という活動状況である（スポーツ庁，2017：3）。運動部に所属している中学生の平日，土日を合わせた1日の平均運動時間は，約2.5時間（1週間の合計は男子が1068分，女子が1038分）という調査結果も出ている（スポーツ庁，2016：164）。

　表11-3は，中学生が運動部に所属する最大の目的である。上位3つの目的

表 11 - 2　運動部活動に関する悩み

	中学校	
H29	公立 n 25,649	私立 n 2,016
1. 部活動の時間・日数が長い	19.9	15.4
2. 部活動の指導が厳しい	6.4	6.2
3. 実技指導をしてほしい	7.0	5.0
4. 部活動顧問の先生が意見を聞いてくれない	4.4	4.1
5. レギュラーになれない・してくれない	4.5	4.4
6. ケガで活動ができない・なかなか治らない	3.6	3.0
7. 他の生徒との関係	10.8	7.3
8. 眠くて授業に集中できない	12.3	9.4
9. 学業との両立	15.3	21.5
10. 体がだるい	16.0	11.2
11. 家族に活躍を期待されている	4.0	2.8
12. 家族の理解がない	2.0	2.9
13. 部活動の悩み（その他）	8.6	6.7
14. 学校生活の悩み（その他）	5.3	6.3
15. 特段の課題や悩みはない	41.0	45.1

出所：スポーツ庁（2018a：19）。

表 11 - 3　運動部に所属する最大の目的

	中学校	
H29	公立 n 25,649	私立 n 2,016
1. 大会・コンクール等で良い成績を収める	30.6	25.5
2. チームワーク・協調性・共感を味わう	18.7	14.3
3. 体力・技術を向上させる	26.1	28.6
4. 友達と楽しく活動する	10.0	16.7
5. 部活動以外に取り組めるものがない	0.6	0.6
6. 学校以外に活動場所・施設がない	0.1	0.4
7. その他の目的	4.5	4.5
8. 特にない	6.7	6.7

出所：スポーツ庁（2018a：13）。

は，公立では，「大会・コンクール等で良い成績を収める」「体力・技術を向上させる」「チームワーク・協調性・共感を味わう」であった。しかし，他方で，部活動を行っていて良いと思う点の上位3つは，「体力・技術が向上している」「友達と楽しく活動できている」「チームワーク・協調性・共感を味わえている」であり，目的と効果の間にはズレがみられる（「大会・コンクール等で良い成績を収める」は5位である）（スポーツ庁，2018b：115）。

　表11-4は，中学生が運動部に所属していない理由である。主な理由は，「文化部やその他の活動（趣味等）を優先したい」「運動・スポーツは苦手でやりたくない」「学校以外のスポーツクラブに所属している」「やりたい運動部がない」であった。

　表11-5は，運動部や地域のスポーツクラブに所属していない生徒が，運動・スポーツを行う条件である。主な条件は，「友達と楽しめる」「活動時間が程よい」「指導がやさしくて丁寧」「勝ち負けにこだわらない」「同じ競技レベルの人だけで活動できる」であった。これらの条件は，まさに，次節で検討する現在の部活動の改善課題を提示しているということができる。

（3）教員にとっての部活動

　表11-6は，中学校の校長の部活動に関する悩みである。公立，私立とも「顧問教員の負担軽減」「顧問の不足」が上位2つを占めている。また，公立では「入部者の減少」（3位），私立では「活動場所の不足」（3位）と「部員（生徒）の学業との両立」（4位）が入っているのが特徴的である。

　表11-7は，中学校の運動部顧問教員の部活動に関する悩みである。公立，私立を問わず，「校務が忙しくて思うように指導できない」「自身の心身の疲労・休息不足」「校務と部活動の両立に限界を感じる」「自身のワークライフバランス」「自身の指導力の不足」が上位であった。

　部活動顧問が置かれている厳しい実態は，本節の（1）に挙げた文献に詳述されているので，ここでは，上記の悩みに関わる現実について略述する。

　まず，1週間の指導日数および指導時間である。スポーツ庁によれば，中学校の運動部主担当の場合，1週間の指導日数は6～7日程度が41.4％，5～6

表 11 - 4　運動部に所属しない理由

H29	中学校（公立）		
	全体 n 9,758	男子 n 3,138	女子 n 5,620
1．勉強したい	3.5	1.3	2.2
2．文化部やその他の活動（趣味等）を優先したい	23.3	3.9	19.3
3．運動部は活動が厳しい	3.5	1.1	2.4
4．運動部は活動時間・日数が長い	2.7	1.1	1.7
5．ケガをしたくない	0.6	0.2	0.4
6．やりたい運動部がない	10.8	2.9	7.9
7．学校以外のスポーツクラブに所属している	15.5	11.3	4.2
8．運動・スポーツは苦手でやりたくない	19.7	4.3	15.4
9．その他	12.0	3.8	8.2

出所：スポーツ庁（2018a：12）。

表 11 - 5　運動・スポーツを行う条件

H29	中学校（公立）		
	全体 n 8,250	男子 n 2,038	女子 n 6,212
1．同じ競技レベルの人だけで活動できる	21.2	4.0	17.2
2．勝ち負けにこだわらない	23.3	5.6	17.7
3．生徒同士で活動計画を決められる	10.2	1.9	8.2
4．活動時間が程よい	31.7	7.1	24.5
5．指導がやさしくて丁寧	26.6	5.5	21.1
6．友達と楽しめる	46.8	9.8	37.0
7．どのような条件でも運動・スポーツは行いたくない	16.5	4.5	12.0

出所：スポーツ庁（2018a：12）。

日程度が35.4％，また，1週間の指導時間は14〜21時間程度が37.7％，7〜14時間程度が37.3％となっており，公立の場合はどちらもそれ以上となっている（スポーツ庁，2018b：92）。とくに，スポーツ庁が示しているように，2006〜2016年の10年間で，土日に部活動に関わる時間が1時間6分から2時間10分へと1時間4分も増えていることが問題であり（スポーツ庁，2017：6），上記の悩みの主たる要因の一つとなっている。

　次に，全員顧問制についてである。スポーツ庁（2018b：13）によれば，運動部，文化部を含め全教員が顧問にあたることを原則としている学校は90％を超

表11-6　校長の部活動に関する悩み

H29	中学校	
	公立 n 414	私立 n 32
1. 入部者の減少	39.9	3.1
2. 顧問の不足	56.5	59.4
3. 顧問の知識・技能不足	27.8	21.9
4. 顧問・部活動指導者の過度な指導	6.5	6.3
5. 顧問教員の負担軽減	79.5	62.5
6. 保護者の理解不足	11.4	0.0
7. 保護者からの要望	20.8	0.0
8. 活動場所の不足	11.8	46.9
9. 施設・設備等の老朽化・不備	11.4	12.5
10. 部員（生徒）の学業との両立	5.8	43.8
11. 部員（生徒）の健康維持	3.9	0.0
12. 住民への対応	1.0	6.3
13. 教育委員会との連携	0.7	0.0
14. 学校間（小・中・高）の連携	0.7	0.0
15. 予算不足	10.1	0.0
16. 悩みがある（その他）	1.2	3.1
17. 特段の悩みはない	0.5	6.3

出所：スポーツ庁（2018a：17）。

えている。公立中学校の場合，その内，70％以上が運動部を主担当としている（兼務を含む）。また，運動部主担当教員のうち，約40％が，「希望する教員のみを当たらせるべき」と答えている。生徒の場合と同様に，本来，教員の自主的な関わりによって成り立つ部活動顧問の義務化の実態が明らかになっている。

　最後に，素人顧問の問題である。スポーツ庁によれば，中学校の運動部主担当の場合，担当している部活動の競技経験が全くない教員は40.7％，競技種目の指導者資格を持っていない（資格がないを含む）教員は82.3％，指導力向上のための研修会や講習会に参加したことがない教員は33.7％であった（スポーツ庁，2018b：48）。また，文化部主担当の場合は，活動経験の全くない教員は50.0％，指導者資格を持っていない（資格がないを含む）教員は89.3％であった（スポーツ庁，2018b：59）。

　以上のことから，競技経験・活動経験もなく，指導者資格もない，いわばほ

表11-7　顧問教員の部活動に関する悩み

H29	中学校	
	公立 n 4,138	私立 n 283
1. 校務が忙しくて思うように指導できない	54.7	59.7
2. 部活動以外で生徒に向き合う時間がとれない	12.7	13.4
3. 校務と部活動の両立に限界を感じる	47.9	45.6
4. 部員数が多い・少ないため活動が難しい	25.6	33.9
5. 予算不足	16.0	14.1
6. 顧問・指導者の不足	27.0	34.3
7. 自身の指導力の不足	45.1	39.6
8. 部員の能力不足	9.2	13.8
9. 部員のケガ・病気・疲労	9.6	12.0
10. 競技志向の生徒と楽しみ志向の生徒の共存	20.8	24.0
11. 部員とのコミュニケーション不足	5.8	8.1
12. 意義を見出せない	5.1	5.3
13. 部員同士の人間関係	18.9	13.4
14. 保護者の理解不足・過熱	23.5	13.8
15. 住民の理解不足	2.5	1.8
16. 部活動指導員との連携不足・人間関係	4.9	3.2
17. 活動場所の不足	20.5	35.3
18. 自身のワークライフバランス	45.3	35.3
19. 自身の心身の疲労・休息不足	51.8	38.9
20. 自身の経済的負担	13.5	9.9
21. その他	4.5	1.8
22. 特段の課題や悩みはない	3.8	5.7

出所：スポーツ庁（2018a：18）。

とんど素人といってよい教員が顧問を務めさせられているという実態が明らかになっている。とりわけ，運動部の場合，スポーツ医・科学の情報を得るための方法について，特に何もしていない教員が29.0%，外傷・障害を予防するための知識について，自身の経験の範囲でしかわからない教員が38.9%，まったく知らない教員が6.2%というのは（スポーツ庁，2018b：49），生徒の安全に直接関わることなので，深刻な問題である。

3　部活動改革の今日的課題

　表11-8は，朝倉雅史がまとめた部活動をめぐる主な論点である（佐藤ほか，2019：97）。これらの論点をふまえた部活動改革の今日的課題については，本章第2節（1）に挙げた文献に詳述されているので，ここでは，学校の教育活動としての「部活動の意義・役割」に絞って考えてみたい。

　朝倉雅史は，学術・研究領域における「部活動の在り方」（部活動とは……である，部活動は……のようにあるべき）に関する代表的な研究成果として，「楽しむための練習」（中澤，2017），「結社としての部活動と自治」（神谷，2015），「居場所の論理に基づく部活動の総量規制」（内田，2017），「居場所としての部活動と格差の縮減」（友添，2016：16~33）を挙げたうえで，「部活動の在り方」に関する議論の3つのポイントとして，「方法知を学ぶ場としての部活動」（その種目を行うために必要な「手続き」や「手立て」を重視），「戦後部活動への原点回帰」（部活動における「楽しむことへの原点回帰」），「生徒の居場所としての部活動」（"いるだけで良い"居場所になる）を提示している（佐藤ほか，2019：86~91）。

　筆者は，本章の第1節（3）において，「現在の部活動は，目標の置き方と人間関係の質において，特別活動よりも，むしろ教科の学習に近いのではないか。部活動の改革は，この点をふまえて，より特別活動に近づけていく方向で考えていく必要がある」と述べたが，部活動改革の今日的課題の要点は，特別活動の論理に基づいた部活動の再構築である。これは，部活動を必修クラブのように教育課程内に位置づけるということではない。特別活動の論理に基づいて部活動の意義を考えるということである。

　特別活動の論理とは何か。それは，「**自治と文化の創造を核とする生活づくりの活動**」ということである。現在の部活動は，**自治的活動**といえるだろうか。上述のように，生徒も教員も「自主的活動」の名のもとで，半ば強制されている状況を，「学年や学級の所属を離れ，共通の興味・関心を追求する活動を行う」ために何が必要か，どうすればよいのかを，自ら考え，判断し，決定し，行動する主体として意味づけていく必要がある。本来の意味での自治的活動と

表 11‒8　部活動をめぐる主な論点

◆ 部活動の意義・役割
「部活動とは何か，どのような意義や役割，効果を有しているのか」
◆ 部活動における暴力，リスク，人間関係問題
「部活動における負傷・死亡事故／事件をいかに防ぐか」
◆ 学校外部化を中心とする部活動変革
「部活動指導員制度（外部指導員制度）の運用あるいは部活動の外部化は是か非か」
◆ 部活動の過熱化対策（活動時間・活動日の制限，対外試合の精選と規模の縮小）
「活動時間・活動日数・休養日の制限をいかに徹底するか」
「対外試合を精選して規模を縮小するか，それをいかに実行するか」
◆ 部活動制度の慣例化（全員顧問制，全員入部制）
「慣例化した全員顧問制，全員入部制をいかに改善するか」

出所：佐藤ほか（2019：97）。

して，一定のルールのもとで，活動の目標，内容，方法，運営に関する選択と決定における自由と責任が保障されること，それが部活動改革への第 1 歩である。

　部活動は，学校文化を代表するものである。しかし，現在，その部活動が形成している文化は，競争と選別の論理が支配的である。これを，協働と共生の論理に基づく文化にする必要がある。2017（平成29）年告示の学習指導要領における特別活動のキーポイントは，民主的な合意形成と意思決定に基づく**多様な他者との協働**である。現在の部活動が持っている競争と選別の論理になじめない生徒にも，「学年や学級の所属を離れ，共通の興味・関心を追求する活動を行う」権利が保障されなければならない。「楽しむ力」（中澤，2017），「居場所」（友添，2016：16〜33），「ゆとり部活動」（内田，2017）等で表現されている，一部の生徒にだけ日が当たる部活動ではなく，すべての生徒に開かれた部活動とは何かを考える必要がある。

　最後に，教育課程との関連である。学校の教育活動である以上，各教科，特別の教科　道徳，総合的な学習の時間（高等学校では「総合的な探究の時間」），特別活動（以下，各教科等）とは異なる部活動だけにしか認められない価値はあってはならない。部活動は，教育課程外ではあっても，各教科等での学びが結実する総合的な学びの場として機能する必要がある。自ら考え，判断し，決定し，

行動する主体として，各教科等での学びが部活動に生かされ，部活動での学び
が各教科等に生かされていく，そのような学校文化を創ることが部活動改革の
本質なのではないだろうか。

学習課題　①　自分の体験した部活動を振り返り，部活動を通して学んだことが，他の教育
　　　　　　　活動とどのように関連するのかということについて考えてみよう。
　　　　　②　自分の体験した部活動を振り返り，「ブラック部活」といわれる現在の部活
　　　　　　　動をどのように改善することが必要か考えてみよう。

引用・参考文献

内田良『ブラック部活動——子どもと先生の苦しみに向き合う』東洋館出版社，2017年。
内田良ほか『調査報告　学校の部活動と働き方改革——教師の意識と実態から考える（岩波
　　ブックレット989）』岩波書店，2018年。
神谷拓『運動部活動の教育学入門——歴史とのダイアローグ』大修館書店，2015年。
国立教育政策研究所「平成31年度（令和元年度）　全国学力・学習状況調査　報告書——児
　　童生徒一人一人の学力・学習状況に応じた学習指導の改善・充実に向けて　質問紙調
　　査」2019 年。https://www.nier.go.jp/19chousakekkahoukoku/report/data/19qn.pdf
　　（2020年12月12日閲覧）
佐藤博志ほか『ホワイト部活動のすすめ——部活動改革で学校を変える』教育開発研究所，
　　2019年。
しんぶん赤旗「部活って何」取材班『部活動って何だろう？——ここから変えよう』新日本
　　出版社，2017年。
スポーツ庁「平成28年度全国体力・運動能力，運動習慣等調査結果」2016年。https://
　　www.mext.go.jp/sports/b_menu/toukei/kodomo/zencyo/1380529.htm（2020年12月12
　　日閲覧）
スポーツ庁「運動部活動の現状について」（運動部活動の在り方に関する総合的なガイドライ
　　ン作成検討会議（第1回）　資料2）2017年。https://www.mext.go.jp/sports/b_menu
　　/shingi/013_index/shiryo/__icsFiles/afieldfile/2017/08/17/1386194_02.pdf（2020年12月
　　12日閲覧）
スポーツ庁「平成29年度『運動部活動等に関する実態調査』集計状況」2018年a。https://
　　www.mext.go.jp/sports/b_menu/shingi/013_index/shiryo/__icsFiles/afieldfile/2017/11
　　/20/1398467_01_1.pdf（2020年12月12日閲覧）
スポーツ庁『平成29年度運動部活動等に関する実態調査　報告書』東京書籍，2018年b。
　　https://www.mext.go.jp/sports/b_menu/sports/mcatetop04/list/detail/__icsFiles/

afieldfile/2018/06/12/1403173_2.pdf（2020年12月12日閲覧）

友添秀則編著『運動部活動の理論と実践』大修館書店，2016年。

中澤篤史『運動部活動の戦後と現在――なぜスポーツは学校教育に結び付けられるのか』青弓社，2014年。

中澤篤史『そろそろ，部活のこれからを話しませんか――未来のための部活動講義』大月書店，2017年。

長沼豊『部活動の不思議を語り合おう』ひつじ書房，2017年。

長沼豊編著『部活動改革2.0――文化部活動のあり方を問う』中村堂，2018年。

第Ⅴ部

学校行事

　第Ⅴ部は特別活動の内容3つ（小学校は4つ）のうちの最後の1つです。特別活動といえば，運動会や文化祭といわれるほど存在感のある「学校行事」です。あらゆる行事がここに含まれるので，多種多様な行事があり分類・整理が必要です。現在，2017（平成29）年告示の学習指導要領において学校行事は5つに分類されています。本書でも，その分類に沿って第12章から第16章まで順にみていきます。行事はどれも通常の学校生活とは異なりハレ（特別）の日となり，日常に変化とアクセントをもたらします。学校の思い出というと多くの人が学校行事を思い出すでしょう。

　第12章はそのなかでも「式」関連について学びます。第13章は文化的な行事で，学芸会や合唱祭など自分たちが行うことと，芸術を鑑賞することの2つで構成されています。第14章は心身の健康や防災・防犯などの安全に関する行事と，運動会などの体育的行事の2つで構成されています。第15章は遠足などの自然を体験する行事と，林間学校や修学旅行などの宿泊行事の2つで構成されています。第16章は働くこととボランティア活動の2つで構成されています。

学校行事の実践例（1）
——儀式的行事——

　本章では，儀式的行事の特質の理解を深めるとともに，特別活動において重視する「人間関係形成」「社会参画」「自己実現」の３つの視点との関連をふまえて，儀式的行事を実施することにより，どのような資質・能力の育成を目指すのかについて叙述する。さらに，「深い学び」を実現するために学校現場では，どのような儀式的行事が実践されているか，具体例を提示して検証していく。

1　儀式的行事のねらいと内容

　儀式的行事について，2017（平成29）年告示「小学校学習指導要領」の「第６章　特別活動」「第2　各活動・学校行事の目標及び内容」の〔学校行事〕「2　内容」では，次のように示されている。

---

(1)　儀式的行事
　　学校生活に有意義な変化や折り目を付け，厳粛で清新な気分を味わい，新しい生活の展開への動機付けとなるようにすること。

　このことをふまえて，『小学校学習指導要領（平成29年告示）解説　特別活動編』（以下，『解説』）に記された儀式的行事のねらいと内容および実施上の留意点等に基づき，検証する。

（1）儀式的行事の教育的意義
　儀式的行事では，「入学式」や「卒業式」などの各行事を行う意義や，その場にふさわしい参加の仕方等について理解し，厳粛な雰囲気の場での儀礼やマ

ナー等必要な知識や技能を身につけるという教育的意義がある。

　また，儀式的行事の実践においては，学校や学年の一員としての自覚を持ち，新しい生活への展開や集団の場において規律正しく行動することができる「思考力，判断力，表現力等」を育むとともに，地域社会への所属感を深め，保護者や日ごろ関わりの深い地域の人々に対する感謝の気持ちを育むことが期待されている。

（2）儀式的行事のねらい

　『解説』において，儀式的行事のねらいは，「児童の学校生活に一つの転機を与え，児童が相互に祝い合い励まし合って喜びを共にし，決意も新たに新しい生活への希望や意欲をもてるような動機付けを行い，学校，社会，国家などへの所属感を深めるとともに，厳かな機会を通して集団の場における規律，気品のある態度を養う」（文部科学省，2018：120）と記されている。

　儀式的行事の指導および実践にあたっては，「知識及び技能」の習得，「思考力，判断力，表現力等」の育成，「学びに向かう力，人間性等」の涵養が十分に実現されるよう，児童生徒の「主体的・対話的で深い学び」の実現に向けた活動内容の工夫や改善を推進していくことが重要である。

　『解説』では，具体的には，次のような資質・能力の育成が例示されている（文部科学省，2018：120）。

○知識及び技能

　儀式的行事の意義や，その場にふさわしい参加の仕方について理解し，厳粛な場における儀礼やマナー等の規律，気品のある行動の仕方などを身に付ける。

○思考力，判断力，表現力等

　新しい生活への希望や意欲につなげるように考え，集団の場において規則正しく行動することができるようにする。

○学びに向かう力，人間性等

　厳粛で清新な気分を味わい，行事を節目として希望や意欲をもってこれからの生活に臨もうとする態度を養う。

　儀式的行事の実践においては，行事に対する児童の参加への意識およびその

行事から受ける感銘や感動の度合いが教育効果に大きく影響する。そのため，とくに「入学式」「卒業式」などの代表的な儀式的行事では，学校や地域の特色，伝統や歴史などを大切にするとともに，児童どうしや教師，保護者，地域の方々など多様な他者との関わりについて体感できるよう工夫することが大切である。

（3）儀式的行事の内容

『解説』において，儀式的行事の内容は，「全校の児童及び教職員が一堂に会して行う教育活動であり，その内容には，入学式，卒業式，始業式，終業式，修了式，開校記念に関する儀式，教職員の着任式・離任式，新入生との対面式，朝会などが考えられる」（文部科学省，2018：120）と記されている。

儀式的行事は，主に年度や学期ごとのはじまり，終わりなどの学校生活の節目に，全校の児童および教職員が一堂に会して行う。とくに，「入学式」や「卒業式」では，児童生徒にとって「入学」や「卒業」「進学」などの「人生の節目」を列席者や招待者等によって祝福する意味合いの強い学校行事である。

「開校記念に関する儀式」とは，学校が設置され，開校の年度や「開校1周年」「開校10周年」などの節目を祝う際に行う「式典」などのいわゆる儀式的な行事を指すものであり，児童会や生徒会が中心となって行う「開校記念集会」等とは，区別している。

「教職員の着任式」は，新年度の第1学期始業式を行う前に実施することが多い。また「教職員の離任式」は，新年度が始まって1カ月前後に行い，児童生徒が，退職や異動などで学校を離れた教職員との再会をともに喜び合ったり，学級担任などでお世話になった児童生徒を中心に感謝の意を伝えたりする儀式的行事である。

離島や僻地など，教職員が新年度に再度訪れる日程の確保が困難な地域の学校においては，年度を締めくくる「修了式」の後に，「離任式」を実施する場合がある。

2　入学式

（1）入学式の特質と意義

　児童生徒の学校生活は，入学式によって始まる。とくに，小学校の入学式は，地域によって異なるが，新入生が卒園した幼稚園や保育所等が複数ある場合が多い。その場合は，中学校のように「同じ小学校出身の友達」のような人間関係がほとんど築かれていない。そのため，初めて出会った児童どうしが同じクラスや学年であることに対する「所属意識」や「連帯感」を意識できるように意図的な言葉かけや活動面での工夫が求められる。

　また，就学前の体験や環境が異なるため，入学式に臨む児童の緊張や不安などからくる体調の変化などにも十分に配慮することが重要である。

　入学式はそのような緊張感や不安感を和らげ，明るくて楽しい学校生活への期待感を高めたり，新入生や保護者が毎日登校することに対する安心感を抱いたりするための絶好の機会として捉えて準備を進めたい。

　入学式においては，教職員・在校生とともに，保護者や地域の代表の方々が新入生の入学を祝福し，学校・家庭・地域が一体となって，児童生徒の成長を見守ることを確かめ合う機会となる。

　「心の温かさが感じられる」親和的な雰囲気で新入生とその保護者や家族の列席を歓迎し，学校や地域に対する信頼感を構築することができるよう，入学式の特質や意義を教職員間で十分に議論し，共通理解を深めて本番を迎える必要がある。そのためには，幼稚園や保育所等の関係機関，中学校校区内の小学校から事前に得た児童生徒の情報を手がかりに，児童生徒の実態を可能な限り把握しておくことが欠かせない。

　また，退職や人事異動によって教職員の組織が再編成されたり，校長，副校長などの管理職が代わったりすることが想定されるため，新年度の業務開始から入学式当日までの期間における分担業務の内容等の引き継ぎは十分かつ丁寧に行わなくてはならない。

（2）入学式のねらい

入学式に際しては，教職員で構成される「入学対策委員会」などの組織のメンバーが中心となり，「入学式のねらいを作成する際のポイント」として，以下の事項に配慮することが大切である。

①新入生が学校生活に対する期待感を高められるよう，明るい雰囲気とともに，心の温かさが感じられる環境づくりや対応に努めること。

②新入生の保護者や家族からの学校・教職員に対する信頼を高めるとともに，児童生徒の充実した学校生活を願い，教育活動への理解，支援や協力を得られるように努めること。

③入学前の健康診断（小学校は就学時健康診断），入学説明会等を通して，学校経営方針や主な教育活動，入学までに用意すべき学用品等の準備事項などについて丁寧に説明すること。

（3）入学式の実践例

Ａ市立Ｂ小学校の実施計画をもとに，実践例をみてみよう。

令和〇年度 入学式実施計画（Ａ市立Ｂ小学校入学対策委員会）

1　ねらい

（1）　新入学児童に小学校入学の喜びを味わわせるとともに，学校生活への意欲づけを行い，本校児童としての自覚を持たせる。

（2）　在校生には，新入学児童の入学を歓迎，祝福し，上級生としての自覚を高め，温かく迎える心情や態度を養う。

（3）　新入生・在校生ともに学校や地域社会への所属感を深め，入学式を行う意義を理解し，集団の場における規律と礼儀正しさを養う。

2　日時　令和〇年4月〇日〈受付〉午前9時45分〜10時05分
　　　　　　　　　　　　開式：午前10時30分　閉式：午前11時15分

3　式場　本校体育館

4　参加者
　　1年児童（1組25名　2組25名　計50名：4月1日現在）
　　2年児童（1組25名　2組25名　計50名）

教職員，保護者，来賓

5　式次第（所要時間のめやす）

（1）開式のことば	1分	（8）来賓紹介	3分
（2）国歌斉唱	2分	（9）祝電紹介	2分
（3）校長の話	5分	（10）歓迎のことば（2年生）	8分
（4）1年担任紹介	2分	（11）校歌斉唱	3分
（5）職員紹介	3分	（12）閉式のことば	1分
（6）教育委員会告辞	5分	＊1年生入場	5分
（7）市長祝辞	2分	＊1年生退場	3分　計45分

6　式の進行について

　新入生の入場から退場までの流れを確認する。

7　入学式当日の流れ

　• 新入生および保護者の「動線」と「時程」を確認する。

　• 教職員の「時間帯ごとの児童への指導や活動内容」を確認する。

8　式場図

　• 式場となる体育館内の「レイアウト図」を提示し，確認する。

　• 児童，保護者，来賓および教職員の座席配置・席順等を確認する。

　• 舞台上の「国旗」「市旗」「校旗」の設置位置を明示する。

9　前日までの仕事分担

　前年度の担当分担を参考にして，転入職員が戸惑うことなく役割を果たせるように配慮する。

10　当日の仕事分担

　各分担の取り組みで気づいた点は，次年度に向けて申し送る。

11　片付けについて

　その後の学習活動に影響しないように速やかに行う。

3　卒業式

（1）卒業式の特質と意義

　児童生徒にとって，卒業式はそれぞれの学校生活において，全課程を修了したことの証として，「卒業証書」を授与される儀式である（図12-1）。ここで

図 12 - 1　卒業式の様子

出所：フォトヨシダ提供。

は，小学校の卒業式について，特質と意義を確認する。

　小学校の卒業式は，6 年間の小学校の全課程を修了した児童が，校長より卒業証書を授与される場であり，小学校生活最後の学校行事である。学期ごとの始業式，終業式や年度の締めくくりとなる修了式とは異なり，卒業式は，小学校生活を終えて，中学校に進学するための人生の節目となる大切な日であり，「学校生活に有意義な変化や折り目を付ける」という特質を有している。

　卒業生にとっては，6 年間の小学校生活を見守り支えてくださった保護者や地域の方々に感謝の意を伝える機会であるとともに，個人や集団としての成長，活躍や頑張りなどを認めてもらうための意味合いもある。

　地域社会の一員としての気持ちを高め，小学校生活で学んだことを存分に生かし，新たな出会いとともに人とのつながりを広げていくという意欲や期待感を最大限に高めていく場となる。

　このような教育的意義を理解し，主体的に考えて実践できるように，卒業式は「厳粛で清新な気分を味わう」ための規律や，式に臨む際の気品ある態度など，事前の指導が大切である。

（2）卒業式のねらい

　卒業式に際しては，入学式と同様，教職員で構成する「卒業準備委員会」などの組織を中心として，卒業式の計画，実施，振り返り，見直し改善を行う。

とくに，卒業式の意義を児童生徒が適切に理解し，式のなかでその学びを態度や行動として示したり，歌唱や言葉等によって表現したりするなど，児童生徒の実態に応じた工夫が求められる。

　小学校の卒業式のねらいは，以下の視点に沿って明確に示し，指導にあたることが考えられる。

① 卒業生に関するねらい

　卒業とともに，小学校の全課程を修了することに対する喜びを味わわせ，中学校進学に向けて，希望を抱かせる。保護者や家族，お世話になった地域の方々，教職員，在校生等に対して感謝の気持ちを持たせる。

② 在校生に関するねらい

　卒業生に対して感謝の気持ちを持ち，門出を祝福する。さらに，これまで培われてきた学校のよき伝統を受け継ぎ，よりよい学校づくりへの意識を高める。

③ 卒業生・在校生に共通したねらい

　儀式的行事における規律，礼儀正しい態度を養うとともに，地域社会の一員としての自覚を持たせる。

（3）卒業式の実践例

　C区立D小学校の実践例をもとに，卒業式までの事前指導・事前準備およびそれに関連する教育活動についてみてみよう。

① 卒業に向けた取り組み

　卒業式までの期間は，児童会が中心となって行う「6年生を送る会」や，学級活動等での様々な取り組みを通して，6年生の児童に卒業生としての自覚を持たせ，卒業式に参加することに対する意欲を高めていく。在校生に対しては，最高学年の6年生に対する感謝の気持ちや卒業を祝福する気持ちを深める点に配慮した教育活動を意図的，計画的に実施する。卒業に向けた取り組みには以下のようなものが考えられる。

• 「たて割り班お別れ給食」（2月末から3月上旬に実施）

　たて割り班活動（各学級から3，4名ずつ，1年生から6年生までの異年齢集団による活動）の一環として年度末に実施する。

- 「6年生を送る会」（3月上旬に実施）

　児童会の5年生が中心となって集会活動を行う。学年ごとに，歌や合奏等の披露や，卒業生にちなんだクイズなどを通して全校で祝福する。

- 「奉仕活動」

　卒業を前に，6年生が校内の清掃や美化活動を行う。校庭の草むしりや，学校周辺の地域清掃を分担して行う。不要なタオルを持ち寄り，各学級の清掃時に使用する雑巾をミシンで縫う。

②　卒業式の呼びかけ（「門出の言葉」「贈る言葉」）の決定

　卒業式では，卒業生と在校生代表の5年生が合唱を披露し，1人1言ずつ，または全員で声をそろえて6年間の小学校生活を振り返り，思い出を語ったり，中学校進学に向けての決意を表明したりする。5年生からは，卒業を祝う気持ちを言葉や歌などで伝えるとともに，最高学年という責務を6年生から引き継ぐことへの決意や意欲などを語る。

　「門出の言葉」と「贈る言葉」の台本は，児童一人ひとりの思いや希望を生かしながら，6年生担任が中心となって作成する。校長は台本を熟読し，児童が語る言葉の内容が卒業式にふさわしく，適切であるか確認する。

③　式次第の決定

　C区教育委員会の指導に基づき，以下のように式次第を決定する。

（1）開式の言葉	（6）教育委員会告辞	（11）校歌斉唱
（2）国歌斉唱	（7）来賓祝辞	（12）閉式の言葉
（3）学事報告	（8）来賓紹介	
（4）卒業証書授与	（9）祝電披露	
（5）校長式辞	（10）門出の言葉・贈る言葉	

④　卒業式の事後指導と「門送り」の準備

　卒業式終了30分後に，卒業生を見送る「門送り」を行う。卒業生には，卒業式終了から門送りまでの間，教室にて担任からの指導の時間（担任より，卒業式を終えたことを祝福し，中学校進学に向けて励ましのメッセージを伝える時間）を確保する。門送りの実施例は次の通りである。

- 児童玄関から正門に向かって，卒業式に出席した在校生，保護者，地域の方々と教職員が通路の両脇に並び，その間を6年生担任を先頭に，卒業生が通る。見送る側は，拍手や声掛けなどにより祝福する。
- 学校の特色ある取り組みや児童の実態などにより，合奏や合唱を演奏したり，BGMの音楽を流したりして，門出にふさわしい雰囲気を作る。
- 雨天時など天候やその後の取り組みなどによっては，校舎内の廊下などで門送りを行う場合もある。

4　その他の儀式的行事の実践

　本章第1節（3）において，儀式的行事の内容を記し，1年間の学校生活における様々な儀式的行事の存在を確認した。

　ここでは「始業式」「終業式・修了式」について，各行事の特質と意義について理解を深め，実践例からの学びを通して「主体的・対話的で深い学び」の実現に向けた儀式的行事の創造を目指し，本章のまとめとする。

（1）始業式の特質と意義および実践例

① 始業式の特質と意義

　始業式は，新たな年度のはじまりや夏休み，冬休みなどの長期休業期間の生活と学校生活との切り替えとなる節目の儀式的行事である。新年度や新学期を迎えて，自分自身の目標を実現するために努力しようと思うことや意欲を持って取り組んでみようと考えていることについて認識する機会であり，同じ学級や学年，学校の一員として所属意識を高める機会となるよう，意図的，計画的な準備と指導を必要とする。

- 新年度・第1学期始業式の特質

　新年度のはじまりであり，新たな担任，友達との出会いの場となる。児童生徒は，進級したことの喜びと期待に満ちて登校するとともに，不安を抱いていることも想定し，各教員は児童生徒の表情や言動に留意して臨む必要がある。

・第 2 学期始業式の特質

　長期間の夏季休業明けであり，家庭での自由な生活から学校生活のリズムへの切り替えをスムーズにするため，各自に新学期の抱負を持たせ，目標を明確にさせていく機会となるよう配慮することが大切である。

・第 3 学期始業式の特質

　新年を迎えての決意や新たな目標を明確に持たせるとともに，1 年間の学校生活のまとめをする大事な学期であることを理解させる機会となるよう配慮することが大切である。

② 始業式の実践（【小学校】式次第）例

（1）開式の言葉	（4）児童代表の言葉〈学年ごとの分担〉
（2）校長の話	（5）校歌斉唱
（3）担任発表〈第 1 学期〉	（6）閉式の言葉

※転入児童は始業式の前に紹介し，所属学級の列に並ばせる。
※「児童代表の言葉」は学年ごとに分担し，各学級から 1 名ずつの代表児童が壇上にて，「今学期の目標」等をテーマに書いた作文を読み上げる。

（2）終業式・修了式の特質と意義および実践例

① 終業式・修了式の特質と意義

　終業式・修了式は，各学期・1 年間の学校生活を振り返ることにより，各児童生徒の努力を認め，成長を喜び励まし合うとともに，課題や改善すべきことなどを確かめ合う機会としたい。来学期や次年度に向けての意欲を喚起するとともに，長期休業中の計画的な過ごし方や留意事項等を確認する機会とする。

　修了式は，1 年間の課程を修了したことの証として修了証を児童生徒に手渡す。進級，進学に向けた意義を十分に理解させる必要がある。

・第 1 学期終業式の特質

　新しい環境，新しい友達や担任との学校生活を通して，自分自身の成長を振り返るとともに，学級や学年など集団として取り組んできたことについても考える機会としたい。夏休み期間中の生活について，時間の有効的な使い方や様々な危険から身を守ることへの意識を高める指導の工夫が必要である。

• 第2学期終業式の特質

　これまでの期間に，遠足・集団宿泊的行事，運動会などの健康安全・体育的行事，学芸会などの文化的行事を終えて，人間関係が深まってきたために，学校生活における様々な成果を確認することができる機会となる。冬季休業期間中には，年末年始を迎えるため，正月の行事や伝統的な催し等に触れる機会となる。新年を迎えると同時に始まる第3学期への意欲を高める指導の工夫が必要である。

• 修了式の特質

　1年間の学校生活の締めくくりであり，在校生にとっては進級をするため，卒業生にとっては卒業，進学をするため，「修了証」を授与される場となる。

　修了式では，同級生と過ごした学年を終えることに対する達成感や充実感を味わわせるとともに，新学年や進学先での新たな生活に向けての決意や抱負を抱かせる機会となるよう，言葉かけや内容を工夫する必要がある。終業式の内容や，進行などとは明確に区別をして，計画・準備を進めたい。

② 　終業式の実践（【小学校】式次第）例

（1）開式の言葉	（4）校歌斉唱
（2）校長の話	（5）閉式の言葉
（3）児童代表の言葉〈学年ごとの分担〉	

③ 　修了式の実践（【小学校】式次第）例

（1）開式の言葉	（4）児童代表の言葉〈全学年の代表〉
（2）修了証書授与	（5）校歌斉唱
（3）校長の話	（6）閉式の言葉

学習課題　① 　「入学式」において新1年生・在校生に育みたい資質・能力を考慮して，ねらいを考えてみよう。

② 　2017（平成29）年告示「小学校学習指導要領」第6章第3の3では，「入学式や卒業式などにおいては，その意義を踏まえ，国旗を掲揚するとともに，国歌を斉唱するよう指導するものとする」と示されている。ほかの教科や領域に

おける「国旗」「国歌」に関わる指導には，具体的にどのような指導が考えられるか調べてみよう。

引用・参考文献

文部科学省『小学校学習指導要領（平成29年告示）解説　特別活動編』東洋館出版社，2018
年。

学校行事の実践例（2）
——文化的行事——

　学校行事の「学芸的行事」が「文化的行事」と改定されたのは，2008（平成20）年告示の小・中学校学習指導要領以降である。本章では1968（昭和43）年告示の小学校学習指導要領以降の内容と，学芸的行事・文化的行事に関する取り扱いなどをふまえ，2017（平成29）年告示の小学校学習指導要領を確認する。また，『小学校学習指導要領（平成29年告示）解説　特別活動編』を読み解くことで，文化的行事の指導計画や評価に関する基本的事項について学んでいく。

1　文化的行事のねらいと内容

（1）学芸的行事が文化的行事に改定されるまでの学習指導要領の変遷

　本節では，まず文化的行事の前身である**学芸的行事**が特別活動に位置づけられた1968（昭和43）年告示，1971（昭和46）年施行の小学校学習指導要領に示された「ねらい」と「内容」を，次に学芸的行事が文化的行事と名称変更されるまでの小学校学習指導要領の変遷を確認する。

①　1968（昭和43）年告示「小学校学習指導要領」

　特別教育活動と学校行事が特別活動に統合されたのは，1968（昭和43）年告示「小学校学習指導要領」および1969（昭和44）年告示「中学校学習指導要領」である。小学校学習指導要領では，「第4章　特別活動」の「第2　内容」において「特別活動は，児童活動，学校行事および学級指導から成るものとする」とされ，学校行事の目標は以下のように示された。

> 　学校生活に秩序と変化を与える教育活動によって，児童の心身の健全な発達を図り，あわせて学校生活の充実と発展に資する。

このため,

(1)　行事に積極的に参加させ, 日常の学習成果の総合的な発展を図るとともに, 学校生活を明るく豊かなものとする。

(2)　**集団**への所属感を深めさせるとともに, 集団行動における望ましい態度を育てる。

　また, 学校行事の内容は「儀式, 学芸的行事, 保健体育的行事, 遠足的行事および安全指導的行事」とされた。第４章には, 内容の取り扱いについて, 以下のことが示されている。

(1)　学校行事においては, その目標の達成に有効な活動を精選し, 実施の時期, 時間, 回数, 方法などについて慎重に考慮しなければならない。

(2)　地域社会の要請と関連する学校行事については, 学校全体の教育計画の観点から, その教育的価値についてじゅうぶん検討するよう特に留意する必要がある。

(3)　国民の祝日などにおいて儀式などを行なう場合には, 児童に対してこれらの祝日などの意義を理解させるとともに, 国旗を掲揚し,「君が代」を齋唱させることが望ましい。

(4)　学校行事の各種類には, 次のような活動が考えられるが, 各種類ごとに適宜の活動を取り上げて実施するものとする。

　　ア　儀式　入学式, 卒業式, 始業式, 終業式, 国民の祝日における儀式, 朝会その他

　　イ　学芸的行事　**学芸会**, 展覧会, 映画会その他

　　ウ　保健体育的行事　運動会, 健康診断その他

　　エ　遠足的行事　遠足, 修学旅行その他

　　オ　安全指導的行事　安全指導, 避難訓練その他

　以上が, 1968（昭和43）年に告示された小学校学習指導要領の学校行事に関する記述である。ここでは学芸的行事に関わるねらい「日常の学習成果の総合的な発展を図る」と, 活動例のはじめに学芸会が挙げられている点に着目したい。

　なお, 学芸会の教育的な意義, 現状等については, 筆者が研究代表者として取り組んだ「学校教育における**文化的行事**の研究」報告書（中村・佐々木, 2018）を参照されたい。

② 1997（昭和52）年告示「小学校学習指導要領」

　次に，1977（昭和52）年告示，1980（昭和55）年施行の小学校学習指導要領「第4章　特別活動」をみておく。「第2　内容」は3つの内容となり，「A児童活動」「B学校行事」「C学級指導」である。そのうち，「B学校行事」では（1）儀式的行事，（2）学芸的行事，（3）体育的行事，（4）遠足・旅行的行事，（5）保健・安全的行事，（6）勤労・生産的行事の指導内容が示された。

　また，学芸的行事の内容は「平素の学習活動の成果を総合的に生かし，一層の向上を図ることができるような活動を行うこと」とされ，前の学習指導要領で例示されていた学芸会が消滅している。一方「第3　指導計画の作成と内容の取扱い」の3では，国旗掲揚・国歌斉唱に関する取り扱いが継承されている。

③ 1989（平成元）年告示「小学校学習指導要領」

　続いて，1989（平成元）年告示，1992（平成4）年施行の小学校学習指導要領「第4章　特別活動」を確認する。「第2　内容」が4つの内容「A学級活動」「B児童会活動」「Cクラブ活動」「D学校行事」となった。

　「D学校行事」は（1）儀式的行事，（2）学芸的行事，（3）健康安全・体育的行事，（4）遠足・集団宿泊的行事，（5）勤労生産・奉仕的行事の5内容となり，新たに「学校行事においては，全校又は学年を単位として，学校生活に秩序と変化を与え，集団への所属感を深め，学校生活の充実と発展に資する**体験**的な活動を行うこと」が示されている。

　学芸的行事の内容は「平素の学習活動の成果を総合的に生かし，その向上の意欲を一層高めるような活動を行うこと」と改定されている。ここには「新しい学力観」で提示された学力の要素である「関心・意欲・態度」をふまえ「向上の意欲を一層高めるような活動」と示されている。

　また，「第3　指導計画の作成と内容の取扱い」の1（4）では，「学校行事については，学校や地域及び児童の実態に応じて，各種類ごとに，行事及びその内容を精選して実施すること」が示されている。これは1968（昭和43）年告示の小学校学習指導要領において示されていた「精選」の視点と共通する取り扱いであることに注視しておきたい。

④　1998（平成10）年告示「小学校学習指導要領」

　続いて，1998（平成10）年告示，2002（平成14）年施行の小学校学習指導要領
「第4章　特別活動」を確認する。「第2　内容」は「A学級活動」「B児童会
活動」「Cクラブ活動」「D学校行事」であり前回と同じである。「第3　指導
計画の作成と内容の取扱い」の2（4）では，「学校行事については，学校や
地域及び児童の実態に応じて，各種類ごとに，行事及びその内容を重点化する
とともに，行事間の関連や統合を図るなど精選して実施すること。また，実施
に当たっては，幼児，高齢者，障害のある人々などとの触れ合い，自然体験や
社会体験などを充実するよう工夫すること」とされている。ここには「総合的
な学習の時間」の新設に伴い，新たに「体験」に関する取り扱いと，前回に続
く「精選」が示されている。

　なお，2003（平成15）年に小学校学習指導要領改正が行われている。そこで
は特別活動に関わる内容に変更はみられない。

⑤　2008（平成20）年告示「小学校学習指導要領」

　2008（平成20）年告示，2011（平成23）年施行の小学校学習指導要領では，こ
れまで第4章として位置づけられていた特別活動が第6章となっている。「第
1　目標」は継承されている。しかしながら，「第2　の内容」は「第2　各活
動・学校行事の目標及び内容」とされ，内容の構成も改訂されている。ここで
は，学校行事についてのみみておこう。まず，次の〔学校行事〕の目標が設け
られた。「学校行事を通して，望ましい人間関係を形成し，集団への所属感や
連帯感を深め，公共の精神を養い，協力してよりよい学校生活を築こうとする
自主的，実践的な態度を育てる」。

　続いて，前文に「全校又は学年を単位として，学校生活に秩序と変化を与え，
学校生活の充実と発展に資する体験的な活動を行うこと」が示された後に，
（1）儀式的行事，（2）文化的行事，（3）健康安全・体育的行事，（4）遠
足・集団宿泊的行事，（5）勤労生産・奉仕的行事となった。ここに「学芸的
行事」の消滅と「文化的行事」の新設を確認することができる。

　新たな名称となった文化的行事の内容は「平素の学習活動の成果を発表し，
その向上の意欲を一層高めたり，文化や芸術に親しんだりするような活動を行

うこと」とされている。「第3　指導計画の作成と内容の取扱い」の2（4）
では，学校行事の取り扱いについて，次のように示されている。

> 　学校や地域及び児童の実態に応じて，各種類ごとに，行事及びその内容を重点化
> するとともに，行事間の関連や統合を図るなど精選して実施すること。また，実施
> に当たっては，異年齢集団による交流，幼児，高齢者，障害のある人々などとの触
> れ合い，自然体験や社会体験などの体験活動を充実するとともに，体験活動を通し
> て気付いたことなどを振り返り，まとめたり，発表し合ったりするなどの活動を充
> 実するよう工夫すること。

　また，続く3では「入学式や卒業式などにおいては，その意義を踏まえ，国
旗を掲揚するとともに，国歌を斉唱するよう指導するものとする」ことが示さ
れている。ここには「国旗及び国歌に関する法律」（平成11年8月13日法律第127
号）や，2006（平成18）年に教育基本法が改正された影響が反映されているこ
とについて留意しておきたい。

（2）2017（平成29）年告示「小学校学習指導要領」

　2017（平成29）年告示，2020（令和2）年4月より施行された小学校学習指導
要領「第6章　特別活動」の「第2　各活動・学校行事の目標及び内容」〔学
校行事〕の「1　目標」は，「全校又は学年の児童で協力し，よりよい学校生
活を築くための体験的な活動を通して，集団への所属感や連帯感を深め，公共
の精神を養いながら，第1の目標に掲げる資質・能力を育成することを目指
す」と改定された。また，「2　内容」の「（2）文化的行事」の内容は，「平
素の学習活動の成果を発表し，自己の向上の意欲を一層高めたり，文化や芸術
に親しんだりするようにすること」とされている。これらの点について『小学
校学習指導要領（平成29年告示）解説　特別活動編』（以下，『解説』）では，以下
のように説明している（文部科学省，2018：121）。

> 　児童が学校生活を楽しく豊かなものにするため，互いに努力を認めながら協力し
> て，美しいもの，よりよいものをつくり出し，互いに発表し合うことにより，自他
> のよさを見付け合う喜びを感得するとともに，自己の成長を振り返り，自己のよさ

を伸ばそうとする意欲をもつことができるようにする。また，多様な文化や芸術に
親しみ，美しいものや優れたものに触れることによって豊かな情操を育てる。

　上記の説明には文化的行事で育成される資質・能力が示されている。また
『解説』の文化的行事の内容例には，「学芸会，**学習発表会**，展覧会，作品展示
会，音楽会，読書感想発表会，クラブ発表会など」および「音楽鑑賞会，演劇
鑑賞会，美術館見学会，地域の伝統文化等の鑑賞会など」が挙げられている
（文部科学省，2018：122）。

2　文化的行事の指導計画

（1）学校行事の指導計画

　2017（平成29）年告示「小学校学習指導要領」「第 6 章　特別活動」の「第 3
指導計画の作成と内容の取扱い」の 1 （2）では，学校行事の年間指導計画の
作成について，①学校の創意工夫を生かし，学級や学校，地域の実態や児童の
発達の段階などを考慮すること，②内容相互及び各教科，道徳科，外国語活動，
総合的な学習の時間などの指導との関連を図ること，③児童による自主的，実
践的な活動が助長されるようにすること，④家庭や地域の人々との連携，社会
教育施設等の活用などを工夫することの 4 点が示されている。

　また，『解説』では「その他の配慮事項」として，①全教職員が関わって作
成すること，②指導計画に示す内容について，③年間指導計画の見直し，④時
間の取り方の 4 点を説明している（文部科学省，2018：130〜132）。この点につい
て以下に述べる。

　まず，文化的行事の実施にあたっては教職員の共通理解が欠かせない。文化
的行事は「全校又は学年を単位として」実施されるため，全教職員が年間指導
計画の作成に関わる協力体制の確立および組織的な指導が必要となる。

　次に，文化的行事の年間指導計画には次の 4 つの内容が必要である。①ねら
い・育成する資質・能力，②実施時期・内容・授業時数，③〔学級活動〕〔児
童会活動〕〔クラブ活動〕，各教科等との関連，④評価の観点。年間指導計画は，

「児童の実態や学校の事情などの諸条件が変化するにつれて，絶えず修正され，現実の事態に即応するように見直し，改められなくてはならないものである」（文部科学省，2018：131）ことをふまえ，PDCAサイクルの機能を作用させるとともに「弾力性，融通性」を持たせることについても留意しておきたい。

　授業時数等については2017（平成29）年告示「小学校学習指導要領」の「第1章　総則」「第2　教育課程の編成」の3の（2）のイに「適切な授業時数を充てる」ことが示されている。しかしながら，文化的行事に充てることができる時数には限りがある。そのため長期休業期間の活用や，必要に応じて土曜日・日曜日などに実施することも検討したい。

（2）学校行事の内容の取り扱いと留意事項

　2017（平成29）年告示「小学校学習指導要領」の「第6章　特別活動」「第2各活動・学校行事の目標及び内容」の3（1）は，『解説』に例示された図「学校行事の学習過程（例）」（文部科学省，2018：118）（「①学校行事の意義の理解」→「②計画や目標についての話合い」→「③活動目標や活動内容の決定」→「④体験的な活動の実践」→「⑤振り返り」→「次の活動や課題解決へ」のサイクルを例示している）をふまえ，以下の留意事項を示している。

> 　児童や学校，地域の実態に応じて，2に示す行事の種類ごとに，行事及びその内容を重点化するとともに，各行事の趣旨を生かした上で，行事間の関連や統合を図るなど精選して実施すること。また，実施に当たっては，自然体験や社会体験などの体験活動を充実するとともに，体験活動を通して気付いたことなどを振り返り，まとめたり，発表し合ったりするなどの事後の活動を充実すること。

　ところで，『解説』では文化的行事として，学芸会，学習発表会などの例が示されている。しかしながら，そのすべてを実施することは現実的ではない。学校は，児童生徒の実態や地域の実情等を鑑みたカリキュラム・マネジメントをしていくことが必要である。また，「体験活動を通して気付いたことなどを振り返り，まとめたり，発表し合ったりするなどの活動を充実する」ことが求められている点や，「異年齢集団による交流や幼児，高齢者，障害のある人々

などとの触れ合いを充実する」ことが同章「第 3　指導計画の作成と内容の取扱い」の 2（4）に示されていることにも留意しておきたい。

　その他，児童への負担に注意すること，発達の段階をふまえること，文化的行事のねらいを明確に設定するとともに児童の健康と安全を図りながら事故防止に努めることなどの危機管理体制を構築しておくことも大切である。

（3）文化的行事実施上の留意点

　『解説』は，学校行事を実施するうえでの留意点について 4 つの視点を示している。そこでの要点は，「何らかの形で全員が参加しているという意識をもつことができるようにする」こと，「できるだけ主体的に運営できるよう配慮する」こと，練習や準備においては「適切な時間を設定」すること，「より質の高い芸術や文化などに触れる機会を設定」することである（文部科学省，2018：122）。

　また，児童生徒の実態に応じた発達の段階への配慮，特別な支援を要する児童生徒への合理的配慮，保護者や地域住民との連携・協同，費用および適切な会計処理等，学校の全教職員で組織的，計画的に対応していくことが求められる。

3　文化的行事の実際

（1）文化的行事の実践事例 1

　本節では，A 中学校における文化的行事である学習発表会を紹介する。A 中学校では「文化・芸術の日」と行事名をつけて毎年 11 月初旬に実施している。

　本行事のねらいは，①日ごろの学習成果を発表する方法や鑑賞の仕方について理解し，よりよい発表会をつくりあげるために必要な知識や技能を身につける，②自他のよさを認め合い生徒の相互理解の深まりを促進する，③文化的行事を広く地域に開放することにより開かれた学校づくりを推進することの 3 点である。当日の日程を表 13 - 1 に示した。

　表 13 - 1 に示した［発表］の 3 校時および 4 校時は，20 分 × 2 コース（表

表13-1　A中学校「文化・芸術の日」の当日の流れ

時　間	場　所	内　　容	備　　考
8：35〜	各教室	練習	実行委員は事前準備
9：00〜	体育館	移動	保護者受付（○○，○○，○○）
9：15〜 9：30 （15分）	体育館	開会式	1　開会の言葉（実行委員長） 2　校歌斉唱（音楽科，生徒伴奏） 3　校長先生のお話及び講師紹介 4　演奏上の諸注意及び諸連絡 5　全体合唱「夢の世界を」
9：30〜 12：00	各会場	発表・見学（3・4校時）	※各学年の最初に学年合唱 全体合唱「この星に生まれて」
12：00〜 12：10	体育館	諸連絡	今後の日程等（実行委員）
12：15〜 12：35 （20分）	各会場 （校舎1階）	芸術等鑑賞 ※詳細は表13-2〜13-4	文化部&委員会等発表 町内文化サークル発表 ・フォトクラブ ・墨絵サークル ・公募による作品展示
12：45〜 13：30	各教室	給食，昼休み	
13：35〜	各教室	学級指導	午後の確認
13：45〜 14：45 （60分）	体育館	サークル発表（20分） 吹奏楽部発表（20分） 英語弁論発表…2名 実行委員企画（10分）	コール（○○：アンコール曲含） ※職員合唱 3年（○○，○○）
14：45〜 14：55	体育館	閉会式	講評（校長）ならびに発表
15：05〜 15：20	各教室	帰りの会	アンケート用紙記入
15：25〜			各会場後片付け

出所：筆者作成。

13-2，表13-4），50分コース（表13-3，表13-4）とし，学年・学級ごとに発表および見学場所を指定し，生徒の動線にも配慮している。また，当日は，保護者や地域住民（町内文化サークル）と連携した共同発表の場を設けている。

表13-2　発表・見学（20分×2コース）

時間	A	B	C	D	E	F	G	H
10：45～ 11：05	世界の言葉	展示見学	茶道	展示見学	展示見学	手話	点字	展示見学
	○○教室	○○教室	○○教室	○○教室	○○教室	○○教室	○○教室	○○教室
移動								
11：15～ 11：35	展示見学	世界の言葉	展示見学	茶道	手話	展示見学	展示見学	点字
	○○教室	○○教室	○○教室	○○教室	○○教室	○○教室	○○教室	○○教室

出所：筆者作成。

表13-3　発表・見学（50分コース）

時間	I	J	K
10：45～ 11：35	水墨画	絵手紙	演劇
	美術室	工芸室	音楽室

出所：筆者作成。

表13-4　発表・見学（20分×2コース・50分コース）

時間	ア	イ	ウ	エ	オ	カ	キ	ク
11：45～ 12：05	朗読 演劇	水墨画	絵手紙	百人一首	手話	展示見学	茶道	展示見学
					○○教室	○○教室	○○教室	○○教室
移動					移動（5分）			
12：15～ 12：35	体育館	美術室	工芸室	柔道場	展示見学	手話	展示見学	茶道
					○○教室	○○教室	○○教室	○○教室

出所：筆者作成。

（2）文化的行事の実践事例2

　続いて，B中学校における文化的行事の事例「ふれあいコンサート＆講演会」を紹介する。文化的行事は前項のように，児童生徒が日ごろの学習や活動の成果を発表し相互に鑑賞するものと，外部の文化的な作品などを鑑賞する行事があるが，本文化的行事は後者に該当するものであり11月初旬に実施している。そこでは，①生徒の心に響く芸術とその人の生きる姿にふれることで豊か

表13-5　準備・役割分担等

準備項目	内　　容	担　当　者
保護者への通知	当日の公開授業を含めて2週間前までに発行	教頭・教務
会場設営	保護者席等の準備	1学年
放送器具準備	マイク等	放送担当
記録	写真（デジカメ，フィルム） ビデオ	進路指導主事 学年進路担当
表示	演題等題字作成（拡大コピー）・掲示	諸表示担当
ピアノ準備等	演奏曲目の選曲，ピアノの調律の手配	音楽科
当日の進行等	司会，Q&A，お礼のことば，花束贈呈等	生徒会担当
保護者受付	体育館入口で名簿準備，プログラム配布	副担任
会計	公演料の取扱い等	生徒会担当・教務
接待		

出所：筆者作成。

な情操を高めること，②多様な文化や芸術に親しむことをねらいとし，自治体の事業「ふれあい講演会」を兼ねて午後に実施されている（当日の午前中は授業公開）。当日の役割分担等について表13-5に示した。

　当日の内容は劇団の公演である。具体的な流れは，事前指導として各学級における観劇のマナーと劇団の紹介を行ったうえで会場（体育館）に移動。会場では，オープニング後に，①不思議なマイムの世界（約20分），②マイム教室（約20分），〈休憩〉，③「注文の多い料理店」（約40分），④質疑応答，⑤振り返り（感想記入）の流れで進行した。費用は公演料が必要となるため，生徒会費，PTA行事補助費，自治体の委託経費から支出した。

4　文化的行事の評価

　文化的行事を含む学習評価の観点や方法などについては，2017（平成29）年告示「小・中学校学習指導要領」の「第1章　総則」「第3　教育課題の実施と学習評価」の2（1）に示されている。

　『解説』では，特別活動の評価で大切なことを2つの視点から述べている。

一つは，「一人一人のよさや可能性を積極的に認めるようにする」こと。もう一つは，「生きる力を育成するという視点から評価を進めていく」ことである（文部科学省，2018：162）。これをふまえ文化的行事の評価では，「活動の過程」における努力や意欲などを積極的に認めること，一人ひとりのよさを「多面的・総合的に評価」することが求められるとしている。また，学習活動としての「自己評価」「集団の成員相互による評価」を工夫し，「評価の参考資料」として適切に活用することが小学校学習指導要領第 6 章の第 2 の 3 の（1）に示されている。

　評価の意義は各教科等同様に「指導の改善に生かす」こと，つまり，教師は児童生徒の学習過程における評価を行うと同時に自分自身の指導についても省察することで，今後の工夫・改善に生かしていくことにある。また，文化的行事の評価では，各学校における実態や特色をふまえた評価の観点を設けるとともに，評価の場（事前の活動，学習過程，事後の活動等）と，方法（ポートフォリオ評価，パフォーマンス評価，ルーブリック評価，等）を明らかにしておくことが重要である。

学習課題

①　現在あなたが生活している地域の小学校または中学校の学芸会や学習発表会の取り組みについて調べてみよう。

②　これまでに自分が体験した文化的行事について，事前の活動，当日の活動，事後の活動等を話し合ってみよう。

引用・参考文献

国立教育政策研究所「学習指導要領データベース」。http://www.nier.go.jp/guideline/

中村豊・佐々木正昭研究代表『学校教育における文化的行事の研究』科学研究費補助金（基盤研究(C)研究成果報告書）（課題番号15K04525）2018年。

原清治ほか監修，中村豊・原清治編著『新しい教職教育講座　教職教育編 9　特別活動』ミネルヴァ書房，2018年。

文部科学省『小学校学習指導要領（平成29年告示）解説　特別活動編』東洋館出版社，2018年。

第14章

学校行事の実践例（３）
──健康安全・体育的行事──

　本章では，学習指導要領に定める「健康安全・体育的行事」の概要をつかん
だうえで，多くの教員が直接的な指導に関わることの多い具体的事例として
「運動会」と「避難訓練」を取り上げ，詳しく学習していく。とくに，小学校
と中学校での発達段階の違いによる「ねらい」や「内容」の差異に留意し，小
学校の学習内容が確実に中学校につなげられるように，各行事の意義について
も認識を深めていく。

1　健康安全・体育的行事のねらいと内容

（１）ねらい

　健康安全・体育的行事については，2017（平成29）年告示「小・中学校学習
指導要領」の「第６章　特別活動」（中学校では第５章）「第２　各活動・学校行
事の目標及び内容」で次の通り示されている。

> 　心身の健全な発達や健康の保持増進，事件や事故，災害等から身を守る安全な行
> 動や規律ある集団行動の体得，運動に親しむ態度の育成，責任感や連帯感の涵養，
> 体力の向上などに資するようにすること。

　健康安全・体育的行事のねらいについて，『小・中学校学習指導要領（平成
29年告示）解説　特別活動編』（以下それぞれ，『小学校解説』『中学校解説』）には
次の通り示されている（文部科学省，2018a：123／2018b：99）。

> 　児童（生徒）自らが自己の発育や健康状態について関心をもち，心身の健康の保
> 持増進に努めるとともに，身の回りの危険を予測・回避し，安全な生活に対する理
> 解を深める。また，体育的な集団活動を通して，心身ともに健全な生活の実践に必

要な習慣や態度を育成する。さらに，児童（生徒）が運動に親しみ，楽しさを味わえるようにするとともに体力の向上を図る。（括弧内は中学校）

2017（平成29）年告示の小・中学校学習指導要領と2008（平成20）年告示の小・中学校学習指導要領を比較してみると，2008（平成20）年告示の学習指導要領における健康安全・体育的行事については，「第 6 章　特別活動」（中学校では第 5 章）の「第 2　各活動・学校行事の目標及び内容」の 2 （3 ）において「心身の健全な発達や健康の保持増進などについての理解を深め，安全な行動や規律ある集団行動の体得」とあるものが，2017（平成29）年告示の学習指導要領においては「事件や事故，災害等から身を守る」の文言が加えられた。

これは，2011年（平成23年）の東日本大震災以後に発生した多くの自然災害が，その発生場所により災害の態様が異なり，対処の方法もまちまちであることに起因するものである。また，小学校低学年において入学当初の交通事故が多いことはこれまでも懸念されてきたことであるが，小学校の高学年や中高生が加害者となる交通事故の増加が原因であると考える。さらに，不幸なこととして登下校途中に事件に巻き込まれる児童生徒の存在も，今日的課題として「自分の身は自分で守る」意識を教えていくことが求められるようになったものといえる。何よりも大切なことは学校が児童生徒の命を守るために必要な教育を行うことである。

（2 ）内　容

『小・中学校解説』において，健康安全・体育的行事の内容としては次のように例示している（文部科学省，2018a：123／2018b：99）。

小学校	中学校
○健康診断	○健康診断
○給食に関する意識を高めるなどの健康に関する行事	○薬物乱用防止指導
	○防犯指導
○避難訓練	○交通安全指導
○交通安全や防犯等の安全に関する行事	○避難訓練
	○防犯訓練

○運動会 ○球技大会等の体育的行事	○健康・安全や学校給食に関する実践 　意欲を高める行事 ○運動会（体育祭） ○競技会 ○球技会

　上に示したものは，あくまでも例示であり，各学校や地域の伝統として行われている行事や，各学校で異なる名称で行われている学校行事もあると思われる。

（3）実施上の留意点

　特別活動の実施時数は，学級活動（小学校1年生は年34単位時間，小学校2年生～中学校3年生は年35単位時間）を除けば，学習指導要領において明確な実施時数は示されていない。2017（平成29）年告示「小・中学校学習指導要領」の「第1章　総則」「第2　教育課程の編成」の3で「それらの内容に応じ，年間，学期ごと，月ごとなどに適切な授業時数を充てる」ものとするよう規定されている。一方で，特別活動における各活動・学校行事については，「全ての学年で取り組むべき」とも示されている。

　昨今，「授業時数確保」を理由に，行事の精選が叫ばれ安易に学校行事が廃止されている傾向がみられる。とくに，特別活動の内容に熟知していない若手教員の間から，一部の活動や学校行事について，その実施の必要性に疑問を持つ者も増えつつあることは憂慮すべきである。とくに小学校高学年では，外国語が教科として週70時間設定されたことから，授業時数の確保は困難を極め，つい，学校行事の廃止に論を展開しやすくなっている。当然のことながら，各教科の授業時数はしっかりと確保されねばならないが，特別活動の各活動と学校行事を軽々に廃止してはならない。もちろん，授業時数を圧迫するほどの数の学校行事が設定されているのであれば，見直しの必要がある。重要なことは，年間行事予定を組むうえで，地域や学校の実態に即して，限られた時間で，実施可能な学校行事を計画していくことが重要である。どのような学校行事も，準備に多くの時間をかけるほど，よい活動になることはいうまでもない。しかし，準備に時間をかけすぎることは問題である。1年間の児童生徒の登校日数

は，おおむね42週である。この学校行事については，準備に何時間という制約
のもとで少ない時間のなかでも最大限の効果を発揮できる計画の立案が肝要で
ある。

　また，児童生徒の発達段階を考慮した各活動や学校行事の内容の吟味が必要
である。たとえば，小学校における「交通安全や防犯等の安全に関する行事」
や中学校における「交通安全指導」では，自ずとその内容に差異が生じること
はいうまでもない。小学校低学年では基本的な交通ルールの遵守と交通事故防
止の視点での教え込みが必要である。小学校中学年では，多くの学校で警察と
連携し，「自転車運転免許証」を発行し，自らが車両運転者としての交通安全
教育が行われている。小学校高学年や中学校においては，自転車運転中の交通
事故防止として，とくに，自らが加害者とならないための交通安全教育が求め
られる。他の諸活動においても，小学校と中学校で類似の内容が行われたとし
ても，児童生徒の発達段階や学校・地域の実情に即した計画の立案が行われる
べきである。

2　各学校行事を実施するうえでの他の教科等の教育活動との連携

（1）直接起案する教員との連携

　特別活動は，その特性から他のあらゆる教育活動と連携して行われるべきも
のである。したがって，特別活動の内容に関わる教育活動のすべてを 1 人の教
員が企画・立案することはあり得ない。とくに，学校行事は教務と密接な連携
を図る必要がある。

　各学校で特別活動がどの分掌に属しているかは様々である。小学校において
は特別活動部という独立した分掌を設けている学校もある。中学校においては，
おおむね生活指導部の一業務内容と設定されていることが多いであろう。前述
の健康安全・体育的行事の内容をみて，これも特別活動か，と思われる方も多
いであろう。たとえば健康診断であれば，ほとんどの学校で養護教諭がその計
画を立案していると思われる。そして，多くの教員が提案された要項に従って

検診日当日を円滑に流すことを良しとしているであろう。自己の所属する分掌外の業務内容で，自己が起案に関わらないものについて，必要以上に意見を述べたり，関わることは必要ないが，特別活動やその他の教育活動の内容や目的に照らし，この機会に，児童生徒の学習を深めたり，意識づけをさせたいという場合には，積極的に起案者と意見交換や意見具申をすることが望ましい。

（2）学校行事を起案する際の他の教育活動との連携

　学校において行われるあらゆる教育活動において，最も重要なものはその教育活動を行う目的が明確かつ児童生徒や学校・地域の実情に即したものであるか，ということである。企画委員会（運営委員会とも）や職員会議で提案される際も，往々にして目的を軽んじ，「例年通りですので，読んでおいてください」で済ませてしまう事例が散見される。必ずしも毎年ゼロから企画立案する必要はないが，児童生徒は毎年違い，それぞれの学年においても，個々の学年において前の学年で身につけたスキルは異なっている。たとえ結果的に例年と同じ目的になったとしても，学校行事を企画立案する際には，その学校行事を行う目的が，本当に現在の児童生徒や地域・社会の実態に即したものであるかの検証は必要である。

　次に重要なことは，実施時期が妥当であるかということである。先にも述べたことであるが，年間行事予定に照らして，どの時期にどの学校行事を組むかということは，児童生徒の学習をより深めていくうえで，非常に重要なことである。また，それぞれの学校行事の間隔が密になり，児童生徒が落ち着いて教科の学習に取り組めないような計画も，実際には避けられない部分もあるが，十分な配慮を要する。ただし，健康診断のように，法により実施時期が限定されているものや，都道府県教委の施策により避難訓練や安全指導のように実施時期が月のなかのいつと決められている場合もあるので，その際はそれぞれの法や施策の範囲で実施しなければならない。

　実施時期と目標が決まったら，次は内容と指導計画の作成である。たんにその行事の実施要項ということでなく，その実施時期に各教科では関連する単元はないか，道徳科や総合的な学習の時間で学習内容を相互に補完できないか等

を十分に考慮した計画であることが理想である。

　次節では小学校と中学校の運動会と避難訓練の実施要項の例を示す。留意点等は後述するが，小学校と中学校の相違点を探り，9 カ年の指導の統一性に配慮して計画を立案することが肝要である。

3　運動会

（1）小学校の実践例

　ここでは，小学校の実践事例として一般的な実施要項を示す（図14 - 1）。小学校における各行事の実施要項は，細部にわたり細かく規定され，冊子化されていることが多い。これは，小学校は，全科免許による学級担任制で，実施要項に種々の競技の細かいルール等を明記しておかなければ，各学級における指導の統一が図れないことによるものである。したがって，児童の主体的な活動に関わる部分を太字で示し，教員に周知すべき事項は省略した。

○○○立△△小学校
運動会委員会

令和□年度春季大運動会実施要項

1. 目　的
2. 日　時
3. 組分け
4. 種　目
5. 指導上の留意点
6. 児童の服装
7. 得　点
8. 予　算（略）
9. 当日までの日程
10. 当日の時程
11. 係分担

○　前日まで

係	担当教員	仕事の内容
総指揮	校長	全体総指揮
総務	副校長・運動会委員長	開閉会式の指導・司会　　全般の進行
庶務	副校長・主幹・主事	案内状の作成・発送，看板，総括渉外，各係連絡・調整，来年度入学児童関係

PTA・来賓競技	副校長	PTAとの連絡，配置図等準備，
保育園児リズム（仮）	副校長	園との連絡・調整
控室	主事	控室の準備
受付・接待	事務・(栄養士)	準備・発注，受付準備
会計	事務	予算作成，物品購入受付，収支決算
時間割作成	運動会委員会	特別時間割の編成
プロ編成 **プロ作成・印刷**	運動会委員会	プログラムの編成 進行原案作成，種目用紙作成 **絵の募集**　プログラムの作成・印刷
会場	運動会委員長	会場図作成
出発	運動会委員長	ピストル・雷管の準備
会場表示	図工	**各種表示準備**
用具	○○・○○	準備図作成，用具点検・準備，ライン準備
審判	○○・○○	等賞旗・決勝テープ準備，はちまき，たすき
採点	○○・○○	採点カード・採点用紙準備 採点板準備・取り付け
放送・音楽	音楽・算数	**放送原稿作成，放送器具準備**，カセット確認
鼓笛	音楽・6年担任	鼓笛隊演奏の練習計画・指導
万国旗	○○・○○	**万国旗の準備・取り付け**
係児童リボン	1年担任	係児童用リボン
保健	養護教諭	救護準備
全体練習	運動会委員長	進行，入退場行進指導
歌唱	音楽	校歌・運動会の歌指導
紅白リレー	各学年	練習計画提案・指導
全校ダンス （○○音頭）	集会委員会担当	**提案・準備・指導**
全校ダンス （大江戸天下祭り）	校長	**提案・準備・指導**
記録	○○・○○	タイムテーブル用紙作成 写真撮影・HP作成　ビデオの準備
応援	○○・○○	**応援団指導，応援用具準備・管理** 優勝杯・返還・授与指導
体操	運動委員会担当	準備，整理運動の児童指導
校旗 優勝旗・準優勝杯	○○・○○	校旗・優勝旗・準優勝杯の準備・確認
児童看護	1年担任・○○	各学年への人数の割り当て
プラカード	6年担任	準備・確認
スローガン	代表委員会担当	計画・作成
大プロ	○○・○○	体育館掲示用プログラムの作成
選手宣誓	6年担任	指導全般
来年度就学児童	○○・○○	賞品の注文(未就学児童用)，来年度入学児童競技準備
反省	○○・○○	反省用紙の作成
その他	運動会委員長	連絡，調整，用具購入希望取りまとめ

○当日

係	担当教員	仕事の内容	補助児童		
			5 年	6 年	計
総指揮	校長	運動会全体の指揮			
総務	副校長	渉外			
進行	副校長，運動会委員長	全体の進行			
出発	運動会委員長	出発合図	2	2	4
用具	○○・○○	用具の準備・管理，ライン補修，ゴール前安全対策	12	12	23
審判	○○・○○	着順判定（学年競技以外の審判）閉会式の成績発表，整列指導	12	12	24
放送	音楽・（算数）	放送器具設置・操作	3	3	+2（4 年）8
採点・等賞	○○・○○	得点計算，点数表示，等賞の管理・配布	7	7	14
受付・接待	副校長・事務	来賓・参加者の受付けや案内・接待控室・テント参観席準備			
会場整備	副校長・主事	会場・校舎内外の整備			
児童看護	○○・○○	応援席での児童管理・応援，児童招集	4	4	8
応援	○○・○○	応援・応援団指導	10	10	20
保健	養護教諭	病人・負傷者の手当て			
プラカード	6 年担任	行進	6	6	12
体操	運動委員会担当	準備運動・整理運動	運動委員会児童		
開閉会式	副校長	開閉会式の司会			
大玉送り	運動会委員長	進行，結果発表			
記録	○○・○○	計時，写真撮影			
ビデオ	栄養士	撮影（当日朝設置）			
PTA 来賓競技	運動会委員会	出演よびかけ・整列・入場進行・結果発表			
来年度 入学児競技	○○・○○	出演よびかけ・整列・入場進行・結果発表			
保育園児 リズム	○○・運動会委員長	出演よびかけ・整列・入場			
全校ダンス（○○音頭）	集会委員会担当 音楽	進行	集会委員会児童		
歌唱	音楽	校歌・運動会の歌			
開門係	主幹	保護者入場を誘導する（8：15）			
昼食準備	親睦会	職員の昼食準備・片付け			

留意事項
・得点係…最終得点は閉会式の発表時に入れる。
・放送係…5・6年の種目は，4年生がアナウンスをする。
・ゴールテープの片方は担当者が持つ。児童だけにさせない。
・前日までの係活動では，代表委員会の活動を優先的に行うこととする。
・係児童のリボンは，体育着の左肩に縫い付けておく。

12. 当日の登校について

図 14-1　運動会の実施要項（例）

出所：筆者作成。

（2）中学校の実践例

　中学校における実施要項は紙面の関係で省略するが，小学校の実施要項を参考にされたい。中学校では小学校と違い，基本的な競技種目についての指導は体育科教員が行うため，必ずしも全教員が知っている必要がなく，実施要項の内容としては小学校と比べると簡単なものが多い。どの学校においても，概ねＡ３用紙表裏で１枚程度である。ただし，多くの学校で学年種目（競技）を設けており，その競技については，各学年においてルールをはじめ，細かな実施計画が別途作られることが多い。

（3）全体としての留意事項と小・中学校の連携

　行事における実施要項は，指導する教員がその目的に照らして円滑に進行させるために作成されている。したがって基本的には，教員の立場でやるべきことが書かれているものである。そのため，往々にして児童生徒の視点が欠落してしまうことがある。留意すべき点はいろいろあるが，ここでは児童生徒の自主的・主体的な活動を中心に解説することとする。

　運動会については，小学校では運動会委員会，中学校では体育的行事委員会といった特別委員会で計画を立案することが多い。とくに中学校では体育科教員が中心メンバーとなり運営することが慣例である。重要なことは，児童生徒の自主的・主体的な活動がいかに担保されているかということである。特別活動の視点からいえば，係児童生徒の活動が教員の下請けとならないよう，事前の活動が重要になってくる。

　小学校においては，低・中学年の発達段階を考えると安全への配慮から運営の大部分において教員によるところが多いことは否めないが，高学年児童の学校行事への貢献を通して身につけられる自己有用感を満たすことができているかということがとても大切になる。また，低学年児童には，運動会の会場の装飾等に関わらせることで，運動会に関与したという実感を持たせることは可能である。実施要項にも太字で示しているが，具体的には次のような活動が考えられる。

　○入退場門：掲示委員会＋１・２年生によるデザインや文字書き

○宣伝ポスター：放送委員会＋３年生によるポスター作成と地域掲示板への掲示
○会場装飾：美化委員会＋４年生による国旗，紙花，案内板の作成
○全校ダンス：集会委員会＋５年生による曲決めや振り付け
○全校競技：運動委員会＋６年生による競技内容の企画立案

　また，各児童会に当日の運営を担わせる場合でも，何係は何委員会というように教員が決めてしまうのではなく，各委員会の委員長を集めて代表委員会を組織し，どの委員会で何係ができるかを児童自身に考えさせることも一つの方法として考えられる。多くの小学校において「代表委員会」は，中学校におけるいわゆる学年委員会のようなものを指して行われている場合もあるが，ここでいう「代表委員会」とは，中学校における「中央委員会」のようなものと考えるとよいであろう。

　中学校においては，生徒会本部や専門委員会・部活動を各係に割り振ることが一般的である。小学校との発達段階の違いから，中学校では運営のほとんどの場面で生徒が関わっていることが多い。しかし，小学校以上に生徒の活動が教員の下請け化し，たんに仕事をこなすという結果に陥りやすい。さらに中学校では，運動会実行委員会なる特別委員会を設けるのが常である。したがって，小学校同様に，運動会実行委員長も含めた各種委員長と生徒会本部で構成される「中央委員会」に，生徒が，あるいは自分たちの委員会が運動会の運営と成功に向けて何ができるかを考えさせるとよい。小・中学校ともに，代表委員会や中央委員会などの事前の係会議等の場において児童生徒の自主的・主体的な活動を促す指導をいかに実践するかが，行事が成功するかどうかの重要な要素となる。学校行事のなかの，とくに体育的行事や文化的行事はたんに「楽しかったね」で終わらせてはならない。

　こうした児童生徒の自主的・主体的な活動は，たんに一つの学校行事のみで培われるものではなく，日々の教育活動全般において，児童生徒に様々な体験の場を教員が意図的・計画的に設定し，提供していくことが肝要である。とくに中学校においては，小学校での学びを念頭に，そのうえに経験を積み上げていくよう指導していくことが求められる。運動会は全校で取り組む行事であることから，こうした指導は全教員の共通理解のうえで，すべての教員が実践す

ることが望ましい。しかし，現実には全教員が同一歩調で児童生徒の指導にあたることは難しい。特別活動の目的や内容を理解している教員から指導内容や指導方法を発信し，徐々に校内に行事準備における児童生徒の指導の有り様を浸透させていくよう心がけていくことが重要である。

4　避難訓練

（1）小学校の実践事例
　本節では，健康安全教育としての避難訓練の一般例を示す（図14-2）。地震とあわせて，昨今甚大な被害をもたらしている台風や豪雨による風水害に関して，学校で今後配慮していく必要がある項目は，図中に太字で示した。
　避難訓練とは，いうまでもなく非常事態において安全に児童を退避させるための訓練計画である。したがって，6歳から12歳までという小学生の発達段階を考慮し，とくに低学年児童が避難によりけがを負うことのないよう万全を期す必要がある。

（2）中学校の実践例
　図14-3に示すのは，中学校における避難訓練計画の一例である。小学校より簡略に見えるが，内容に大きな差異はない。中学生という発達段階から，小学生以上に被害の実写を見て想像したり，実際の体験により判断力を養う内容になっている場合が多い。とくに，小学校低学年では，仮想と現実の区別がつかず実体験を伴わせることが困難な場合が多い。中学生では火災体験やシミュレーターを用いたものなどを盛り込むことで，より非常時に生きた訓練計画を作成することができるものと考える。

（3）全体としての留意事項と小・中の連携
　前述した通り，2017年（平成29年）告示の学習指導要領では，「事件や事故，災害等から身を守る」安全，防災教育の実施を明確に打ち出している。とくに，1995年（平成7年）の阪神淡路大震災や2011年（平成23年）の東日本大震災のよ

令和○○年度
△△小学校

避難訓練年間計画一覧表

回	日　　時	想　　定	避難場所，事前指導の有無等
1	4／20（土）　2校時 （11：00〜11：15）	地震	校庭避難 事前指導，予告あり
2	5／17（金）　1校時 （9：30〜9：40）	東側民家より出火	二次避難なし 事前指導，予告あり
3	6／17（月）　2校時 （10：10〜10：20）	不審者が校内に侵入	各教室（扉の鍵をかける。扉側から離れる） 事前指導，予告あり
4	7／19（金）　4校時 （13：15〜14：00）	○○地区で通り魔事件が発生 緊急避難 集団下校	教室→登校班の教室 事前指導，予告あり
5	9／14（土）　3校時 （11：15〜12：00）	警戒宣言発令 （引き渡し訓練）	各教室→引き渡し 事前指導，予告あり
6	10／16（水）　中休み （10：00〜10：10）	地震による○○川の堤防決壊	各教室→屋上，雨天時は3階に避難 事前指導，予告なし
7	11／19（火） 朝読書の時間 （8：20〜8：40）	地震 余震が起き，再度避難	教室→校庭→教室→校庭 事前指導あり，予告あり
8	12／16（月）　5校時 （13：50〜14：35）	地震 給食室から出火 （煙・起震車）	教室→校庭避難 事前指導，予告あり （煙体験：全学年，起震車：6年）
9	1／16（木）　3校時 （10：40〜11：10）	近隣東側民家より出火 （二次避難）	校庭避難→延焼の恐れ。 二次避難。避難完了後学校にもどる。 事前指導，予告あり
10	2／12（水）　中休み （10：00〜10：10）	風水害 （3階避難）	堤防決壊の恐れあり 事前指導，予告あり
11	3／11（水）　1校時 （9：15〜9：20）	シェイクアウト訓練	事前指導，予告なし
12	3／17（火）　登校時 （8：05〜8：15）	地震 早朝避難	事前指導，予告あり

図14-2　小学校における避難訓練の年間計画表（例）

出所：筆者作成。

　　　　　　　　　　　　　　　　　　　　　　　　　　　　　○○○立○○中学校

避難訓練　年間計画

回	日　付	訓練内容	留　意　点	ルート	備　　　考
1	4／19(金)	地震・火災 (室内指導)	避難経路の確認 災害時の帰宅方法	プリント	プリント・教室掲示 用紙配布
2	5／24(金)	地震	避難経路の確認	基本	校舎用の避難方法確 認
3	6／14(金)	火災	避難経路の確認	東不可 →新グラウンド	校舎用の避難方法確 認および 新グラウンドへの移 動確認
4	7／12(金)	**火災体験 室内指導**	防災ノート	冊子	
5	9／20(金)	火災体験 室内指導	体験学習（2年） 防災ノート	― 冊子	初期消火・応急救護 他学年は室内指導
6	10／18(金)	**地震・火災体験 室内指導**	体験学習（3年） 防災ノート	― 冊子	起震車・煙ハウス・ DVD 他学年は室内指導
7	11／22(金)	地震	避難経路の確認	―	昼休みを使った避難 訓練
8	12／20(金)	**地震・洪水**	洪水時避難経路の 確認	基本	4Fへの避難方法確 認
9	1／17(金)	火災	避難経路の確認	西不可	校舎用の避難方法確 認 放送機器が使えない 場合の避難
10	2／21(金)	地震 (室内指導)	防災ノート	冊子	1年生は冊子がない 場合，防災指導
11	3／13(金)	地震	シェイクアウト 同等の内容	―	安全行動の確認

図14-3　中学校における避難訓練の年間計画表（例）

出所：筆者作成。

うな未曾有の自然災害は，防災や減災，自助・共助のあり方を見直させるもの
であった。学校としても，児童生徒がそうした災害から身を守る術を，きちん
と身につけさせる指導の充実が求められている。また，自然災害は何も地震だ
けではなく，風水害も見逃すことはできない。同じ台風や地震であっても，そ
れぞれの学校の立地により被害の態様は様々である。

　これまでの避難訓練においては，とくに関東一円では，関東大震災や今後想
定される首都直下型地震を念頭に置いた訓練が多くみられた。しかし，阪神淡
路大震災や東日本大震災，新潟，熊本，大阪北部の地震等をみても被害の態様
はまったく異なり，はたして現在の避難経路や避難場所が本当に適切であるか
の検討は定期的に行い，計画そのものを見直していかなければならない。風水
害に対する備えも同様である。とくに小学校においては，低学年児童をいかに
安全に避難させるかという視点で，避難計画を再構築していく必要がある。こ
うした児童生徒の発達段階の違いによる指導内容の差を考慮した計画の立案は，
避難訓練をはじめとした安全教育の目標を達成するうえでとても重要なことで
ある。また，避難場所の検討も重要である。都市部の学校においては，その多
くが避難場所として校庭や体育館を設定しているが，はたしてそれは適切であ
ろうか。三陸地方をはじめ歴史的に津波被害が懸念される地域の学校において
は，これまでにも学校外への避難を想定した訓練が行われてきている。繰り返
しになるが，それぞれの学校が建っている地理的条件や，人口構成などの地域
の実態に即した訓練内容でなければ，実際に被災した場合の被害を小さくする
ことは難しいであろう。また，児童生徒をいかに確実に保護者の元へ届けるか，
という視点での計画も重要である。すべてを学校で担うことには当然限界があ
る。しかし，日常において多くの児童生徒が生活し，その命を預かっている学
校が，児童生徒の安心安全を最大限に考慮し，不測の事態にも慌てずに児童生
徒の安全を考慮することは，けっして軽んずることはできない。

学習課題　① 　自分が小学校あるいは中学校の児童会，生徒会担当であると仮定して，代表
　　　　　　　委員会あるいは中央委員会の指導計画を作成してみよう。
　　　　　② 　昨今の全国における自然災害を調べ，学校においてどのような備えが必要か，

考えをまとめてみよう。

③　運動会や避難訓練等，自分が立てた指導計画を円滑に運用するために他の教職員を動かすには，どのようなことに配慮する必要があるか，話し合ってみよう。

引用・参考文献

文部科学省『小学校学習指導要領（平成29年告示）解説　特別活動編』東洋館出版社，2018年a。

文部科学省『中学校学習指導要領（平成29年告示）解説　特別活動編』東山書房，2018年b。

第15章

学校行事の実践例（4）
——遠足（旅行）・集団宿泊的行事——

　本章では，学習指導要領に示された学校行事の目標や遠足（旅行）・集団宿泊的行事のねらいをふまえ，学校現場で実践された具体的な事例を紹介する。遠足・集団宿泊的行事を通して，児童生徒は，「誰とでも協力し，仲良く助け合い，ともに生きていきたい」という思いをもつようになる。とくに集団宿泊では，親元を離れ，わがままを抑えて友達と寝食をともにする。その不安と緊張の「非日常体験」のなかで，自分も友達もありのままをさらけ出し，生活習慣の違いを乗り越えたり，互いに切磋琢磨したりしながら，よりよい人間関係を築いていく。体験を通して，所属感・連帯感を実感しつつ味わう深い感動は，児童生徒のともに生きることへの自信を深め，一層の成長を促す。また，このような体験は日常生活にも生かされていくのである。

　ここでは，実践事例から，配慮すべき点を学び，遠足・集団宿泊的行事の効果的な指導法を探る。

1　遠足（旅行）・集団宿泊的行事のねらいと内容

（1）遠足（旅行）・集団宿泊的行事のねらい

　2017（平成29）年告示「小・中学校学習指導要領」の「第6章　特別活動」（中学校では第5章）「第2　各活動・学校行事の目標及び内容」の2（4）には，次のようにねらいが示されている。

> 　（自然の中での集団宿泊活動などの）平素と異なる生活環境にあって，見聞を広め，自然や文化などに親しむとともに，よりよい人間関係を築くなどの集団生活の在り方や公衆道徳などについての体験を積むことができるようにすること。（括弧内は小学校）

　ねらいには，普段の生活の場である学校を離れ，豊かな自然や文化的に価値のある環境のなかで，①見聞を広めること，②自然や文化に親しむこと，③集団生活の在り方や公衆道徳などについての体験を積むこと，が挙げられている。

　また，教育的な意義としては，次のようなことが考えられる。

①自然の美しさや神秘さ，偉大さなどに触れ，豊かな感受性を培うことができる。

②自分の生活を見直し，社会のルールやマナーを身に付けることができる。

③規則正しい生活時間の中で，生活リズムを身に付けることができる。

④共同生活の中で協調性が育まれ，仲間意識をもつことができる。

⑤自分たちで問題を解決する方法を考えることができる。

⑥自立心が芽生えると同時に，家族への感謝の気持ちをもつことができる。

（2）遠足（旅行）・集団宿泊的行事の内容

　遠足（旅行）・集団宿泊的行事には，遠足や高学年で行われる修学旅行，海や山などの豊かな自然のなかでの野外活動，農山漁村等における集団宿泊活動（移動教室）などがある。

　遠足には，学年ごとに行うものと，2つの学年を兄弟学年として行うもの，全校で行う縦割り遠足などがある。

　修学旅行は，わが国の文化・経済・産業・政治などの重要地を直接見聞きしたり，大自然の美しさに接したりすることができるように，神社・寺院，その他歴史上の建物などの文化的・観光的地域を目的地にしていることが多い。

　集団宿泊活動については，児童生徒の楽しい思い出になることや，教科等の学習につながる内容にすること以外にも，日常の学校生活では経験できないことを補うために，自然のなかで児童生徒を解放し，自主的な活動ができることをねらいにすることもある。とくに，人間関係の希薄化，自然体験の減少といった児童生徒を取り巻く環境の変化を考えると，自然のなかや農山漁村等における集団宿泊活動を重点的に推進することが望ましい。

2　遠足（旅行）・集団宿泊的行事で育成する
　　資質・能力と評価規準

（1）小学校において育成したい資質・能力

　遠足・集団宿泊的行事で育成する資質・能力としては，次のようなことが考えられる（文部科学省，2018a：124〜125）。

> ○　遠足・集団宿泊的行事の意義や校外における集団生活の在り方，公衆道徳などについて理解し，必要な行動の仕方を身に付けるようにする。
> ○　平素とは異なる生活環境の中での集団生活の在り方やよりよい人間関係の形成について考え，自然や文化などに触れる体験において活用したり応用したりすることができるようにする。
> ○　日常とは異なる環境や集団生活において，自然や文化などに関心をもち，積極的に取り組もうとする態度を養う。

　また，学校行事「（4）遠足・集団宿泊的行事」の評価規準の例としては，次のようなことが示されている（国立教育政策研究所教育課程研究センター，2020a：36）。

よりよい生活を築くための知識・技能	集団や社会の形成者としての思考・判断・表現	主体的に生活や人間関係をよりよくしようとする態度
遠足・集団宿泊的行事の意義や校外における集団生活の在り方，公衆道徳などについて理解し，必要な行動の仕方を身に付けている。	学校や学年の一員として，よりよい集団活動にするために，平素とは異なる生活環境の中での集団生活の在り方ついて考えたり，共に協力し合ったりしながら実践している。	日常とは異なる環境や集団生活において，自然や文化などに関心をもち，見通しをもったり振り返ったりしながら，遠足・集団宿泊的行事に積極的に取り組もうとしている。

（2）中学校において育成したい資質・能力

　旅行・集団宿泊的行事で育成する資質・能力としては，次のようなことが考えられる（文部科学省，2018b：101）

> ○　豊かな自然や文化・社会に親しむことの意義を理解するとともに，校外におけ

る集団生活の在り方，公衆道徳などについて理解し，必要な行動の仕方を身に付けるようにする。

○　日常とは異なる生活環境の中での集団生活の在り方や公衆道徳について考え，学校生活や学習活動の成果を活用するように考えることができるようにする。

○　日常とは異なる環境や集団生活において，自然や文化・社会に親しみ，新たな視点から学校生活や学習活動の意義を考えようとする態度を養う。

また，学校行事「（4）旅行・集団宿泊的行事」の評価規準の例としては，次のようなことが示されている（国立教育政策研究所教育課程研究センター，2020b：34〜35）。

よりよい生活を築くための知識・技能	集団や社会の形成者としての思考・判断・表現	主体的に生活や人間関係をよりよくしようとする態度
豊かな自然や文化・社会に親しむことの意義を理解している。校外における集団生活の在り方，公衆道徳などについて理解し，必要な行動の仕方を身に付けている。	旅行・集団宿泊的行事において学校生活や学習活動の成果を活用できるように考えて実践している。	日常とは異なる環境や集団生活において，自然や文化・社会に親しみ，見通しをもったり振り返ったりしながら，新たな視点から学校生活や学習活動の意義を考えようとしている。

3　遠足（旅行）・集団宿泊的行事の指導の工夫と実施上の留意点

（1）指導の工夫

事前指導では，集団宿泊活動を経験した上級生の話を聞いたり，宿泊先の情報を収集したりするなどして，意欲的に準備に取り組むことができるようにする。具体的にイメージさせにくいものは映像等で紹介し，児童生徒，保護者ともに不安が解消できるようにする。また，人間関係や信頼関係を育てるための活動については，児童生徒が自ら話し合い，協力し合って活動できるような時間を設定する。

当日は余裕のある計画で，児童生徒自身がよく判断して活動できるようにす

る。また，その日一日の振り返りを行い，じっくりとその日の自分や友達関係などに向き合うことで，さらに学習効果を高めることができる。

　事後指導では，体験を振り返り「楽しかったこと」「感動したこと」「学んだこと」などをまとめる。他学年や保護者に向けた発表会を行ったり，お世話になった方へ手紙などで感謝の気持ちを表したりするなどの活動も考えられる。この活動で学んだことを**今後の学校生活**にどう生かしていくかを考えさせることは，学びをつないでいくうえでも大切なことである。

（2）実施上の留意点
　実施に際しては，次のようなことに留意する。
- 学校行事は，教員が学校の計画に沿って実施するものであるが，児童生徒が積極的に参加，協力することによって充実する教育活動である。計画の作成にあたっては，児童生徒が自主的に活動できる場を設定し，児童生徒の意見をできるだけ取り入れた活動ができるようにする。
- **安全**に実施できるように，必ず前もって**実地踏査**を行い，現地の状況や安全の確認，地理的環境や所要時間などを把握するとともに，それらに基づいて現地施設の従業員や協力者等との事前の打ち合せを十分に行う。
- 実施にあたっては，博物館，青少年教育施設（青少年の家，少年自然の家など）等の地域社会の**社会教育施設等**を積極的に活用するなど工夫し，十分に自然や文化などに触れられるよう配慮する。
- 学級活動において，事前に，目的・日程・意義・活動内容について十分に知らせ，児童生徒の参加意欲を高めるとともに，保護者にも説明会等をひらき，必要事項について知らせ，安心して参加できるようにする。配慮が必要な場合は，個々に面接等を行う。
- 事前に，参加する児童生徒の健康診断や健康相談を行う。とくに**命に関わる持病や食物アレルギー等**に関する個々の健康状態については必ず把握しておく。
- 平素の学校生活と異なった，その環境でしか実施できない教育活動，たとえば，農林水産業に関わる体験や地場産業に対する理解を深める体験など

を取り入れる。また，よりよい人間関係を形成する態度を養い，いじめの未然防止や不登校児童生徒の**積極的態度の醸成**や**自己肯定感の向上**等につながるような活動にする。そのために，学校の実態や児童生徒の発達の段階を考慮しつつ，一定期間（5日間程度）にわたって行うことが望ましい。

- 長期にわたる集団宿泊活動においては，教科の内容に関わる学習や探究的な活動を行うことも考えられる。その場合には，それぞれの目標が十分に達成されるように事前・事後の指導計画を作成するとともに，年間指導計画に位置づけ，効果的に行うようにする。具体的には，英語を集中的に学ぶ「イングリッシュキャンプ」，星空や地層等の観察，農林水産業施設の見学などが考えられる。

- 実施にあたっては，自然体験や社会体験などの体験活動を充実するとともに，体験活動を通して気づいたことなどを**振り返り**，**まとめ**たり，**発表し合ったり**するなどの事後の活動を充実する。

- 安全については，万全の配慮をする。地震や津波などの自然災害等の不測の事態に対しても，避難の手順等は事前に確認し，適切な対応ができるようにしておく。原則，現地集合・現地解散は，安全が確保できにくいため，行わない。

4　自然のなかでの集団宿泊活動実践例（小学校）

（1）事前の指導の工夫と評価

集団宿泊活動は5日間程度が望ましいとされている。

ここでは，ある小学校の5年生を対象とした集団宿泊活動の実践例として，自然教室を紹介する（図15-1）。

① アンケート調査

事前の活動として，アンケート調査を実施し，児童の実態を把握する。アンケート結果から「友達との関わりを深める」ことを多くの児童が期待していること，また自然教室に対して不安を抱いている児童がいることが明らかになった。児童の不安を少なくするために，前年度同じ体験をした6年生に5分程度

	1日目	2日目	3日目	4日目	5日目
	7月4日（月）	7月5日（火）	7月6日（水）	7月7日（木）	7月8日（金）
6:00		起床，着替え，洗面	起床，着替え，洗面	起床，着替え，洗面	起床，着替え，洗面
7:00		朝の集い，朝食，清掃	朝の集い，朝食，清掃	朝の集い，朝食，清掃	朝の集い，朝食，清掃
8:00	登校				記念品づくり（焼き杉，キーホルダー，フォトフレーム）
9:00	出発式，学校出発			農業体験交流	
10:00	「○○の家」到着	オリエンテーリング	野外調理		
11:00	入所式，オリエンテーション		「カレー作り」		
12:00	昼食			昼食	昼食
13:00					退所式
14:00	レクリエーション			昆虫・草花観察	「○○の家」出発
15:00		キャンプファイヤーの準備，練習	キャンプファイヤーの準備，練習	キャンプファイヤーの準備，練習	学校到着，解散式
16:00					
17:00	夕べの集い	夕べの集い	夕べの集い	夕べの集い	
18:00	夕食・入浴	夕食・入浴	夕食・入浴	夕食・入浴	
19:00	ナイトハイキング	星空観測	歌声集会	キャンプファイヤー	
20:00					
21:00	班長会議，班会議	班長会議，班会議	班長会議，班会議	班長会議，班会議	
22:00	就寝	就寝	就寝	就寝	

図15-1　自然教室活動スケジュール

出所：筆者作成。

のビデオレター作成を依頼した。6年生からのメッセージは，「はじめ，私は自然教室に行きたくないと思っていたけど，行ってみると何もかもが楽しくて，今では最高の思い出です」「キャンプファイヤーでは，友達っていいなって思えました」という内容であった。

② 学級活動(2)との関連を図った事前の指導

児童一人ひとりがめあてをもって参加できるように，事前指導として次のような指導案を作成し，学級活動(2)を行った。

題材：「友達との関わりを深める自然教室にしよう」（学級活動(2)「イ　よりよい人間関係の形成」）
ねらい：互いのよさを認め合うことの意義を理解し，よさを認め合いながら自然教室でのめあてを決めることができるようにする。

	児童の活動	指導上の留意点（○）と評価（☆）	資料等
導	1　自然教室アンケートの結果を見て，気づい	○アンケートの結果を提示することで，多くの児童が友達との関わり	アンケート結果

入 つ か む	たことや感想を発表し合う。 ・ほとんどの人が楽しみにしているんだな。 ・楽しみに思っていない人もいるのか。 ・多くの人が友達との関わりを深めていきたいと思っているんだな。	を深めていきたいと思っていることに着目できるようにする。 ○「自然に親しむ」など，「関わり」以外を選んだ児童も，関わりを大切に思っていることをおさえる。 ☆気づいたことを進んで発表しようとしている。	【児童の意識を高めるための資料】
展 開 さ ぐ る 見 つ け る	2　自然教室で友達との関わりを深めるためにはどうすればよいかを考え，発表し合う。 ・自分だけが楽しむのではなくて，周りの友達と一緒に楽しむようにする。 ・1人でいたり，困っていたりする友達がいたら声をかける。 ・オリエンテーリングなどでは，道に迷わないように協力し合う。 ・あまり話したことのない友達ともいっぱい話して，お互いを知る。 3　6年生からのアドバイス（ビデオレター）をみる。	○児童の考えを，どの場面での関わり方なのか分類しながら板書することで，児童の思考を整理しやすくする。 ☆自然教室で友達との関わりを深めていくためにはどうすればよいかを考えている。 ○事前に6年生に活動の意図を説明して作成したビデオレターをみせる。 ☆6年生からのアドバイスを聞き，自然教室の集団活動の意義について理解している。	6年生からのビデオレター 【ねらいを焦点化するための資料】
終 末 決 め る	4　自然教室で友達との関わりを深めていくために自分のめあてを考え，めあてカードに書き，発表し合う。	○自分がすぐに実践できるように簡潔に書くように伝える。 ☆友達との関わり方を視点に，自分が実践できそうなめあてを立てている。	めあてカード 【ねらいを焦点化するための資料】

```
５年生保護者のみなさま
                                                 ○○小学校５年担任
                     自然教室についてのお知らせとお願い
  自然教室まで１カ月たらずとなりました。元気で楽しく過ごせるようにしっかりと準備をし
ていきたいと思います。

１　健康調査票には，病名をできるだけ詳しく記入してください。（例：心臓病のなかの○○
　　○等）薬，食物アレルギーについては薬品名・食物名・症状などの記入をお願いします。
２　普段，家で頭痛や腹痛の時に飲んでいる薬，風邪をひいて前日まで飲んでいた薬などは必
　　ずもたせてください。発熱の場合，市販の薬を飲ませることがあります。飲ませていけな
　　い方はお知らせください。
３　マスクは各自持参してください。
４　空気の乾燥，紫外線のため唇が荒れやすくなります。各自でリップクリームをもたせてく
　　ださい。
５　現地は寒いので，体温を十分に保温できるような衣服の準備をお願いします。また，靴
　　下・肌着等の替えも多めにお願いします。
６　「少年自然の家」は標高1200メートルの高地にあります。最近は落ち着いてきたと思われ
　　る症状（喘息等）も出てくる場合があります。便秘などでお腹のガスが気圧の変化によっ
　　て腹痛の原因となることがありますので，必ず排便してきてください。
７　蚊・ブヨ等の虫さされ予防のため長袖・長ズボンが必要になります。出発時より長ズボン
　　が望ましいです。足首が特にブヨに刺されやすいので長めの靴下も必要です。
```

図15-2　保護者へのお便り

出所：筆者作成。

③　保護者へのお知らせ

　初めて親元を離れて宿泊する児童もおり，親も子も安心して参加できるよう
にするためには，家庭との連携が必要である。事前に説明会をひらいたり，図
15-2のようなお便りを出したりして，情報共有できるようにした。また，お
便りとあわせて健康調査票も配布し，保護者に記入のうえ返却してもらうよ
うにした（図15-3）。

健康調査票

　自然教室に行く前（１週間前）から健康については調査をしていきます。
　（健康記録表を別途配布します。）
　環境が変わると，体調を維持することが容易ではありません。ましてや子どもですからなおさらでしょう。最近は落ちついていると思われる症状が出てくる場合もあります。
　子どもたちのより安全な活動を保障するために，事前に症状等を把握し，素早い対応ができるようにしたいと考えています。ご協力をお願いします。
　個人のプライバシーに関わることですから，秘密は厳守します。
　次に詳しくお書きください。

５年　　組　　名前（　　　　　　　　　）	
既往症・アレルギー等（食物など）	主治医からの指導事項等（薬品名）
家庭からの連絡・要望，主治医電話番号	

◎親元を離れて子どもたちが自分で生活します。ですから，人には知られたくないこともあることでしょう。「夜，起こしてほしい」等，お医者さんにかかるほどのことではないが，知らせておきたい体のこと等についてお書きくださるか，何らかの方法で担任までお知らせください。

５年　　組　　名前（　　　　　　　　　）
要　望

図15-3　健康調査票

出所：筆者作成。

図 15-4　野外炊飯

出所：筆者撮影。

自然教室のスローガン

> 協力！信頼！思いやり！　自然の中で　あつまれ笑顔！！

自然教室のめあて

> みんなで助け合って、協力するために、
> 自分から いろいろな人に声をかける！

> めあてを決めた理由を書こう！　名前
>
> スローガンみたいに、みんなの笑顔があつまる
> 自然教室にしたいからです。そのためには困って
> いる人がいたら助けてあげたいし、みんなと
> もっと仲良くなりたいから、あまり話をしたこと
> がない人にも自分から声をかけて楽しい自然
> 教室にしたいと思います。

図 15-5　めあてカード

出所：筆者撮影。

④　グルーピングの工夫

　当日は，活動ごとに様々なグループで活動をする。このグループが人間関係形成にとって，大切な要素となる。

　たとえば「部屋グループ」は，児童にとって，「友達とともに寝る」というのは，日常の学校生活にはない特別なことである。なかには，それを不安に感じる児童もいる。部屋決めは，もめることも少なくないが，「自分もよくて，みんなもよい」となるように児童が納得できるように決める必要がある。

　また，「オリエンテーリングなどの活動のグループ」は，部屋グループは，日頃から近しい児童同士のグループになるように配慮をするが，活動のグループは，人間関係を広げていくために普段関わりが少ない児童同士が同じグループになって活動することが望ましい。活動のなかで，いつもとは違った一面を互いに知り，活動のたびに，関わりが深まることも期待できる。

⑤　実践への意欲づけのためのめあてカード

　自然教室に向けてみんなで決めたスローガンを受けて，一人ひとりが自分のめあてを立てる。抽象的な言葉になってしまわないように，理由も自分の言葉で書き加えることができるようにした（図15-5）。

（2）当日の活動の例

①　オリエンテーリング

　オリエンテーリングでは，児童が迷いやすい所などにチェックポイントを設け，教員を配置する。各チェックポイントでは「話し合って好きな歌を歌ってください」「このグループのよさを話してください」「他のグループには考えつかない，自分たちだけのグループ写真を撮ってもらいましょう」などの課題を設定する。グループで話し合って課題を解決するという活動の実践がキャンプファイヤーにもつながっていく。

②　キャンプファイヤー

　キャンプファイヤーでは，点火の儀式，「燃えろよ燃えろ」などの歌，ゲーム，ダンスとともに，グループごとの出し物「スタンツ」を行うことが多い。事前に準備してから当日を迎えることも，当日の朝に，スタンツのテーマを伝えることもある。本番では，練習した成果を互いに発表し，笑い合ったり，賞賛し合ったりする。キャンプファイヤー終盤では，穏やかな雰囲気のなかで「友達になるために」を歌い，それをBGMに，教員がこれまでの成長，これからのことについて，保護者の思いや担任の思いなどを語ることは，児童の心に印象的に残るのである。

（3）評価と事後の指導の工夫

　自然教室を通して，児童一人ひとりが様々なことを感じ，学び，心も体も大きく成長する。また，クラスのつながりも強くなる。それをしっかりと価値づけることで，その後の学校生活へと生かしていくことができる。

　自然教室を終えて，この体験を学校生活にもつなげるために，「一番学んだことは何か」を図15－6のように振り返り，それを「これからの学校生活に生かす」ということが大切である。

自然教室をふりかえって

5年 △ 組 ○○○○

★自然教室では，学校では学べないことをたくさん学びましたね。

> ○友達とのかかわりの中で…（オリエンテーション・キャンプファイヤーなど）
> ○自然とのかかわりの中で…（山・動物・星空など）
> ○集団行動を通して…（時間を守る，集合の仕方，話の聞き方，食事の準備，消灯）
> ○自分のことは自分で行う中で…（荷物の整理・健康観察・ふりかえり）

★あなたが一番学んだことはどんなことでしょうか？

どんな場面で？	オリエンテーリングで，ゴールした時
学んだことは？	私は，協力しないとゴールにはたどりつかないということがわかりました。途中で道に迷って，不安になったけど，相談しながらもどったりして，最後にゴールできたときは，みんな思わず拍手していました。協力して道を決めていくことが大切だと学びました。

★自然教室で学んだことを，これからの学校生活に生かしていこう！

どんな場面で？	困っている人がいたら…
学んだことは？	オリエンテーリングの時のように，声をかけて相談にのってあげて，いっしょに進み道を教えてあげたらいいと思います。そしてクラスでもみんなで協力してゴールを目指せたらいいと思いました。

図 15-6　振り返りカード

出所：筆者作成。

学習課題　① 遠足・集団宿泊的行事に関わる自分の経験を話し合ってみよう。
　　　　　② 自分の経験や，実践事例を通して，遠足・集団宿泊的行事の意義について，まとめてみよう。
　　　　　③ 遠足・集団宿泊的行事を計画する際に工夫したいことや配慮すべきことについてまとめてみよう。

第Ⅴ部　学校行事

国立教育政策研究所教育課程研究センター『楽しく豊かな学級・学校生活をつくる特別活動
　　小学校編』文溪堂，2014年。

国立教育政策研究所教育課程研究センター『「指導と評価の一体化」のための学習評価に関
　　する参考資料　小学校　特別活動』東洋館出版社，2020年a。

国立教育政策研究所教育課程研究センター『「指導と評価の一体化」のための学習評価に関
　　する参考資料　中学校　特別活動』東洋館出版社，2020年b。

内閣官房まち・ひと・しごと創生本部事務局「第2章　農山漁村体験活動がもたらす教育効
　　果」『子供の農山漁村体験活動の充実・促進に向けた手引き』（子ども農山漁村交流プロ
　　ジェクト），2019年，8～13頁。https://www.kantei.go.jp/jp/singi/sousei/about/kidsta
　　iken/tebiki02.pdf（2021年2月1日閲覧）

文部科学省『小学校学習指導要領（平成29年告示）解説　特別活動編』東洋館出版社，2018
　　年a。

文部科学省『中学校学習指導要領（平成29年告示）解説　特別活動編』東山書房，2018年b。

学校行事の実践例（5）
──勤労生産・奉仕的行事──

　本章では，学習指導要領の記述を概観したうえで，児童生徒の体験活動の必要性を示す。実際に取り組むことを想定し，ボランティア活動，職場体験活動・就業体験活動に着目して，現状と基本的な考え方を確認していこう。また，社会教育との連携に関して，社会教育施設との連携や社会教育関係団体であるPTA等保護者との関わり方にも言及する点もポイントである。実践事例として，青森県のJUMPチームの取り組み等を紹介しており，今後のあり方を考える参考にしたい。

1　勤労生産・奉仕的行事のねらいと内容

（1）学習指導要領に示された内容

　2017（平成29）年告示「小・中学校学習指導要領」・2018（平成30）年告示「高等学校学習指導要領」の「第6章　特別活動」（中学校・高等学校は第5章）「第2　各活動・学校行事の目標及び内容」の「2　内容」において，勤労生産・奉仕的行事は表16－1のように記されている。小学校・中学校・高等学校に共通して，勤労の尊さを体得することや社会奉仕の精神を養う体験が得られるようにすることが挙げられている。

　具体的な内容について，『小学校学習指導要領（平成29年告示）解説　特別活動編』・『中学校学習指導要領（平成29年告示）解説　特別活動編』・『高等学校学習指導要領（平成30年告示）解説　特別活動編』（以下，『小学校解説』・『中学校解説』・『高等学校解説』）には，飼育栽培活動（小学校），校内美化活動（小学校），地域社会の清掃活動（小学校），公共施設等の清掃活動（小学校），福祉施設との交流活動（小学校），職場体験活動（中学校），各種の生産活動（中学校・高等学

表16-1　学習指導要領（2017, 2018）における勤労生産・奉仕的行事の記述

小学校	勤労の尊さや生産の喜びを体得するとともに，ボランティア活動などの社会奉仕の精神を養う体験が得られるようにすること。
中学校	勤労の尊さや生産の喜びを体得し，職場体験活動などの勤労観・職業観に関わる啓発的な体験が得られるようにするとともに，共に助け合って生きることの喜びを体得し，ボランティア活動などの社会奉仕の精神を養う体験が得られるようにすること。
高等学校	勤労の尊さや創造の喜びを体得し，就業体験活動などの勤労観・職業観の形成や進路の選択決定などに資する体験が得られるようにするとともに，共に助け合って生きることの喜びを体得し，ボランティア活動などの社会奉仕の精神を養う体験が得られるようにすること。

出所：筆者作成。

校），上級学校や職場の訪問・見学（中学校・高等学校），全校美化の行事（中学校・高等学校），地域社会への協力（中学校・高等学校），学校内外のボランティア活動（中学校・高等学校），就業体験活動（高等学校）などが例示されている（文部科学省，2018a：127／2018b：103／2019：95）。

（2）児童生徒の体験活動の現状

　児童生徒が，勤労生産・奉仕的行事に示された内容に相当する活動をどれくらい体験しているのか，国立青少年教育振興機構「青少年の体験活動等に関する意識調査（平成28年度調査）」（2018）から確認しよう。

　直近約1年間のうちに学校の授業や行事以外でしたことについて，「何度もした」「少しした」「しなかった」の3件法で聞いており，「何度もした」「少しした」の合計を図16-1に示した。なお，回答者は小学生は小学校1年生から6年生の保護者，中学生・高校生は各2年生である。

　これをみると，生産に関する活動や社会参加に関する活動は学校段階の進行に伴って減少していること，中学生・高校生は他者支援に関する活動を比較的多く体験していることなどがわかる。学校外での活動体験が十分とは言い難い結果を勘案すると，発達段階を考慮しながら，学校で勤労生産・奉仕的行事を行い，児童生徒の体験を補完・強化することは有意義であるといえる。

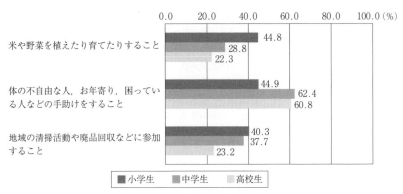

図 16-1　学校の授業や行事以外でしたこと

出所：国立青少年教育振興機構「青少年の体験活動等に関する意識調査（平成28年度調査）」
　　　2018年。

2　勤労生産・奉仕的行事の実践のあり方

　前掲の表16-1をみると，小学校・中学校・高等学校に共通してボランティ
ア活動が入っている。また，『中学校解説』・『高等学校解説』には，中学校で
職場体験活動，高等学校で就業体験活動を重点的に推進することが示されてい
る。そこで，ここでは**ボランティア活動**と**職場体験活動・就業体験活動**に着目
する。実は，このボランティア活動，職場体験活動・就業体験活動は，勤労生
産・奉仕的行事だけではなく，学習指導要領の各所で言及されているのである
（表16-2）。

　「総則」や「総合的な学習（探究）の時間」，「生徒会活動」など教科外活動
で示されており，中学校・高等学校では，ボランティア活動と職場体験活動・
就業体験活動が併記されている。また，「総則」に含まれていることから，こ
れらの活動が教育活動の基盤に位置づいていると解釈することができる。なお，
高等学校では，家庭や専門学科の農業・水産・家庭・看護・福祉の教科でも記
されている。

表16-2　学習指導要領（2017, 2018）におけるボランティア活動,
職場体験活動・就業体験活動に関する主な記述

総　則	小学校	学校や学級内の人間関係や環境を整えるとともに, 集団宿泊活動やボランティア活動, 自然体験活動, 地域の行事への参加などの豊かな体験を充実すること。
	中学校	学校や学級内の人間関係や環境を整えるとともに, 職場体験活動やボランティア活動, 自然体験活動, 地域の行事への参加などの豊かな体験を充実すること。
	高等学校	学校やホームルーム内の人間関係や環境を整えるとともに, 就業体験活動やボランティア活動, 自然体験活動, 地域の行事への参加などの豊かな体験を充実すること。
総合的な学習（探究）の時間	小学校	自然体験やボランティア活動などの社会体験, ものづくり, 生産活動などの体験活動, 観察・実験, 見学や調査, 発表や討論などの学習活動を積極的に取り入れること。
	中学校	自然体験や職場体験活動, ボランティア活動などの社会体験, ものづくり, 生産活動などの体験活動, 観察・実験, 見学や調査, 発表や討論などの学習活動を積極的に取り入れること。
	高等学校	自然体験や就業体験活動, ボランティア活動などの社会体験, ものづくり, 生産活動などの体験活動, 観察・実験・実習, 調査・研究, 発表や討論などの学習活動を積極的に取り入れること。
特別活動	中学校	（生徒会活動）ボランティア活動などの社会参画
	高等学校	家庭や地域の人々との連携, 社会教育施設等の活用などを工夫すること。その際, ボランティア活動などの社会奉仕の精神を養う体験的な活動や就業体験活動などの勤労に関わる体験的な活動の機会をできるだけ取り入れること。

出所：筆者作成。

（1）ボランティア活動

　学校教育におけるボランティア活動というと募金活動や清掃活動, 施設訪問活動などがイメージされることが多いが, それがすべてではない。たとえば, まちづくりや観光, 文化, 芸術, スポーツ, 地域安全, 国際協力など, 多種多様な分野・領域での活動が可能である。それらに関する教育課程内外での学習成果を, 自己完結的なものにとどめるのではなく, 社会還元的なものにすることで, 自己理解や他者理解はもちろん, 社会に対する理解が深まる。その過程で, 自分自身にできることは何かを改めて省察することができれば, ボラン

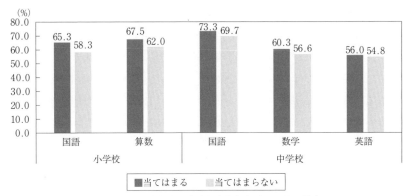

図16-2　児童生徒の地域行事参加経験と平均正答率
出所：国立教育政策研究所「平成31年度（令和元年度）全国学力・学習状況調査　質問紙調査
　　　報告書」2019年。

ティア活動が，生涯を通して関わる学びになることもある。また，ボランティ
ア活動は，そうした自己成長性だけではなく，学力との関連で捉えても，その
有意性は看過できない。国立教育政策研究所「平成31年度（令和元年度）全国
学力・学習状況調査　質問紙調査報告書」(2019) における平均正答率と児童
生徒の地域行事への参加経験の有無を図16-2に示した。

　図16-2のうち「今住んでいる地域の行事に参加していますか」の回答状況
と小学校・中学校の国語，算数・数学，英語の全国学力・学習状況調査におけ
る平均正答率をみると，「当てはまる」（参加している）と答えた方が，平均正
答率が約1〜7ポイント高かった。このことから，ボランティア活動も含まれ
るとみられる地域行事への参加と，学力の高さには関連があることが推察され
る。

（2）職場体験活動・就業体験活動
　職場体験活動・就業体験活動（ここではインターンシップも同意と捉える）は，
キャリア教育との関連で重要な活動である。2017（平成29）年告示「小・中学
校学習指導要領」の「第1章　総則」「第4　児童（生徒）の発達の支援」1
（3）・2018（平成30）年告示「高等学校学習指導要領」の「第1章　総則」「第

5款　生徒の発達の支援」1（3）には「学ぶことと自己の将来とのつながり
を見通しながら，社会的・職業的自立に向けて必要な基盤となる資質・能力を
身に付けていくことができるよう，特別活動を要としつつ各教科（・科目）等
の特質に応じて，キャリア教育の充実を図ること」（括弧内は高等学校のみ）と
示されている。学級活動・ホームルーム活動をはじめとする特別活動や各教科
等の様々な学習活動を通して獲得してきた理論知を，実践知につなげていく場
が職場体験活動・就業体験活動であると捉えることができる。

　国立教育政策研究所生徒指導・進路指導研究センター「平成30年度職場体
験・インターンシップ実施状況等調査」（2020）によると，中学校における職
場体験の実施状況は，国立60.5%・公立97.7%・私立34.5%であり，高等学校
（全日制・定時制・通信制）におけるインターンシップ実施状況は，国立15.0%・
公立83.9%・私立47.2%であった。また，国立教育政策研究所「平成31年度
（令和元年度）全国学力・学習状況調査　質問紙調査報告書」（2019）では，「職
場見学や職場体験活動を行っていますか」に対して，「行っている」割合が，
小学校57.1%・中学校97.2%であった。教育課程における位置づけをみると，
特別活動で実施している割合が，職場体験・インターンシップとも1割に満た
ない状況で，職場体験は**総合的な学習の時間**，インターンシップは教育課程外
の活動が主たる実践の場であることがわかる（表16-3）。

　表16-3のなかで注目したいのが，「総合的な学習の時間で実施し，特別活
動の学校行事としても読み換えている」という回答である。2017（平成29）年
告示「中学校学習指導要領」の「第1章　総則」「第2　教育課程の編成」3
（2）には，「総合的な学習の時間における学習活動により，特別活動の学校行
事に掲げる各行事の実施と同様の成果が期待できる場合においては，総合的な
学習の時間における学習活動をもって相当する特別活動の学校行事に掲げる各
行事の実施に替えることができる」とされている。すなわち，総合的な学習の
時間の実施で特別活動を代替できることを認めているのである。表16-2で確
認したように，勤労生産・奉仕的行事と総合的な学習（探究）の時間の内容は
重複する部分があり，教育課程を編成する際には留意する必要がある。なお，
『中学校学習指導要領（平成29年告示）解説　総則編』には，「総合的な学習の

表 16 - 3　職場体験・インターンシップの教育課程等への位置づけ（単位：％）

	職場体験	インターンシップ
教科の授業で実施	2.4	―
現場実習等教科・科目の中で実施	―	12.6
「課題研究」の中で実施	―	2.5
学校設定教科・科目で実施	―	6.2
総合的な学習の時間で実施	78.3	9.4
特別活動で実施	7.4	6.0
総合的な学習の時間で実施し，特別活動の学校行事としても読み換えている	8.3	2.1
「学校外における学修」として実施	―	11.3
教育課程には位置付けずに実施	3.6	49.9

出所：国立教育政策研究所生徒指導・進路指導研究センター「平成30年度職場体験・インターンシップ実施状況等調査」（2020年）をもとに筆者作成。

時間と特別活動の両方の趣旨を踏まえた体験活動を実施した場合に特別活動の代替を認めるものであって，特別活動において体験活動を実施したことをもって総合的な学習の時間の代替を認めるものではない」（文部科学省，2018c：68）とされており，安易に代替するのではなく，特別活動，ここでは勤労生産・奉仕的行事の趣旨をふまえた職場体験活動・就業体験活動，ボランティア活動であるのかどうか吟味することが肝要である。

（3）社会教育との連携

勤労生産・奉仕的行事の内容・特質を考えると，学校内で完結するものもあれば，学校外における取り組みが中心になるものもある。表16‐2の特別活動（高等学校）に「家庭や地域の人々との連携，社会教育施設等の活用などを工夫すること」と記されていることからも推察できる。そこで，**社会教育施設**との連携に着目してみよう（表16‐4）。

社会教育施設といっても様々であるが，ここでは公民館，図書館，博物館を取り上げる。文部科学省「平成30年度社会教育統計（社会教育調査報告書）」（2020），文部科学省「令和元年度学校基本調査（確定値）」（2019）をみると，施

表16-4　社会教育施設等の概況

	社会教育施設			学　校		
	公民館	図書館	博物館	小学校	中学校	高等学校（全日制・定時制）
施設数（単位：施設）	14,281	3,360	1,286	19,738	10,222	4,887
学校（大学以外）との事業の共催をしている施設（単位：%）	10.7	6.5	10.8	—	—	—
ボランティア登録制度がある施設（単位：%）	14.3	71.0	41.5	—	—	—

出所：文部科学省「平成30年度社会教育統計（社会教育調査報告書）」（2020年），文部科学省「令和元年度学校基本調査（確定値）」（2019年）をもとに筆者作成。

設数では中学校より公民館の方が多いこと，図書館と博物館を合わせると高等学校と同数程度であることがわかる。地域性等を考慮する必要はあると思われるが，社会教育施設は身近に存在する。林（2018a, 2018c）が博物館・図書館対象に実施した全国調査によると，高等学校との連携状況に関して，インターンシップでの連携実績がある割合が，博物館は約25%・図書館は約35%であった。また，ボランティア登録制度も整備されつつあり，活動の場が確保されている。図書館での活動としては，配架・書架整理，図書の修理・補修，読み聞かせ，障害者への朗読サービス・拡大写本・音訳・点訳，環境保全（館内美化等），博物館での活動は，展示ガイド，入場者整理・案内，身体障害者の補助，収集（展示）資料の整理，調査研究の補助，各種講座等教育普及事業の補助・企画，環境保全（館内美化等），広報資料の発行，web の作成・管理などが示されており，児童生徒が取り組むことができる活動もあることがわかる。事業を共催している施設の割合が1割程度であることを考えると，ボランティア活動を通して連携の推進を検討することは一考する余地がある。

　次に，「家庭や地域の人々」に関して，PTA に着目する。PTA は社会教育関係団体であり，学校にとっては身近な組織である。PTA と一緒に学校内外の清掃活動に取り組んだり，廃品回収やバザーなど地域の活動に取り組むことがあると思われるが，地域社会と連携した勤労生産・奉仕的行事として捉えることもできる。中央教育審議会答申「新しい時代の教育に向けた持続可能な学

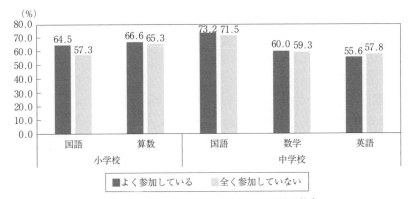

図16-3　保護者等の学校への関わりと平均正答率

出所：国立教育政策研究所「平成31年度（令和元年度）全国学力・学習状況調査　質問紙調査報告書」2019年。

校指導・運営体制の構築のための学校における働き方改革に関する総合的な方策について」（2019）において，「学校の業務だが，必ずしも教師が担う必要のない業務」に校内清掃，「教師の業務だが，負担軽減が可能な業務」に学校行事の準備・運営が示されているが，PTA と連携して行う勤労生産・奉仕的行事は，**働き方改革**を進める一助にもなるといえる。

　また，学力との関連に着目すると，注目に値するデータが示されている。国立教育政策研究所「平成31年度（令和元年度）全国学力・学習状況調査　質問紙調査報告書」（2019）における平均正答率と保護者等の学校への関わりの有無を図16-3に示した。調査では，「参加している」「あまり参加していない」も含めた4つの選択肢で聞いているが，わかりやすくするため割愛した。

　学校の「保護者や地域の人が学校の美化，登下校の見守り，学習・部活動支援，放課後支援，学校行事の運営などの活動に参加していますか」の回答状況と小学校・中学校の全国学力・学習状況調査における国語，算数・数学，英語の平均正答率をみると，「よく参加している」方が，平均正答率が小学校で約1〜7ポイント高く，とくに国語では看過できない結果が示されている。

3　勤労生産・奉仕的行事の事例と今後

（1）実践事例

　地域社会と連携して勤労生産・奉仕的行事に取り組む実践事例として，青森県における JUMP チームの取り組みを紹介する。JUMP チームは学校と警察が連携した活動であり，学校行事として取り組むケースもあれば，生徒会が主導して行うケースもあるなど，形態は様々であるが，内容は勤労生産・奉仕的行事そのものであることからここで取り上げることとする。

　JUMP チームの「JUMP」は，21世紀を担う青森県の少年がさらに飛躍する，つまり大きく「ジャンプ」して欲しいという願いと，「少年非行防止」（少年：Juvenile，非行：Misconduct，防止：Prevention）の英語の頭文字をとって命名されたもので，中学生・高校生が構成メンバーである。

　JUMP チームは，少年非行の悪化の一つの要因となっている少年自身の規範意識の低下を防ぐために，少年非行防止総合対策の一環として，中学生・高校生が自ら非行防止活動に取り組むことを通じ，規範意識の向上を図ることを目的としている。また，活動に取り組んでいる当事者本人だけではなく，中学生・高校生が相互に非行防止について呼び掛け合い，その活動を通じて学校の仲間，さらには地域住民も一緒になって，県内全体に非行防止の輪を広げることを企図している。活動内容については，学校内外において，様々な活動に取り組んでいる。以下に，具体的な活動内容の例を示す。

　　○あいさつ運動：基本的には各学校内での活動となるが，小学校・中学校・
　　　高等学校等で合同のあいさつ運動を展開するケースもあり，連携の強化，
　　　活動の活性化に努めている。

　　○非行防止集会：万引き，自転車盗，占有離脱物横領の防止を呼び掛けてい
　　　る。

　　○自転車盗難防止のための「鍵かけ，ツーロック運動」：少年警察ボラン
　　　ティアと合同で，各学校の駐輪場等において，自転車盗難防止の広報啓発
　　　とワイヤー錠を配布するなどしている。

○非行防止街頭キャンペーン：祭会場や繁華街等において，少年警察ボラン
　ティア等のボランティアや関係団体と連携して，チラシを配布するなどの
　広報啓発活動を行っている。

○環境美化活動：公園のベンチや遊具に対する火遊び，器物損壊，生徒によ
　る学校校舎の窓損壊，学校施設に対する器物損壊，地域における落書き等
　を防止するため，少年警察ボランティアと連携した巡回や校内での呼び掛
　け活動を行っている。

○連携活動（出前活動）：中学校や高等学校の JUMP チーム員が，小学校を
　訪問して非行防止の絵本を読み聞かせるなどして，連携強化に資する活動
　を行っている。

　これらの活動成果・効果に関して，林（2018b）によると，教育委員会等の
調査結果を経年比較したところ，「ボランティア活動したことがない」割合が
減少傾向にあること，「ボランティア活動に参加しない理由」の「情報不足」
や「興味不足」も同様に減少傾向にあることが示された。また，青森県警察本
部少年課のデータから，刑法犯少年および万引き，自転車盗の検挙・補導人員
の推移をみると，減少傾向にあることがわかり，規範意識の向上にも寄与して
いることがうかがえた。

（2）今後のあり方

　ここまで概観してきたように，ボランティア活動や職場体験活動・就業体験
活動は，学校外での実践的な活動が想定される。地域社会をフィールドにする
ということは，単一の学校だけではなく，複数の学校（同一校種・異校種）とそ
の場を共有することになる。時期をずらして重なりを避け，その学校独自の教
育目標の達成をねらうことも一考であるが，複数校が合同で活動に取り組むこ
とも検討の余地がある。同一校種の他校との交流から刺激を受けることもあれ
ば，異校種の児童生徒と活動を共にすることで，“ナナメ”の関係を通して，
それぞれの発達段階で求められる資質能力が，具体的かつ明確にみえてくるこ
とも期待できる。地域社会にしてみれば，複数の学校で実施されている類似の
活動に対して，支援を繰り返すことを回避できれば，時間的・精神的な負担の

軽減になり，活動内容の質的充実に比重をかけることにつながりうる。年間指導計画等を策定する際の学校間の連絡・調整が必要になるが，児童生徒・学校の少子化・小規模化が進む今日だからこそ，広域的な**カリキュラム・マネジメント**のもと，「**社会に開かれた教育課程**」の実現のためには，複数校による勤労生産・奉仕的行事を実現することは実効性があるのではないかと考えられる。

学習課題　　①　勤労生産・奉仕的行事でボランティア活動，職場体験活動・就業体験活動を行う意義と課題を，児童生徒の発達特性と対応させながら具体的に考えてみよう。

②　あなたの学校の所在地（市区町村）にある社会教育施設を調べ，その施設と連携して，具体的にどのような活動ができるか話し合ってみよう。

引用・参考文献

林幸克『高校生の市民性の諸相――キャリア意識・規範意識・社会参画意識を育む実践の検証』学文社，2017年。

林幸克「学校と博物館の連携に関する考察――博物館における教員免許所有職員への着目」『生涯学習・社会教育研究ジャーナル』11，2018年a，27〜42頁。

林幸克「高等学校と警察の連携によるボランティア活動に関する研究――青森県JUMPチームの事例に基づく考察」『ボランティア学習研究』18，2018年b，49〜58頁。

林幸克「高等学校と公共図書館の連携に関する一考察」『図書の譜――明治大学図書館紀要』22，2018年c，53〜71頁。

原田正樹監修，柳久美子編著『ボランティアを楽しむ――奉仕体験活動のアイデア＆指導案』学事出版，2010年。

文部科学省『小学校学習指導要領（平成29年告示）解説　特別活動編』東洋館出版社，2018年a。

文部科学省『中学校学習指導要領（平成29年告示）解説　特別活動編』東山書房，2018年b。

文部科学省『中学校学習指導要領（平成29年告示）解説　総則編』東山書房，2018年c。

文部科学省『高等学校学習指導要領（平成30年告示）解説　特別活動編』東京書籍，2019年。

吉田武男監修，藤田晃之編著『MINERVAはじめて学ぶ教職19　キャリア教育』ミネルヴァ書房，2018年。

付　録

小学校学習指導要領（抜粋）

第1章　総　則

第1　小学校教育の基本と教育課程の役割

1　各学校においては，教育基本法及び学校教育法その他の法令並びにこの章以下に示すところに従い，児童の人間として調和のとれた育成を目指し，児童の心身の発達の段階や特性及び学校や地域の実態を十分考慮して，適切な教育課程を編成するものとし，これらに掲げる目標を達成するよう教育を行うものとする。

2　学校の教育活動を進めるに当たっては，各学校において，第3の1に示す主体的・対話的で深い学びの実現に向けた授業改善を通して，創意工夫を生かした特色ある教育活動を展開する中で，次の(1)から(3)までに掲げる事項の実現を図り，児童に生きる力を育むことを目指すものとする。

(1)　基礎的・基本的な知識及び技能を確実に習得させ，これらを活用して課題を解決するために必要な思考力，判断力，表現力等を育むとともに，主体的に学習に取り組む態度を養い，個性を生かし多様な人々との協働を促す教育の充実に努めること。その際，児童の発達の段階を考慮して，児童の言語活動など，学習の基盤をつくる活動を充実するとともに，家庭との連携を図りながら，児童の学習習慣が確立するよう配慮すること。

(2)　道徳教育や体験活動，多様な表現や鑑賞の活動等を通して，豊かな心や創造性の涵養を目指した教育の充実に努めること。

学校における道徳教育は，特別の教科である道徳（以下「道徳科」という。）を要として学校の教育活動全体を通じて行うものであり，道徳科はもとより，各教科，外国語活動，総合的な学習の時間及び特別活動のそれぞれの特質に応じて，児童の発達の段階を考慮して，適切な指導を行うこと。

道徳教育は，教育基本法及び学校教育法に定められた教育の根本精神に基づき，自己の生き方を考え，主体的な判断の下に行動し，自立した人間として他者と共によりよく生きるための基盤となる道徳性を養うことを目標とすること。

道徳教育を進めるに当たっては，人間尊重の精神と生命に対する畏敬の念を家庭，学校，その他社会における具体的な生活の中に生かし，豊かな心をもち，伝統と文化を尊重し，それらを育んできた我が国と郷土を愛し，個性豊かな文化の創造を図るとともに，平和で民主的な国家及び社会の形成者として，公共の精神を尊び，社会及び国家の発展に努め，他国を尊重し，国際社会の平和と発展や環境の保全に貢献し未来を拓ひらく主体性のある日本人の育成に資することとなるよう特に留意すること。

(3)　学校における体育・健康に関する指導を，児童の発達の段階を考慮して，学校の教育活動全体を通じて適切に行うことにより，健康で安全な生活と豊かなスポーツライフの実現を目指した教育の充実に努めること。特に，学校における食育の推進並びに体力の向上に関する指導，安全に関する指導及び心身の健康の保持増進に関する指導については，体育科，家庭科及び特別活動の時間はもとより，各教科，道徳科，外国語活動及び総合的な学習の時間などにおいてもそれぞれの特質に応じて適切に行うよう努めること。また，それらの指導を通して，家庭や地域社会との連携を図りながら，日常生活において適切な体育・健康に関する活動の実践を促し，生涯を通じて健康・安全で活力ある生活を送るための基礎が培われるよう配慮すること。

3　2の(1)から(3)までに掲げる事項の実現を図り，豊かな創造性を備え持続可能な社会の創り手となることが期待される児童に，生きる力を育むことを目指すに当たっては，学校教育全体並びに各教科，道徳科，外国語活動，総合的な学習の時間及び特別活動（以下「各教科等」という。ただし，第2の3の(2)のア及びウにおいて，特別活動については学級活動（学校給食に係るものを除く。）に限る。）の指導を通してど

のような資質・能力の育成を目指すのかを明確にしながら，教育活動の充実を図るものとする。その際，児童の発達の段階や特性等を踏まえつつ，次に掲げることが偏りなく実現できるようにするものとする。

(1) 知識及び技能が習得されるようにすること。

(2) 思考力，判断力，表現力等を育成すること。

(3) 学びに向かう力，人間性等を涵養すること。

4 各学校においては，児童や学校，地域の実態を適切に把握し，教育の目的や目標の実現に必要な教育の内容等を教科等横断的な視点で組み立てていくこと，教育課程の実施状況を評価してその改善を図っていくこと，教育課程の実施に必要な人的又は物的な体制を確保するとともにその改善を図っていくことなどを通して，教育課程に基づき組織的かつ計画的に各学校の教育活動の質の向上を図っていくこと（以下「カリキュラム・マネジメント」という。）に努めるものとする。

第6章 特別活動

第1 目 標

集団や社会の形成者としての見方・考え方を働かせ，様々な集団活動に自主的，実践的に取り組み，互いのよさや可能性を発揮しながら集団や自己の生活上の課題を解決することを通して，次のとおり資質・能力を育成することを目指す。

(1) 多様な他者と協働する様々な集団活動の意義や活動を行う上で必要となることについて理解し，行動の仕方を身に付けるようにする。

(2) 集団や自己の生活，人間関係の課題を見いだし，解決するために話し合い，合意形成を図ったり，意思決定したりすることができるようにする。

(3) 自主的，実践的な集団活動を通して身に付けたことを生かして，集団や社会における生活及び人間関係をよりよく形成するとともに，自己の生き方についての考えを深

め，自己実現を図ろうとする態度を養う。

第2 各活動・学校行事の目標及び内容

〔学級活動〕

1 目 標

学級や学校での生活をよりよくするための課題を見いだし，解決するために話し合い，合意形成し，役割を分担して協力して実践したり，学級での話合いを生かして自己の課題の解決及び将来の生き方を描くために意思決定して実践したりすることに，自主的，実践的に取り組むことを通して，第1の目標に掲げる資質・能力を育成することを目指す。

2 内 容

1の資質・能力を育成するため，全ての学年において，次の各活動を通して，それぞれの活動の意義及び活動を行う上で必要となることについて理解し，主体的に考えて実践できるよう指導する。

(1) 学級や学校における生活づくりへの参画

ア 学級や学校における生活上の諸問題の解決

学級や学校における生活をよりよくするための課題を見いだし，解決するために話し合い，合意形成を図り，実践すること。

イ 学級内の組織づくりや役割の自覚

学級生活の充実や向上のため，児童が主体的に組織をつくり，役割を自覚しながら仕事を分担して，協力し合い実践すること。

ウ 学校における多様な集団の生活の向上

児童会など学級の枠を超えた多様な集団における活動や学校行事を通して学校生活の向上を図るため，学級としての提案や取組を話し合って決めること。

(2) 日常の生活や学習への適応と自己の成長及び健康安全

ア 基本的な生活習慣の形成

身の回りの整理や挨拶などの基本的な生活習慣を身に付け，節度ある生活にすること。

イ よりよい人間関係の形成

学級や学校の生活において互いのよさを見付け，違いを尊重し合い，仲よくしたり信頼し合ったりして生活すること。

ウ 心身ともに健康で安全な生活態度の形成

現在及び生涯にわたって心身の健康を保持増

進することや，事件や事故，災害等から身を守
り安全に行動すること。
　エ　食育の観点を踏まえた学校給食と望ましい
　　食習慣の形成
　　給食の時間を中心としながら，健康によい食
事のとり方など，望ましい食習慣の形成を図る
とともに，食事を通して人間関係をよりよくす
ること。
(3)　一人一人のキャリア形成と自己実現
　ア　現在や将来に希望や目標をもって生きる意
　　欲や態度の形成
　　学級や学校での生活づくりに主体的に関わり，
自己を生かそうとするとともに，希望や目標を
もち，その実現に向けて日常の生活をよりよく
しようとすること。
　イ　社会参画意識の醸成や働くことの意義の理
　　解
　　清掃などの当番活動や係活動等の自己の役割
を自覚して協働することの意義を理解し，社会
の一員として役割を果たすために必要となるこ
とについて主体的に考えて行動すること。
　ウ　主体的な学習態度の形成と学校図書館等の
　　活用
　　学ぶことの意義や現在及び将来の学習と自己
実現とのつながりを考えたり，自主的に学習す
る場としての学校図書館等を活用したりしなが
ら，学習の見通しを立て，振り返ること。
　3　内容の取扱い
(1)　指導に当たっては，各学年段階で特に次の
　　事項に配慮すること。
〔第1学年及び第2学年〕
　　話合いの進め方に沿って，自分の意見を発表
したり，他者の意見をよく聞いたりして，合意
形成して実践することのよさを理解すること。
基本的な生活習慣や，約束やきまりを守ること
の大切さを理解して行動し，生活をよくするた
めの目標を決めて実行すること。
〔第3学年及び第4学年〕
　　理由を明確にして考えを伝えたり，自分と異
なる意見も受け入れたりしながら，集団として
の目標や活動内容について合意形成を図り，実
践すること。自分のよさや役割を自覚し，よく
考えて行動するなど節度ある生活を送ること。

〔第5学年及び第6学年〕
　　相手の思いを受け止めて聞いたり，相手の立
場や考え方を理解したりして，多様な意見のよ
さを積極的に生かして合意形成を図り，実践す
ること。高い目標をもって粘り強く努力し，自
他のよさを伸ばし合うようにすること。
(2)　2の(3)の指導に当たっては，学校，家庭及
　　び地域における学習や生活の見通しを立て，
　　学んだことを振り返りながら，新たな学習や
　　生活への意欲につなげたり，将来の生き方を
　　考えたりする活動を行うこと。その際，児童
　　が活動を記録し蓄積する教材等を活用するこ
　　と。
〔児童会活動〕
　1　目　標
　　異年齢の児童同士で協力し，学校生活の充実
と向上を図るための諸問題の解決に向けて，計
画を立て役割を分担し，協力して運営すること
に自主的，実践的に取り組むことを通して，第
1の目標に掲げる資質・能力を育成することを
目指す。
　2　内　容
　　1の資質・能力を育成するため，学校の全児
童をもって組織する児童会において，次の各活
動を通して，それぞれの活動の意義及び活動を
行う上で必要となることについて理解し，主体
的に考えて実践できるよう指導する。
(1)　児童会の組織づくりと児童会活動の計画や
　　運営
　　児童が主体的に組織をつくり，役割を分担し，
計画を立て，学校生活の課題を見いだし解決す
るために話し合い，合意形成を図り実践するこ
と。
(2)　異年齢集団による交流
　　児童会が計画や運営を行う集会等の活動にお
いて，学年や学級が異なる児童と共に楽しく触
れ合い，交流を図ること。
(3)　学校行事への協力
　　学校行事の特質に応じて，児童会の組織を活
用して，計画の一部を担当したり，運営に協力
したりすること。
　3　内容の取扱い
(1)　児童会の計画や運営は，主として高学年の

付　録

231

児童が行うこと。その際，学校の全児童が主体的に活動に参加できるものとなるよう配慮すること。

〔クラブ活動〕

1　目　標

異年齢の児童同士で協力し，共通の興味・関心を追求する集団活動の計画を立てて運営することに自主的，実践的に取り組むことを通して，個性の伸長を図りながら，第1の目標に掲げる資質・能力を育成することを目指す。

2　内　容

1の資質・能力を育成するため，主として第4学年以上の同好の児童をもって組織するクラブにおいて，次の各活動を通して，それぞれの活動の意義及び活動を行う上で必要となることについて理解し，主体的に考えて実践できるよう指導する。

(1)　クラブの組織づくりとクラブ活動の計画や運営

児童が活動計画を立て，役割を分担し，協力して運営に当たること。

(2)　クラブを楽しむ活動

異なる学年の児童と協力し，創意工夫を生かしながら共通の興味・関心を追求すること。

(3)　クラブの成果の発表

活動の成果について，クラブの成員の発意・発想を生かし，協力して全校の児童や地域の人々に発表すること。

〔学校行事〕

1　目　標

全校又は学年の児童で協力し，よりよい学校生活を築くための体験的な活動を通して，集団への所属感や連帯感を深め，公共の精神を養いながら，第1の目標に掲げる資質・能力を育成することを目指す。

2　内　容

1の資質・能力を育成するため，全ての学年において，全校又は学年を単位として，次の各行事において，学校生活に秩序と変化を与え，学校生活の充実と発展に資する体験的な活動を行うことを通して，それぞれの学校行事の意義及び活動を行う上で必要となることについて理解し，主体的に考えて実践できるよう指導する。

(1)　儀式的行事

学校生活に有意義な変化や折り目を付け，厳粛で清新な気分を味わい，新しい生活の展開への動機付けとなるようにすること。

(2)　文化的行事

平素の学習活動の成果を発表し，自己の向上の意欲を一層高めたり，文化や芸術に親しんだりするようにすること。

(3)　健康安全・体育的行事

心身の健全な発達や健康の保持増進，事件や事故，災害等から身を守る安全な行動や規律ある集団行動の体得，運動に親しむ態度の育成，責任感や連帯感の涵(かん)養，体力の向上などに資するようにすること。

(4)　遠足・集団宿泊的行事

自然の中での集団宿泊活動などの平素と異なる生活環境にあって，見聞を広め，自然や文化などに親しむとともに，よりよい人間関係を築くなどの集団生活の在り方や公衆道徳などについての体験を積むことができるようにすること。

(5)　勤労生産・奉仕的行事

勤労の尊さや生産の喜びを体得するとともに，ボランティア活動などの社会奉仕の精神を養う体験が得られるようにすること。

3　内容の取扱い

(1)　児童や学校，地域の実態に応じて，2に示す行事の種類ごとに，行事及びその内容を重点化するとともに，各行事の趣旨を生かした上で，行事間の関連や統合を図るなど精選して実施すること。また，実施に当たっては，自然体験や社会体験などの体験活動を充実するとともに，体験活動を通して気付いたことなどを振り返り，まとめたり，発表し合ったりするなどの事後の活動を充実すること。

第3　指導計画の作成と内容の取扱い

1　指導計画の作成に当たっては，次の事項に配慮するものとする。

(1)　特別活動の各活動及び学校行事を見通して，その中で育む資質・能力の育成に向けて，児童の主体的・対話的で深い学びの実現を図るようにすること。その際，よりよい人間関係の形成，よりよい集団生活の構築や社会への参画及び自己実現に資するよう，児童が集団

や社会の形成者としての見方・考え方を働かせ，様々な集団活動に自主的，実践的に取り組む中で，互いのよさや個性，多様な考えを認め合い，等しく合意形成に関わり役割を担うようにすることを重視すること。

(2)　各学校においては特別活動の全体計画や各活動及び学校行事の年間指導計画を作成すること。その際，学校の創意工夫を生かし，学級や学校，地域の実態，児童の発達の段階などを考慮するとともに，第2に示す内容相互及び各教科，道徳科，外国語活動，総合的な学習の時間などの指導との関連を図り，児童による自主的，実践的な活動が助長されるようにすること。また，家庭や地域の人々との連携，社会教育施設等の活用などを工夫すること。

(3)　学級活動における児童の自発的，自治的な活動を中心として，各活動と学校行事を相互に関連付けながら，個々の児童についての理解を深め，教師と児童，児童相互の信頼関係を育み，学級経営の充実を図ること。その際，特に，いじめの未然防止等を含めた生徒指導との関連を図るようにすること。

(4)　低学年においては，第1章総則の第2の4の(1)を踏まえ，他教科等との関連を積極的に図り，指導の効果を高めるようにするとともに，幼稚園教育要領等に示す幼児期の終わりまでに育ってほしい姿との関連を考慮すること。特に，小学校入学当初においては，生活科を中心とした関連的な指導や，弾力的な時間割の設定を行うなどの工夫をすること。

(5)　障害のある児童などについては，学習活動を行う場合に生じる困難さに応じた指導内容や指導方法の工夫を計画的，組織的に行うこと。

(6)　第1章総則の第1の2の(2)に示す道徳教育の目標に基づき，道徳科などとの関連を考慮しながら，第3章特別の教科道徳の第2に示す内容について，特別活動の特質に応じて適切な指導をすること。

2　第2の内容の取扱いについては，次の事項に配慮するものとする。

(1)　学級活動，児童会活動及びクラブ活動の指導については，指導内容の特質に応じて，教師の適切な指導の下に，児童の自発的，自治的な活動が効果的に展開されるようにすること。その際，よりよい生活を築くために自分たちできまりをつくって守る活動などを充実するよう工夫すること。

(2)　児童及び学校の実態並びに第1章総則の第6の2に示す道徳教育の重点などを踏まえ，各学年において取り上げる指導内容の重点化を図るとともに，必要に応じて，内容間の関連や統合を図ったり，他の内容を加えたりすることができること。

(3)　学校生活への適応や人間関係の形成などについては，主に集団の場面で必要な指導や援助を行うガイダンスと，個々の児童の多様な実態を踏まえ，一人一人が抱える課題に個別に対応した指導を行うカウンセリング（教育相談を含む。）の双方の趣旨を踏まえて指導を行うこと。特に入学当初や各学年のはじめにおいては，個々の児童が学校生活に適応するとともに，希望や目標をもって生活できるよう工夫すること。あわせて，児童の家庭との連絡を密にすること。

(4)　異年齢集団による交流を重視するとともに，幼児，高齢者，障害のある人々などとの交流や対話，障害のある幼児児童生徒との交流及び共同学習の機会を通して，協働することや，他者の役に立ったり社会に貢献したりすることの喜びを得られる活動を充実すること。

3　入学式や卒業式などにおいては，その意義を踏まえ，国旗を掲揚するとともに，国歌を斉唱するよう指導するものとする。

第1章　総　則

第1　中学校教育の基本と教育課程の役割

1　各学校においては，教育基本法及び学校教育法その他の法令並びにこの章以下に示すところに従い，生徒の人間として調和のとれた育成を目指し，生徒の心身の発達の段階や特性及び学校や地域の実態を十分考慮して，適切な教育課程を編成するものとし，これらに掲げる目標を達成するよう教育を行うものとする。

2　学校の教育活動を進めるに当たっては，各学校において，第3の1に示す主体的・対話的で深い学びの実現に向けた授業改善を通して，創意工夫を生かした特色ある教育活動を展開する中で，次の(1)から(3)までに掲げる事項の実現を図り，生徒に生きる力を育むことを目指すものとする。

(1)　基礎的・基本的な知識及び技能を確実に習得させ，これらを活用して課題を解決するために必要な思考力，判断力，表現力等を育むとともに，主体的に学習に取り組む態度を養い，個性を生かし多様な人々との協働を促す教育の充実に努めること。その際，生徒の発達の段階を考慮して，生徒の言語活動など，学習の基盤をつくる活動を充実するとともに，家庭との連携を図りながら，生徒の学習習慣が確立するよう配慮すること。

(2)　道徳教育や体験活動，多様な表現や鑑賞の活動等を通して，豊かな心や創造性の涵養を目指した教育の充実に努めること。

　　　学校における道徳教育は，特別の教科である道徳（以下「道徳科」という。）を要として学校の教育活動全体を通じて行うものであり，道徳科はもとより，各教科，総合的な学習の時間及び特別活動のそれぞれの特質に応じて，生徒の発達の段階を考慮して，適切な指導を行うこと。

　　　道徳教育は，教育基本法及び学校教育法に定められた教育の根本精神に基づき，人間としての生き方を考え，主体的な判断の下に行動し，自立した人間として他者と共によりよく生きるための基盤となる道徳性を養うことを目標とすること。

　　　道徳教育を進めるに当たっては，人間尊重の精神と生命に対する畏敬の念を家庭，学校，その他社会における具体的な生活の中に生かし，豊かな心をもち，伝統と文化を尊重し，それらを育んできた我が国と郷土を愛し，個性豊かな文化の創造を図るとともに，平和で民主的な国家及び社会の形成者として，公共の精神を尊び，社会及び国家の発展に努め，他国を尊重し，国際社会の平和と発展や環境の保全に貢献し未来を拓く主体性のある日本人の育成に資することとなるよう特に留意すること。

(3)　学校における体育・健康に関する指導を，生徒の発達の段階を考慮して，学校の教育活動全体を通じて適切に行うことにより，健康で安全な生活と豊かなスポーツライフの実現を目指した教育の充実に努めること。特に，学校における食育の推進並びに体力の向上に関する指導，安全に関する指導及び心身の健康の保持増進に関する指導については，保健体育科，技術・家庭科及び特別活動の時間はもとより，各教科，道徳科及び総合的な学習の時間などにおいてもそれぞれの特質に応じて適切に行うよう努めること。また，それらの指導を通して，家庭や地域社会との連携を図りながら，日常生活において適切な体育・健康に関する活動の実践を促し，生涯を通じて健康・安全で活力ある生活を送るための基礎が培われるよう配慮すること。

3　2の(1)から(3)までに掲げる事項の実現を図り，豊かな創造性を備え持続可能な社会の創り手となることが期待される生徒に，生きる力を育むことを目指すに当たっては，学校教育全体並びに各教科，道徳科，総合的な学習の時間及び特別活動（以下「各教科等」という。ただし，第2の3の(2)のア及びウにおいて，特別活動については学級活動（学校給食に係るものを除く。）に限る。）の指導を通してどのような資

質・能力の育成を目指すのかを明確にしながら，教育活動の充実を図るものとする。その際，生徒の発達の段階や特性等を踏まえつつ，次に掲げることが偏りなく実現できるようにするものとする。

(1)　知識及び技能が習得されるようにすること。

(2)　思考力，判断力，表現力等を育成すること。

(3)　学びに向かう力，人間性等を涵養すること。

4　各学校においては，生徒や学校，地域の実態を適切に把握し，教育の目的や目標の実現に必要な教育の内容等を教科等横断的な視点で組み立てていくこと，教育課程の実施状況を評価してその改善を図っていくこと，教育課程の実施に必要な人的又は物的な体制を確保するとともにその改善を図っていくことなどを通して，教育課程に基づき組織的かつ計画的に各学校の教育活動の質の向上を図っていくこと（以下「カリキュラム・マネジメント」という。）に努めるものとする。

第5章　特別活動

第1　目標

集団や社会の形成者としての見方・考え方を働かせ，様々な集団活動に自主的，実践的に取り組み，互いのよさや可能性を発揮しながら集団や自己の生活上の課題を解決することを通して，次のとおり資質・能力を育成することを目指す。

(1)　多様な他者と協働する様々な集団活動の意義や活動を行う上で必要となることについて理解し，行動の仕方を身に付けるようにする。

(2)　集団や自己の生活，人間関係の課題を見いだし，解決するために話し合い，合意形成を図ったり，意思決定したりすることができるようにする。

(3)　自主的，実践的な集団活動を通して身に付けたことを生かして，集団や社会における生活及び人間関係をよりよく形成するとともに，人間としての生き方についての考

えを深め，自己実現を図ろうとする態度を養う。

第2　各活動・学校行事の目標及び内容

〔学級活動〕

1　目標

学級や学校での生活をよりよくするための課題を見いだし，解決するために話し合い，合意形成し，役割を分担して協力して実践したり，学級での話合いを生かして自己の課題の解決及び将来の生き方を描くために意思決定して実践したりすることに，自主的，実践的に取り組むことを通して，第1の目標に掲げる資質・能力を育成することを目指す。

2　内容

1の資質・能力を育成するため，全ての学年において，次の各活動を通して，それぞれの活動の意義及び活動を行う上で必要となることについて理解し，主体的に考えて実践できるよう指導する。

(1)　学級や学校における生活づくりへの参画

ア　学級や学校における生活上の諸問題の解決

学級や学校における生活をよりよくするための課題を見いだし，解決するために話し合い，合意形成を図り，実践すること。

イ　学級内の組織づくりや役割の自覚

学級生活の充実や向上のため，生徒が主体的に組織をつくり，役割を自覚しながら仕事を分担して，協力し合い実践すること。

ウ　学校における多様な集団の生活の向上

生徒会など学級の枠を超えた多様な集団における活動や学校行事を通して学校生活の向上を図るため，学級としての提案や取組を話し合って決めること。

(2)　日常の生活や学習への適応と自己の成長及び健康安全

ア　自他の個性の理解と尊重，よりよい人間関係の形成

自他の個性を理解して尊重し，互いのよさや可能性を発揮しながらよりよい集団生活をつくること。

イ　男女相互の理解と協力

男女相互について理解するとともに，共に協力し尊重し合い，充実した生活づくりに参画す

ること。
ウ　思春期の不安や悩みの解決，性的な発達へ
　の対応
　　心や体に関する正しい理解を基に，適切な行
　動をとり，悩みや不安に向き合い乗り越えよう
　とすること。
エ　心身ともに健康で安全な生活態度や習慣の
　形成
　　節度ある生活を送るなど現在及び生涯にわ
　たって心身の健康を保持増進することや，事件
　や事故，災害等から身を守り安全に行動するこ
　と。
オ　食育の観点を踏まえた学校給食と望ましい
　食習慣の形成
　　給食の時間を中心としながら，成長や健康管
　理を意識するなど，望ましい食習慣の形成を図
　るとともに，食事を通して人間関係をよりよく
　すること。
(3)　一人一人のキャリア形成と自己実現
ア　社会生活，職業生活との接続を踏まえた主
　体的な学習態度の形成と学校図書館等の活用
　　現在及び将来の学習と自己実現とのつながり
　を考えたり，自主的に学習する場としての学校
　図書館等を活用したりしながら，学ぶことと働
　くことの意義を意識して学習の見通しを立て，
　振り返ること。
イ　社会参画意識の醸成や勤労観・職業観の形
　成
　　社会の一員としての自覚や責任をもち，社会
　生活を営む上で必要なマナーやルール，働くこ
　とや社会に貢献することについて考えて行動す
　ること。
ウ　主体的な進路の選択と将来設計
　　目標をもって，生き方や進路に関する適切な
　情報を収集・整理し，自己の個性や興味・関心
　と照らして考えること。
3　内容の取扱い
(1)　2の(1)の指導に当たっては，集団としての
　意見をまとめる話合い活動など小学校からの
　積み重ねや経験を生かし，それらを発展させ
　ることができるよう工夫すること。
(2)　2の(3)の指導に当たっては，学校，家庭及
　び地域における学習や生活の見通しを立て，

学んだことを振り返りながら，新たな学習や
生活への意欲につなげたり，将来の生き方を
考えたりする活動を行うこと。その際，生徒
が活動を記録し蓄積する教材等を活用するこ
と。
〔生徒会活動〕
1　目　標
　異年齢の生徒同士で協力し，学校生活の充実
と向上を図るための諸問題の解決に向けて，計
画を立て役割を分担し，協力して運営すること
に自主的，実践的に取り組むことを通して，第
1の目標に掲げる資質・能力を育成することを
目指す。
2　内　容
　1の資質・能力を育成するため，学校の全生
徒をもって組織する生徒会において，次の各活
動を通して，それぞれの活動の意義及び活動を
行う上で必要となることについて理解し，主体
的に考えて実践できるよう指導する。
(1)　生徒会の組織づくりと生徒会活動の計画や
　運営
　　生徒が主体的に組織をつくり，役割を分担し，
　計画を立て，学校生活の課題を見いだし解決す
　るために話し合い，合意形成を図り実践するこ
　と。
(2)　学校行事への協力
　　学校行事の特質に応じて，生徒会の組織を活
　用して，計画の一部を担当したり，運営に主体
　的に協力したりすること。
(3)　ボランティア活動などの社会参画
　　地域や社会の課題を見いだし，具体的な対策
　を考え，実践し，地域や社会に参画できるよう
　にすること。
〔学校行事〕
1　目　標
　全校又は学年の生徒で協力し，よりよい学校
生活を築くための体験的な活動を通して，集団
への所属感や連帯感を深め，公共の精神を養い
ながら，第1の目標に掲げる資質・能力を育成
することを目指す。
2　内　容
　1の資質・能力を育成するため，全ての学年
において，全校又は学年を単位として，次の各

行事において，学校生活に秩序と変化を与え，学校生活の充実と発展に資する体験的な活動を行うことを通して，それぞれの学校行事の意義及び活動を行う上で必要となることについて理解し，主体的に考えて実践できるよう指導する。

(1) 儀式的行事

学校生活に有意義な変化や折り目を付け，厳粛で清新な気分を味わい，新しい生活の展開への動機付けとなるようにすること。

(2) 文化的行事

平素の学習活動の成果を発表し，自己の向上の意欲を一層高めたり，文化や芸術に親しんだりするようにすること。

(3) 健康安全・体育的行事

心身の健全な発達や健康の保持増進，事件や事故，災害等から身を守る安全な行動や規律ある集団行動の体得，運動に親しむ態度の育成，責任感や連帯感の涵養，体力の向上などに資するようにすること。

(4) 旅行・集団宿泊的行事

平素と異なる生活環境にあって，見聞を広め，自然や文化などに親しむとともに，よりよい人間関係を築くなどの集団生活の在り方や公衆道徳などについての体験を積むことができるようにすること。

(5) 勤労生産・奉仕的行事

勤労の尊さや生産の喜びを体得し，職場体験活動などの勤労・職業観に関わる啓発的な体験が得られるようにするとともに，共に助け合って生きることの喜びを体得し，ボランティア活動などの社会奉仕の精神を養う体験が得られるようにすること。

3　内容の取扱い

(1) 生徒や学校，地域の実態に応じて，2に示す行事の種類ごとに，行事及びその内容を重点化するとともに，各行事の趣旨を生かした上で，行事間の関連や統合を図るなど精選して実施すること。また，実施に当たっては，自然体験や社会体験などの体験活動を充実するとともに，体験活動を通して気付いたことなどを振り返り，まとめたり，発表し合ったりするなどの事後の活動を充実すること。

第3　指導計画の作成と内容の取扱い

1　指導計画の作成に当たっては，次の事項に配慮するものとする。

(1) 特別活動の各活動及び学校行事を見通して，その中で育む資質・能力の育成に向けて，生徒の主体的・対話的で深い学びの実現を図るようにすること。その際，よりよい人間関係の形成，よりよい集団生活の構築や社会への参画及び自己実現に資するよう，生徒が集団や社会の形成者としての見方・考え方を働かせ，様々な集団活動に自主的，実践的に取り組む中で，互いのよさや個性，多様な考えを認め合い，等しく合意形成に関わり役割を担うようにすることを重視すること。

(2) 各学校においては特別活動の全体計画や各活動及び学校行事の年間指導計画を作成すること。その際，学校の創意工夫を生かし，学級や学校，地域の実態，生徒の発達の段階などを考慮するとともに，第2に示す内容相互及び各教科，道徳科，総合的な学習の時間などの指導との関連を図り，生徒による自主的，実践的な活動が助長されるようにすること。また，家庭や地域の人々との連携，社会教育施設等の活用などを工夫すること。

(3) 学級活動における生徒の自発的，自治的な活動を中心として，各活動と学校行事を相互に関連付けながら，個々の生徒についての理解を深め，教師と生徒，生徒相互の信頼関係を育み，学級経営の充実を図ること。その際，特に，いじめの未然防止等を含めた生徒指導との関連を図るようにすること。

(4) 障害のある生徒などについては，学習活動を行う場合に生じる困難さに応じた指導内容や指導方法の工夫を計画的，組織的に行うこと。

(5) 第1章総則の第1の2の(2)に示す道徳教育の目標に基づき，道徳科などとの関連を考慮しながら，第3章特別の教科道徳の第2に示す内容について，特別活動の特質に応じて適切な指導をすること。

2　第2の内容の取扱いについては，次の事項に配慮するものとする。

(1) 学級活動及び生徒会活動の指導については，

指導内容の特質に応じて，教師の適切な指導の下に，生徒の自発的，自治的な活動が効果的に展開されるようにすること。その際，よりよい生活を築くために自分たちできまりをつくって守る活動などを充実するよう工夫すること。

(2) 生徒及び学校の実態並びに第1章総則の第6の2に示す道徳教育の重点などを踏まえ，各学年において取り上げる指導内容の重点化を図るとともに，必要に応じて，内容間の関連や統合を図ったり，他の内容を加えたりすることができること。

(3) 学校生活への適応や人間関係の形成，進路の選択などについては，主に集団の場面で必要な指導や援助を行うガイダンスと，個々の生徒の多様な実態を踏まえ，一人一人が抱える課題に個別に対応した指導を行うカウンセリング（教育相談を含む。）の双方の趣旨を踏まえて指導を行うこと。特に入学当初においては，個々の生徒が学校生活に適応するとともに，希望や目標をもって生活をできるよう工夫すること。あわせて，生徒の家庭との連絡を密にすること。

(4) 異年齢集団による交流を重視するとともに，幼児，高齢者，障害のある人々などとの交流や対話，障害のある幼児児童生徒との交流及び共同学習の機会を通して，協働することや，他者の役に立ったり社会に貢献したりすることの喜びを得られる活動を充実すること。

3　入学式や卒業式などにおいては，その意義を踏まえ，国旗を掲揚するとともに，国歌を斉唱するよう指導するものとする。

高等学校学習指導要領（抜粋）

第1章　総　則

第1款　高等学校教育の基本と教育課程の役割

1　各学校においては，教育基本法及び学校教育法その他の法令並びにこの章以下に示すところに従い，生徒の人間として調和のとれた育成を目指し，生徒の心身の発達の段階や特性等，課程や学科の特色及び学校や地域の実態を十分考慮して，適切な教育課程を編成するものとし，これらに掲げる目標を達成するよう教育を行うものとする。

2　学校の教育活動を進めるに当たっては，各学校において，第3款の1に示す主体的・対話的で深い学びの実現に向けた授業改善を通して，創意工夫を生かした特色ある教育活動を展開する中で，次の(1)から(3)までに掲げる事項の実現を図り，生徒に生きる力を育むことを目指すものとする。

(1) 基礎的・基本的な知識及び技能を確実に習得させ，これらを活用して課題を解決するために必要な思考力，判断力，表現力等を育むとともに，主体的に学習に取り組む態度を養い，個性を生かし多様な人々との協働を促す教育の充実に努めること。その際，生徒の発達の段階を考慮して，生徒の言語活動など，学習の基盤をつくる活動を充実するとともに，家庭との連携を図りながら，生徒の学習習慣が確立するよう配慮すること。

(2) 道徳教育や体験活動，多様な表現や鑑賞の活動等を通して，豊かな心や創造性の涵養を目指した教育の充実に努めること。

　学校における道徳教育は，人間としての在り方生き方に関する教育を学校の教育活動全体を通じて行うことによりその充実を図るものとし，各教科に属する科目（以下「各教科・科目」という。），総合的な探究の時間及び特別活動（以下「各教科・科目等」という。）のそれぞれの特質に応じて，適切な指導を行うこと。

　道徳教育は，教育基本法及び学校教育法に定められた教育の根本精神に基づき，生徒が自己探求と自己実現に努め国家・社会の一員としての自覚に基づき行為しうる発達の段階にあることを考慮し，人間としての在り方生き方を考え，主体的な判断の下に行動し，自立した人間として他者と共によりよく生きるための基盤となる道徳性を養うことを目標とすること。

　道徳教育を進めるに当たっては，人間尊重の精神と生命に対する畏敬の念を家庭，学校，その他社会における具体的な生活の中に生かし，豊かな心をもち，伝統と文化を尊重し，それらを育んできた我が国と郷土を愛し，個性豊かな文化の創造を図るとともに，平和で民主的な国家及び社会の形成者として，公共の精神を尊び，社会及び国家の発展に努め，他国を尊重し，国際社会の平和と発展や環境の保全に貢献し未来を拓(ひら)く主体性のある日本人の育成に資することとなるよう特に留意すること。

(3)　学校における体育・健康に関する指導を，生徒の発達の段階を考慮して，学校の教育活動全体を通じて適切に行うことにより，健康で安全な生活と豊かなスポーツライフの実現を目指した教育の充実に努めること。特に，学校における食育の推進並びに体力の向上に関する指導，安全に関する指導及び心身の健康の保持増進に関する指導については，保健体育科，家庭科及び特別活動の時間はもとより，各教科・科目及び総合的な探究の時間などにおいてもそれぞれの特質に応じて適切に行うよう努めること。

　また，それらの指導を通して，家庭や地域社会との連携を図りながら，日常生活において適切な体育・健康に関する活動の実践を促し，生涯を通じて健康・安全で活力ある生活を送るための基礎が培われるよう配慮すること。

3　2の(1)から(3)までに掲げる事項の実現を図り，豊かな創造性を備え持続可能な社会の創り手となることが期待される生徒に，生きる力を育むことを目指すに当たっては，学校教育全体

及び各教科・科目等の指導を通してどのような資質・能力の育成を目指すのかを明確にしながら，教育活動の充実を図るものとする。その際，生徒の発達の段階や特性等を踏まえつつ，次に掲げることが偏りなく実現できるようにするものとする。

(1)　知識及び技能が習得されるようにすること。

(2)　思考力，判断力，表現力等を育成すること。

(3)　学びに向かう力，人間性等を涵(かん)養すること。

4　学校においては，地域や学校の実態等に応じて，就業やボランティアに関わる体験的な学習の指導を適切に行うようにし，勤労の尊さや創造することの喜びを体得させ，望ましい勤労観，職業観の育成や社会奉仕の精神の涵(かん)養に資するものとする。

5　各学校においては，生徒や学校，地域の実態を適切に把握し，教育の目的や目標の実現に必要な教育の内容等を教科等横断的な視点で組み立てていくこと，教育課程の実施状況を評価してその改善を図っていくこと，教育課程の実施に必要な人的又は物的な体制を確保するとともにその改善を図っていくことなどを通して，教育課程に基づき組織的かつ計画的に各学校の教育活動の質の向上を図っていくこと（以下「カリキュラム・マネジメント」という。）に努めるものとする。

第5章　特別活動

第1　目　標

　集団や社会の形成者としての見方・考え方を働かせ，様々な集団活動に自主的，実践的に取り組み，互いのよさや可能性を発揮しながら集団や自己の生活上の課題を解決することを通して，次のとおり資質・能力を育成することを目指す。

(1)　多様な他者と協働する様々な集団活動の意義や活動を行う上で必要となることについて理解し，行動の仕方を身に付けるようにする。

(2)　集団や自己の生活，人間関係の課題を見

いだし，解決するために話し合い，合意形
成を図ったり，意思決定したりすることが
できるようにする。
(3) 自主的，実践的な集団活動を通して身に
付けたことを生かして，主体的に集団や社
会に参画し，生活及び人間関係をよりよく
形成するとともに，人間としての在り方生
き方についての自覚を深め，自己実現を図
ろうとする態度を養う。

第2　各活動・学校行事の目標及び内容

〔ホームルーム活動〕

1　目　標

ホームルームや学校での生活をよりよくする
ための課題を見いだし，解決するために話し合
い，合意形成し，役割を分担して協力して実践
したり，ホームルームでの話合いを生かして自
己の課題の解決及び将来の生き方を描くために
意思決定して実践したりすることに，自主的，実
践的に取り組むことを通して，第1の目標に掲
げる資質・能力を育成することを目指す。

2　内　容

1の資質・能力を育成するため，全ての学年
において，次の各活動を通して，それぞれの活
動の意義及び活動を行う上で必要となることに
ついて理解し，主体的に考えて実践できるよう
指導する。

(1) ホームルームや学校における生活づくりへ
の参画

ア　ホームルームや学校における生活上の諸問
題の解決

ホームルームや学校における生活を向上・充
実させるための課題を見いだし，解決するため
に話し合い，合意形成を図り，実践すること。

イ　ホームルーム内の組織づくりや役割の自覚

ホームルーム生活の充実や向上のため，生徒
が主体的に組織をつくり，役割を自覚しながら
仕事を分担して，協力し合い実践すること。

ウ　学校における多様な集団の生活の向上

生徒会などホームルームの枠を超えた多様な
集団における活動や学校行事を通して学校生活
の向上を図るため，ホームルームとしての提案
や取組を話し合って決めること。

(2) 日常の生活や学習への適応と自己の成長及

び健康安全

ア　自他の個性の理解と尊重，よりよい人間関
係の形成

自他の個性を理解して尊重し，互いのよさや
可能性を発揮し，コミュニケーションを図りな
がらよりよい集団生活をつくること。

イ　男女相互の理解と協力

男女相互について理解するとともに，共に協
力し尊重し合い，充実した生活づくりに参画す
ること。

ウ　国際理解と国際交流の推進

我が国と他国の文化や生活習慣などについて
理解し，よりよい交流の在り方を考えるなど，
共に尊重し合い，主体的に国際社会に生きる日
本人としての在り方生き方を探求しようとする
こと。

エ　青年期の悩みや課題とその解決

心や体に関する正しい理解を基に，適切な行
動をとり，悩みや不安に向き合い乗り越えよう
とすること。

オ　生命の尊重と心身ともに健康で安全な生活
態度や規律ある習慣の確立

節度ある健全な生活を送るなど現在及び生涯
にわたって心身の健康を保持増進することや，
事件や事故，災害等から身を守り安全に行動す
ること。

(3) 一人一人のキャリア形成と自己実現

ア　学校生活と社会的・職業的自立の意義の理
解

現在及び将来の生活や学習と自己実現とのつ
ながりを考えたり，社会的・職業的自立の意義
を意識したりしながら，学習の見通しを立て，
振り返ること。

イ　主体的な学習態度の確立と学校図書館等の
活用

自主的に学習する場としての学校図書館等を
活用し，自分にふさわしい学習方法や学習習慣
を身に付けること。

ウ　社会参画意識の醸成や勤労観・職業観の形
成

社会の一員としての自覚や責任をもち，社会
生活を営む上で必要なマナーやルール，働くこ
とや社会に貢献することについて考えて行動す

ること。
エ　主体的な進路の選択決定と将来設計
　適性やキャリア形成などを踏まえた教科・科目を選択することなどについて，目標をもって，在り方生き方や進路に関する適切な情報を収集・整理し，自己の個性や興味・関心と照らして考えること。
3　内容の取扱い
(1)　内容の(1)の指導に当たっては，集団としての意見をまとめる話合い活動など中学校の積み重ねや経験を生かし，それらを発展させることができるよう工夫すること。
(2)　内容の(3)の指導に当たっては，学校，家庭及び地域における学習や生活の見通しを立て，学んだことを振り返りながら，新たな学習や生活への意欲につなげたり，将来の在り方生き方を考えたりする活動を行うこと。その際，生徒が活動を記録し蓄積する教材等を活用すること。
〔生徒会活動〕
1　目　標
　異年齢の生徒同士で協力し，学校生活の充実と向上を図るための諸問題の解決に向けて，計画を立て役割を分担し，協力して運営することに自主的，実践的に取り組むことを通して，第1の目標に掲げる資質・能力を育成することを目指す。
2　内　容
　1の資質・能力を育成するため，学校の全生徒をもって組織する生徒会において，次の各活動を通して，それぞれの活動の意義及び活動を行う上で必要となることについて理解し，主体的に考えて実践できるよう指導する。
(1)　生徒会の組織づくりと生徒会活動の計画や運営
　生徒が主体的に組織をつくり，役割を分担し，計画を立て，学校生活の課題を見いだし解決するために話し合い，合意形成を図り実践すること。
(2)　学校行事への協力
　学校行事の特質に応じて，生徒会の組織を活用して，計画の一部を担当したり，運営に主体的に協力したりすること。

(3)　ボランティア活動などの社会参画
　地域や社会の課題を見いだし，具体的な対策を考え，実践し，地域や社会に参画できるようにすること。
〔学校行事〕
1　目　標
　全校若しくは学年又はそれらに準ずる集団で協力し，よりよい学校生活を築くための体験的な活動を通して，集団への所属感や連帯感を深め，公共の精神を養いながら，第1の目標に掲げる資質・能力を育成することを目指す。
2　内　容
　1の資質・能力を育成するため，全校若しくは学年又はそれらに準ずる集団を単位として，次の各行事において，学校生活に秩序と変化を与え，学校生活の充実と発展に資する体験的な活動を行うことを通して，それぞれの学校行事の意義及び活動を行う上で必要となることについて理解し，主体的に考えて実践できるよう指導する。
(1)　儀式的行事
　学校生活に有意義な変化や折り目を付け，厳粛で清新な気分を味わい，新しい生活の展開への動機付けとなるようにすること。
(2)　文化的行事
　平素の学習活動の成果を発表し，自己の向上の意欲を一層高めたり，文化や芸術に親しんだりするようにすること。
(3)　健康安全・体育的行事
　心身の健全な発達や健康の保持増進，事件や事故，災害等から身を守る安全な行動や規律ある集団行動の体得，運動に親しむ態度の育成，責任感や連帯感の涵養，体力の向上などに資するようにすること。
(4)　旅行・集団宿泊的行事
　平素と異なる生活環境にあって，見聞を広め，自然や文化などに親しむとともに，よりよい人間関係を築くなどの集団生活の在り方や公衆道徳などについての体験を積むことができるようにすること。
(5)　勤労生産・奉仕的行事
　勤労の尊さや創造することの喜びを体得し，就業体験活動などの勤労・職業観の形成や進

路の選択決定などに資する体験が得られるよう
にするとともに，共に助け合って生きることの
喜びを体得し，ボランティア活動などの社会奉
仕の精神を養う体験が得られるようにすること。
　3　内容の取扱い
(1)　生徒や学校，地域の実態に応じて，内容に
示す行事の種類ごとに，行事及びその内容を
重点化するとともに，各行事の趣旨を生かし
た上で，行事間の関連や統合を図るなど精選
して実施すること。また，実施に当たっては，
自然体験や社会体験などの体験活動を充実す
るとともに，体験活動を通して気付いたこと
などを振り返り，まとめたり，発表し合った
りするなどの事後の活動を充実すること。

第3　指導計画の作成と内容の取扱い
　1　指導計画の作成に当たっては，次の事項に
配慮するものとする。
(1)　特別活動の各活動及び学校行事を見通して，
その中で育む資質・能力の育成に向けて，生
徒の主体的・対話的で深い学びの実現を図る
ようにすること。その際，よりよい人間関係
の形成，よりよい集団生活の構築や社会への
参画及び自己実現に資するよう，生徒が集団
や社会の形成者としての見方・考え方を働か
せ，様々な集団活動に自主的，実践的に取り
組む中で，互いのよさや個性，多様な考えを
認め合い，等しく合意形成に関わり役割を担
うようにすることを重視すること。
(2)　各学校においては，次の事項を踏まえて特
別活動の全体計画や各活動及び学校行事の年
間指導計画を作成すること。
　ア　学校の創意工夫を生かし，ホームルーム
や学校，地域の実態，生徒の発達の段階な
どを考慮すること。
　イ　第2に示す内容相互及び各教科・科目，
総合的な探究の時間などの指導との関連を
図り，生徒による自主的，実践的な活動が
助長されるようにすること。特に社会にお
いて自立的に生きることができるようにす
るため，社会の一員としての自己の生き方
を探求するなど，人間としての在り方生き
方の指導が行われるようにすること。
　ウ　家庭や地域の人々との連携，社会教育施

設等の活用などを工夫すること。その際，
ボランティア活動などの社会奉仕の精神を
養う体験的な活動や就業体験活動などの勤
労に関わる体験的な活動の機会をできるだ
け取り入れること。
(3)　ホームルーム活動における生徒の自発的，
自治的な活動を中心として，各活動と学校行
事を相互に関連付けながら，個々の生徒につ
いての理解を深め，教師と生徒，生徒相互の
信頼関係を育み，ホームルーム経営の充実を
図ること。その際，特に，いじめの未然防止
等を含めた生徒指導との関連を図るようにす
ること。
(4)　障害のある生徒などについては，学習活動
を行う場合に生じる困難さに応じた指導内容
や指導方法の工夫を計画的，組織的に行うこ
と。
(5)　第1章第1款の2の(2)に示す道徳教育の目
標に基づき，特別活動の特質に応じて適切な
指導をすること。
(6)　ホームルーム活動については，主として
ホームルームごとにホームルーム担任の教師
が指導することを原則とし，活動の内容に
よっては他の教師などの協力を得ること。
　2　内容の取扱いに当たっては，次の事項に配
慮するものとする。
(1)　ホームルーム活動及び生徒会活動の指導に
ついては，指導内容の特質に応じて，教師の
適切な指導の下に，生徒の自発的，自治的な
活動が効果的に展開されるようにすること。
その際，よりよい生活を築くために自分たち
できまりをつくって守る活動などを充実する
よう工夫すること。
(2)　生徒及び学校の実態並びに第1章第7款の
1に示す道徳教育の重点などを踏まえ，各学
年において取り上げる指導内容の重点化を図
るとともに，必要に応じて，内容間の関連や
統合を図ったり，他の内容を加えたりするこ
とができること。
(3)　学校生活への適応や人間関係の形成，教
科・科目や進路の選択などについては，主に
集団の場面で必要な指導や援助を行うガイダ
ンスと，個々の生徒の多様な実態を踏まえ，

　一人一人が抱える課題に個別に対応した指導
を行うカウンセリング（教育相談を含む。）
の双方の趣旨を踏まえて指導を行うこと。特
に入学当初においては，個々の生徒が学校生
活に適応するとともに，希望や目標をもって
生活をできるよう工夫すること。あわせて，
生徒の家庭との連絡を密にすること。
(4)　異年齢集団による交流を重視するとともに，
幼児，高齢者，障害のある人々などとの交流
や対話，障害のある幼児児童生徒との交流及
び共同学習の機会を通して，協働することや，
他者の役に立ったり社会に貢献したりするこ
との喜びを得られる活動を充実すること。
(5)　特別活動の一環として学校給食を実施する
場合には，食育の観点を踏まえた適切な指導
を行うこと。
3　入学式や卒業式などにおいては，その意義
を踏まえ，国旗を掲揚するとともに，国歌を斉
唱するよう指導するものとする。

索　引

《監修者紹介》

広岡義之 神戸親和女子大学発達教育学部・同大学院教授
林　泰成 上越教育大学学長
貝塚茂樹 武蔵野大学教育学部・同大学院教授

《執筆者紹介》所属，執筆分担，執筆順，＊は編者

＊上岡　学 編著者紹介参照：第1章
林　尚示 東京学芸大学教育学部教授：第2章
杉田　洋 國學院大學人間開発学部教授：第3章
白松　賢 愛媛大学大学院教育学研究科教授：第4章
東　豊 赤穂市立赤穂小学校主幹教諭（執筆時点）：第5章
松井香奈 大阪市立新高小学校教諭（執筆時点）：第6章
京免徹雄 筑波大学人間系助教：第7章
和田　孝 帝京大学教育学部教授：第8章
米津光治 文教大学教育学部教授：第9章
長谷川祐介 大分大学教育学部准教授：第10章
安井一郎 獨協大学国際教養学部教授：第11章
鈴木純一郎 エジプト日本学校スーパーバイザー：第12章
中村　豊 東京理科大学理学部・同大学院教授：第13章
上岡祥邦 足立区立第十二中学校校長（執筆時点）：第14章
橋谷由紀 日本体育大学児童スポーツ教育学部教授：第15章
林　幸克 明治大学文学部教授：第16章

《編著者紹介》

上岡　学（うえおか・まなぶ）

1961年生まれ。武蔵野大学副学長。同大学教育学部・同大学院教授。東京学芸大学大学院教育学研究科修士課程修了。修士（教育学）。主著に『子どものくらしを支える教師と子どもの関係づくり』（共編著）ぎょうせい，2014年。『アクティベート教育学11　特別活動の理論と実践』（共編著）ミネルヴァ書房，2020年。『平成29年版小学校新学習指導要領ポイント総整理　総則』（共著）東洋館出版社，2017年。『平成29年度改訂小学校教育課程実践講座　特別活動』（共著）ぎょうせい，2017年。『三訂　キーワードで拓く新しい特別活動』（共著）東洋館出版社，2019年など。

ミネルヴァ教職専門シリーズ⑫
特別活動

| 2021年5月1日　初版第1刷発行 | 〈検印省略〉 |

定価はカバーに
表示しています

編 著 者	上　岡　　　学
発 行 者	杉　田　啓　三
印 刷 者	坂　本　喜　杏

発行所　株式会社　ミネルヴァ書房

607-8494　京都市山科区日ノ岡堤谷町1
電話代表　(075)581-5191
振替口座　01020-0-8076

©上岡　学ほか，2021　　冨山房インターナショナル・藤沢製本

ISBN 978-4-623-08911-6

Printed in Japan

ミネルヴァ教職専門シリーズ

広岡義之・林　泰成・貝塚茂樹 監修

全12巻

Ａ５判／美装カバー／200〜260頁／本体予価2400〜2600円

ミネルヴァ書房
https://www.minervashobo.co.jp/